**Verena Kast
Die Dynamik der Symbole**

Zum Buch
Dieses Buch lebt aus der aufregenden Spannung zwischen den präzis vorgetragenen Ausführungen über die Grundlagen und Techniken der Psychotherapie nach Jung und den vielfältigen Fallbeispielen aus der therapeutischen Praxis, die das zuvor theoretisch Benannte anschaulich, greifbar und nachvollziehbar machen. Der Leser und die Leserin nehmen also direkt teil an dem packenden Prozeß der Entstehung und Gestaltung von Bildern und Symbolen, die begriffen werden als «Brennpunkte der psychischen Entwicklung» und als erlebbarer und deutbarer Ausdruck einer verborgenen oder nicht bewußten Wirklichkeit. «In etwas Äußerem kann sich etwas Inneres offenbaren, in etwas Sichtbarem etwas Unsichtbares, in etwas Körperlichem das Geistige, in einem Besonderen das Allgemeine.»

Nach Überlegungen zum Menschenbild bei Jung, das geprägt ist vom Selbst als dem wegweisenden Prinzip des Lebens und des Individuationsgeschehens – für den einzelnen Menschen der Weg zu Autonomie und Beziehungsfähigkeit –, betrachtet V. Kast die Grundgedanken der Analytischen Psychologie, und dies immer in energischem Bezug zur therapeutischen Praxis. Wie nebenbei wird Neues vorgestellt, eigene Ergebnisse, die Kast im Ernstnehmen und Weiterverfolgen der Jungschen Impulse gefunden hat: Insofern schöpferische Entwicklung und schöpferischer Lebensstil im Symbol sichtbar werden, bildet dieses auch das Herzstück einer Therapie nach Jung. So verwundert es nicht, daß für die Autorin das dynamische symbolische Geschehen immer der Angelpunkt ihrer Arbeit ist, auf den alle Vorgänge in der analytischen Beziehung bezogen werden können. In diesem Zusammenhang werden Ichkomplex und Entwicklungspsychologie erstmals von der Jungschen Psychologie her beschrieben und zugleich neue Vorstellungen zur Ichkohärenz entwickelt. Die Möglichkeit der bewußten Konstellierung von Symbolen und Archetypen, den Bedeutungskernen der Komplexe, wird ebenso betont wie die heilende Funktion der Archetypen. Die Beziehung zwischen Übertragungs-Gegenübertragungs-Geschehen und Symbolbildung wird hervorgehoben. Schließlich bilden Jungs Gedanken über die wechselseitige Wirkkraft von Psyche und Körper den Ausgangspunkt für einen neuartigen Zugang zu psychosomatischen Symptomen, die als Symbole angesehen werden, wobei auch die Faktoren kausal erlebter Schuldgefühle und synchronistischen Denkens Beachtung geschenkt wird.

Zur Autorin
Verena Kast war Professorin für Psychologie an der Universität Zürich, sie ist Dozentin und Lehranalytikerin am C. G. Jung-Institut Zürich sowie Psychotherapeutin in eigener Praxis. Zahlreiche Veröffentlichungen zu den Themen Psychologie der Emotionen, Grundlagen der Psychotherapie, Interpretation von Märchen und Träumen.

Verena Kast

Die Dynamik der Symbole

Grundlagen der Jungschen Psychotherapie

Patmos

Bibliografische Information der Deutschen Nationalbibliothek
Die Deutsche Nationalbibliothek verzeichnet diese Publikation in der
Deutschen Nationalbibliografie; detaillierte bibliografische Daten sind
im Internet über http://dnb.d-nb.de abrufbar.

7. Auflage 2010 Walter Verlag, Mannheim
© 1992 Patmos Verlag GmbH & Co. KG
Walter Verlag, Solothurn und Düsseldorf
Ursprünglich erschienen im Walter Verlag, Olten und
Freiburg i. Br. 1990
Alle Rechte vorbehalten.
Umschlagmotiv: C. G. Jung: Mandala
(Bildtafel 19 der Gesammelten Werke, Bd. 9/I,
Walter Verlag 1976) © Stiftung der Werke von C. G. Jung
Umschlaggestaltung: butenschoendesign.de, Lüneburg
Printed in Germany
ISBN 978-3-530-50617-4

Inhalt

Vorwort 7

Aspekte des Menschenbildes 9

Der Individuationsprozeß 9
Das Selbst 13

Aspekte des Symbols 17

Zum Begriff «Symbol» 19
Das Auftreten von Symbolen 21
Symbolische Handlungen 23
Die symbolisierende Einstellung 24
Das Sich-Einlassen auf das Symbol 26
Symbolbildungen als Prozeß 29
Symbol und Therapieziel 40

Aspekte des Komplexes 44

Komplexhaftes Erleben 47
Beschreibungen des Komplexes 51
Komplexe mit förderndem Einfluß 63

Aspekte des Ichkomplexes 67

Der Ichkomplex und das Erleben der Identität 68
Der Ichkomplex entwicklungspsychologisch betrachtet . . . 74
Die Ichfunktionen 85
Die Konstellation des Ichkomplexes 87
   Die Kompensation durch Größenphantasien 90
   Die Kompensation durch idealisierte mächtige Elternbilder . . 91
   Die Kompensation durch Spiegelidentifikation 92
   Zerstörungswut als Kompensation 93

Kompensation durch Entwerten 95
Die Kompensation als Haltung 97
Die Fragmentierung 101
Therapeutische Überlegungen zur Wiederherstellung
der Kohärenz des Ichkomplexes 108

Aspekte des Archetyps 114

Blochs Kritik an Jungs Archetypenlehre 121
Archetypische Konstellation und Beziehung 123
Konsequenzen des Konzeptes der Archetypen
für den Umgang mit Symbolen 129
Der Archetypus des Selbst und der Individuationsprozeß 133
   Das Mandala als Symbol 136
   Der Individuationsprozeß 141
Anmerkungen zur Synchronizität 154
   Synchronizität und Psychosomatik 163

Übertragung – Gegenübertragung und neue Symbolbildung 179

Umschlagspunkte in der Analyse 183
   Erlebtes Verstandenwerden in der therapeutischen Beziehung
   als Voraussetzung für die Symbolbildung 183
   Kollusive Übertragung – Gegenübertragung und Symbolbildung 196
   – Gedanken zum Thema Schuldgefühle 198
   – Die intrapsychische Dynamik 198
   – Schuld und Verantwortung 201
   – Die Rolle der Empathie 201
   – Unproduktives Umgehen mit Schuldgefühlen 202
   – Ausschnitte aus einem Therapieverlauf 203
   Archetypische Gegenübertragung als Märcheneinfall 217

Anmerkungen 240
Literaturverzeichnis 251
Register 254

Vorwort zur Neuausgabe

Ich freue mich sehr darüber, dass «Die Dynamik der Symbole» neu herausgegeben wird. Der Anlass, dieses Buch zu verfassen, war die Absicht, den kohärenten Zusammenhang der Praxis der Psychotherapie nach Jung mit seinen Theorien aufzuzeigen.
Veränderungen werden nicht nur sichtbar, indem wir neues Verhalten erproben können, mehr Sinn erleben, unsere Beziehungen bewusster und erfreulicher gestalten können, sondern auch dadurch, dass neue Symbole für unser Leben bedeutsam werden. Die Psyche schafft Symbole[1]. Bewegungen der Psyche kann man anhand von Symbolen erleben, aber auch von außen wahrnehmen, sie sehen. In den Symbolen zeigt sich der schöpferische Drang, der alles durchdringt, was es gibt auf dieser Welt. Insofern ist die Arbeit an und mit den Symbolen in einer Psychotherapie nach C.G. Jung von grundlegender Bedeutung.

Das Anliegen des Buches ist heute wie damals begründet, die Entfaltung der Gedanken stimmig und die Thematik nach wie vor aktuell. In der Zwischenzeit sind natürlich viele Bücher verfasst worden, die einzelne Kapitel dieses Buches ergänzen; Themen, die nur angeschnitten worden sind, sind ausgearbeitet worden.

---

1 Jung CG (1952, 1973) Symbole der Wandlung, GW 5, Walter, Olten, § 344

Das Thema der Kreativität und damit auch das Thema der Darstellung der Symbole ist von vielen Kolleginnen und Kollegen in den letzten Jahren bearbeitet worden, ich denke in diesem Zusammenhang vor allem an die Arbeiten von Ingrid Riedel und Christa Henzler.[2]
Ich selber habe das Thema der Komplexe und der Komplexepisoden weiter entwickelt auf ihre Bedeutung in der klinischen Arbeit hin.[3] Das Thema des Schattens, ein Thema, das nur in den Anmerkungen behandelt wurde, liegt nun in einer Monografie vor, ebenso ein Buch über Träume.[4] Das vorliegende Buch war für mich selber eine Grundlage, von der aus ich immer wieder Themen, die mich noch mehr interessierten, intensiver bearbeitet habe. Und so stelle ich mir vor, dass dieses Buch auch weiter seinen Dienst tun kann: ein Buch, das Interessierten die Grundlagen der Jungschen Psychologie verständlich in einem Zusammenhang aufzeigt, und das anregen kann, weiterführende Aspekte in anderen Schriften zu vertiefen.

Verena Kast
Zürich, im November 2006

---

2 Riedel Ingrid (1992) Maltherapie. Kreuz, Stuttgart
   Henzler Christa, Riedel Ingrid (2003) Malen um zu überleben. Ein kreativer Weg durch die Trauer, Kreuz, Stuttgart
3 Kast Verena (2004) Schlüssel zu den Lebensthemen. Konflikte anders sehen. Herder, Freiburg
   Kast Verena (1998) Abschied von der Opferrolle. Das eigene Leben leben, Herder, Freiburg
4 Kast Verena (1999) Der Schatten in uns. Die subversive Lebenskraft. Walter, Düsseldorf und Zürich
   Kast Verena (2006) Träume. Die geheimnisvolle Sprache des Unbewussten. Walter bei Patmos, Düsseldorf

Aspekte des Menschenbildes

Das Menschenbild begründet in der Psychologie die Theoriebildung. Jung sieht den Menschen als einen, der im gelebten Vollzug des Individuationsprozesses zu dem werden soll, der er eigentlich ist. Das ist menschliche Aufgabe, das ist menschliches Vermögen, das ist aber ebensosehr Grundlage für die Theorie des therapeutischen Prozesses. Die Jungsche Psychologie ist von einem Menschenbild geprägt, das den Menschen in einem umfassenden Sinnzusammenhang sieht, in schöpferischer Wandlung stehend, der fehlende Wandlung als bedrückend erlebt; zudem einem Selbstverständnis verpflichtet, für das alles Geschehen noch eine Dimension über das Offensichtliche hinaus hat und deshalb auch geheimnisvoll bleibt. Sinnenhaft erlebbare Wirklichkeit steht immer in einem Zusammenhang mit geistiger Wirklichkeit.

Der Individuationsprozeß

Unter dem Individuationsprozeß wird der Prozeß der dialogischen Auseinandersetzung zwischen dem Bewußtsein und dem Unbewußten verstanden. Bewußte und unbewußte Inhalte vereinigen sich in den Symbolen.
Ziel des Individuationsprozesses ist es, daß man zu dem Menschen wird, der man eigentlich ist. «Werde, der du bist», so sagte schon Pindar, die Idee ist also nicht neu. Aristoteles betonte, daß jedes Erschaffene in sich die nur ihm eigene Gestalt habe, und das Leben soll zu dieser eigenen Gestalt hinführen. Das heißt, daß die Fülle der Lebensmöglichkeiten, die in uns

angelegt sind, zu einem großen Teil erlebbar werden, daß sichtbar wird, was in uns – und vielleicht eben nur in uns – angelegt ist. Der Individuationsprozeß ist in diesem Sinne ein Differenzierungsprozeß: Die Besonderheit eines Menschen soll zum Ausdruck kommen, seine Einzigartigkeit. Dazu gehört ganz wesentlich das Annehmen von sich selbst mit den jeweils damit verbundenen Möglichkeiten, aber auch den Schwierigkeiten; wobei gerade die Schwierigkeiten wesentlich sind – sie machen ja unsere Besonderheit weitgehend aus. Das Annehmen von sich selbst, samt den Möglichkeiten und den Schwierigkeiten, ist eine Grundtugend, die im Individuationsprozeß verwirklicht werden will.

Im Zusammenhang mit dem Individuationsprozeß wird immer wieder das Bild eines Baumes gebraucht: Ein Samen, der zur Erde fällt, soll zu dem Baum werden, der im Samen angelegt ist und der in Wechselwirkung mit Standort, Wetter, Klima usw. steht. Wenn wir an Bäume denken, sind auch ihre Verwundungen etwas sehr Charakteristisches.

«Werden, der man ist», «Werden, die man ist» heißt keineswegs glatt, harmonisch, abgeschliffen zu werden, sondern immer mehr an sich wahrzunehmen, was man ist, was stimmig ist in der eigenen Persönlichkeit samt Ecken und Kanten. Insofern ist der Individuationsprozeß auch immer ein Annäherungsprozeß; wir wissen ja nicht, was wir letztlich sind, und auch der Analytiker/die Analytikerin weiß es nicht. Es ist eine Annäherung, jede Wandlung, die wir erleben, ist auf Korrigierbarkeit angelegt, ist vorläufig.

Der andere Aspekt des Individuationsprozesses – ebenso wichtig und vielleicht psychologisch auch praktikabler und ebenso mit dem Ziel der Selbstwerdung verflochten – zielt auf das Erreichen von mehr Autonomie. Der Mensch soll zu einem Einzelwesen werden, abgelöst von den Elternkomplexen und, damit zusammenhängend, auch von kollektiven Maßstäben, von Normen und Werten in einer Gesellschaft, von Rollenerwar-

tungen, von dem, was «man» denkt. Man-selbst-Werden heißt also auch mündig werden.
Im Weltbild der Jungschen Psychologie gilt, daß das, was außen ist, auch innen, was innen, auch außen ist. Wir sollen uns deshalb nicht nur vom Verhaftetsein an kollektive Werte, Normen, Rollenerwartungen lösen – die wir in unserer Persona internalisiert haben –, sondern auch vom Verhaftetsein ans Unbewußte, und dann bewußt in Beziehung dazu treten. Wir sollen also weder vom Unbewußten bestimmt werden noch von den Werten, die wir gesellschaftlich geschaffen haben. Vom Verhaftetsein ans Unbewußte gelöst zu sein, meint z.B., daß wir unser Leben nicht einfach von einem Archetypus bestimmen lassen, während wir es gar nicht merken[1].
Ein *Beispiel* dazu: Ein Mann, 42jährig, war vom Archetypus des Helden sehr in Beschlag genommen. Überall und automatisch wollte er ein Held sein und fühlte sich schlecht, wenn er kein Held sein konnte. Die Menschen sagten zu ihm, lobend oder tadelnd, er würde sich immer so heldenhaft benehmen; ihm wurde immer so viel Arbeit zugeschoben, weil er sich nie beklagte, alles gut bewältigte. Er träumte auch oft von Helden. Mit der Zeit wurde ihm selber deutlich, daß er sehr stark davon bestimmt war, Held sein zu müssen. Er fragte sich in vielen Lebenssituationen, ob es für ihn und für die Sache sinnvoll sei, Held zu sein. Ein Dialog zwischen dem Ich und dieser Heldenseite setzte ein. Die Heldenseite im Menschen ist nicht nur einfach etwas Problematisches. Ziel wäre es vielmehr, dieser Seite dort einen Platz im Leben einzuräumen, wo sie sinnvoll ist. Solch ein Vorgang wäre Ablösung vom Unbewußten. Sie bedeutete noch nicht, daß dieses Unbewußte nicht im alten Sinne weiterwirkte, aber wenigstens könnten wir dann zu diesen Seiten in eine Beziehung treten und würden nicht mehr einfach davon bestimmt.
Jung sieht also, wenn wir beide Aspekte zusammen sehen, den Menschen als einen, der im gelebten Vollzug des Individuationsprozesses – und der findet in der Therapie statt – zu dem

werden soll, der er eigentlich ist, also immer weniger fremdbestimmt durch Kräfte des kollektiven Unbewußten. Anstelle dieser Fremdbestimmung tritt der Dialog – der Dialog zwischen Bewußtsein und Gesellschaft, der Dialog auch zwischen Bewußtem und Unbewußtem. Und das würde dann – zwar immer vorläufig – im Laufe des Individuationsprozesses eine Entwicklung zu mehr Autonomie bringen.
Jung bezeichnet den Individuationsprozeß einerseits als internen, subjektiven Integrationsvorgang, d. h. in diesem Prozeß stehend lernt der Mensch immer mehr Seiten an sich selbst kennen und tritt mit ihnen in Kontakt, verbindet sie mit dem Bild von sich selbst – z. B. durch Rücknahme von Projektionen. Andererseits ist der Individuationsprozeß ein interpersoneller, intersubjektiver Beziehungsvorgang, «denn», so Jung, «die Beziehung zum Selbst ist zugleich die Beziehung zum Mitmenschen, und keiner hat einen Zusammenhang mit diesem, er habe ihn denn zuvor mit sich selbst.»[2] Oder: «Der unbezogene Mensch hat keine Ganzheit, denn er erreicht diese nur durch die Seele, die ihrerseits nicht sein kann ohne ihre andere Seite, welche sich stets im ‹Du› findet.»[3]
Diesem Gedanken, daß der Individuationsprozeß zugleich ein Integrationsprozeß und ein Beziehungsvorgang ist, ist in der Jungschen Therapie auch die subjekt- und objektstufige Deutung von Symbolen verpflichtet. Wenn wir z. B. im Traum einer Autoritätsfigur begegnen, dann kann man diese als äußere Autorität sehen, der wir eben in einer besonderen Färbung im Traum begegnen. Unser Verhalten im Traum kann dann etwas aussagen über unser Verhalten im Alltag den entsprechenden Autoritäten gegenüber. Das wäre eine Deutung auf der Objektstufe. Bei der Deutung auf der Subjektstufe wird diese Autorität als innere Gestalt gesehen, als eine Seite von uns selbst und in diesem Zusammenhang als ein autoritärer Zug in uns selbst. Wenn man Jung nicht verkürzt, meine ich, daß man beide Deutungsformen beiziehen müßte. Der Individuationsprozeß müßte keineswegs dazu führen, daß Menschen einsame In-

dividuen werden, sondern er müßte Menschen gerade gemeinschaftsfähiger machen. Nach Jung bringt der «Individuationsprozeß eine Bewußtheit menschlicher Gemeinschaft hervor, weil er eben das alle Menschen verbindende und allen Menschen gemeinsame Unbewußte zur Bewußtheit führt. Die Individuation ist ein Einswerden mit sich selbst und zugleich mit der Menschheit, die man ja auch ist.»[4] Oder anders ausgedrückt: Es gibt niemals nur Entwicklung von Autonomie, Hand in Hand damit geht immer auch die Entwicklung von Beziehungsfähigkeit.
Individuation ist ein Ziel. Ganzwerden ist eine Utopie, wir sind bestenfalls auf dem Weg. Der Prozeß erfüllt die Dauer des Lebens mit Sinn[5].

Das Selbst

Daß ein utopisches Ziel hinter dem Individuationsprozeß steht, wird deutlich, wenn wir uns dem Selbst zuwenden. Das Selbst steht ja hinter der Selbstwerdung. Individuation wird verstanden als Einswerden mit uns selbst, aber eben auch als Selbst-Werden. Jung sagt vom Selbst – und das ist für ihn der zentrale Archetypus –, daß es ein wegweisendes Prinzip sei, der geheime spiritus rector unseres Lebens, das, was bewirkt, daß wir sind und uns entwickeln[6]. Jung spricht von einem Trieb zur Selbstwerdung. Das Selbst wirkt als apriorisches Gestaltungsprinzip in uns, das auch den Aufbau des Ichkomplexes steuert. Weiter wird das Selbst als Ursache für die Selbstregulierung der Psyche angesehen: Für Jung ist das psychische System ein sich selbst regulierendes System wie auch der lebende Körper. Jung sieht diese Selbstregulation vor allem darin, daß vom Unbewußten her Reaktionen gegen bewußte Einseitigkeiten zu erwarten sind, so daß die Integrität der Gesamtstruktur gewahrt bleibt, der Mensch aber auch fähig ist, seinen jeweiligen Standpunkt zu transzendieren[7]. Das Selbst gilt als Grund und Ur-

sprung der individuellen Persönlichkeit und umfaßt diese individuelle Persönlichkeit in Vergangenheit, Gegenwart und Zukunft[8].
Die Symbole des Selbst – so sagt Jung – entstehen in der Tiefe des Körpers, sie drücken deshalb sowohl unsere Stofflichkeit aus als auch die Struktur des wahrnehmenden Bewußtseins[9]. Symbolisch erscheint denn auch das Selbst sehr oft im Symbol der Vereinigung der Gegensätze, häufig im Symbol eines Liebespaares, und gerade dieses Symbol erscheint mir außerordentlich wichtig, weil hier das Erleben von Liebe, von Ganzheit, von Vereinigung der Gegensätze, von Sehnsucht nach Entgrenzung ausgedrückt ist[10]. Und es ist immer wieder feststellbar, daß Menschen die Sehnsucht nach Liebe und die Sehnsucht nach dem Selbst kaum voneinander trennen können. Wenn wir von Liebe ergriffen sind, ist damit noch eine Sehnsucht verknüpft, die über die Liebesbeziehung hinausgeht. In solchen Situationen wäre das Selbst konstelliert. Das Selbst kann auch in abstrakten Symbolen dargestellt werden, wie Kreis, Kugel, Dreieck, Kreuz, in Figuren also, die eine Ganzheit symbolisieren und deren Wesen es ist, daß viele mögliche Gegensätze in ihnen enthalten sein können, aber nicht aufgehoben sein müssen[11]. Wenn nun der Archetypus des Selbst dem Menschen erfahrbar wird, dann haben wir den Eindruck, daß wir absolut gemeint sind; wir haben das Gefühl der Selbstzentrierung, das Erlebnis der unabweisbaren Identität und auch der Schicksalhaftigkeit der jeweiligen Lebenssituation, in der dieses Symbol erlebt wird. Die Inkarnierung, die Verwirklichung des Selbst in unserem Leben steht sozusagen als Utopie für den ganzen Individuationsprozeß.
Jung spricht dann aber auch noch von einer weiteren Ebene des Selbst. Das Selbst, von dem ich bis jetzt gesprochen habe, könnte man als «mein Selbst» bezeichnen, also das, was meine Ganzheit werden kann, was ich werden kann im Laufe meines Lebens, was ich in mir entfalten kann, wenn ich möglichst viel zulassen kann. Das Verhältnis von Selbst und Ich ist eines der

gegenseitigen Fundierung: Hinter der Entwicklung des Ich steht das Selbst – das Selbst, das den Ichkomplex weit übergreift –; das Selbst wiederum kann sich im aktuellen Leben nur verwirklichen durch das Ich.

Jung spricht nun aber auch noch von «dem Selbst», und «das Selbst» wäre dann der ewige oder universale Mensch in uns, einfach *der Mensch,* «der runde, d. h. vollkommene Mensch der Ur- und Endzeit, Anfang und Ziel des Menschen» überhaupt[12]. Das bedeutet aber, daß Selbstverwirklichung, Arbeit an sich selbst nicht nur persönliche Notwendigkeit wäre, vielleicht Befriedigung und Sinnerleben vermittelt, sondern daß dahinter auch eine Anstrengung für das Menschliche an sich zu sehen wäre.

Im Zusammenhang mit dem Selbst als Anthropos erwähnt Jung in seinem letzten Werk «Mysterium Coniunctionis» noch eine weitere Stufe der Individuation, und zwar nicht mehr aus seinem eigenen Selbsterleben heraus, sondern in Anlehnung an den Alchemisten Dorneus. Ich bringe diesen Gedanken, weil ich meine, daß man da sehr gut sehen kann, welches Welt- und Menschenbild Jung eigentlich hatte. Der Alchemist Dorneus vertritt, daß der ganzheitliche Mensch sich noch mit dem Unus Mundus verbinden kann, der potentiellen ganzen Welt des ersten Schöpfungstages. Das würde aber heißen, daß das Selbst, das zunächst intrapsychisches Zentrum von großer Selbstregulierungs- und Selbstzentrierungskraft ist, nun auch die Einheit mit dem Kosmos als Ganzem erfahren kann. Hier wird nun der Charakter der Utopie deutlich, einer Utopie, die davon handelt, daß der bewußter werdende Mensch sich mit dem ganzen Kosmos verbinden könne oder, umgekehrt, daß der ganze Kosmos im Menschen erlebbar sei; durch den Menschen sei der Kosmos beeinflußbar, der Kosmos andererseits beeinflusse den Menschen. Alles Lebendige wird also als ein Organismus begriffen. Diese Idee, die in der Renaissance lebendig war, faßt heute – durch die Ökologiebewegung – bei uns wieder Fuß in der Vorstellung, den Kosmos als einen Organismus aufzufassen und uns Menschen als Teil dieses Organismus, in dem vielfältigste Wechselwirkungen stattfinden. Diese Idee der Ganzheit und der implizierten Wechselwirkungen steckt letztlich auch hinter dem Individuationsprinzip, und da zeigt sich auch der Erlösungsgedanke in diesem Denken: Die Idee von Jung ist ja, daß das Selbst hinter der Entwicklung unseres Ichkomplexes steht, daß wir aber mit unserem Ich und unserem Bewußtsein dem Selbst Gelegenheit geben, sich zu inkarnieren. Und sich zu inkarnieren in der Welt wäre wohl auch ein Erlösungsprozeß.

Individuation ist eine Utopie. Utopien haben den Sinn, unsere Sehnsucht zu stimulieren, uns überhaupt in Bewegung zu bringen, uns auch klarzumachen, was wir uns denn eigentlich im Innersten ersehnen. Individuation ist auch deshalb als Utopie aufzufassen, weil dieses absolute Ganzwerden, das uns immer wieder vor Augen steht, überhaupt nicht möglich ist. In einem Brief schreibt Jung an einen Rudolf Jung:

«Schließlich bleibt ja jeder einmal irgendwo stecken, denn wir sind alle sterblich und bleiben ein Teil dessen, was wir als Ganzes sind. Die Ganzheit, die wir erreichen können, ist sehr relativ.»[13]

Der therapeutische Prozeß, verstanden als Individuationsprozeß, besteht im wesentlichen darin, daß das Unbewußte und das Bewußtsein im Bereich der jeweils belebten Inhalte einander verbunden werden im Symbol. Durch diese Symbolbildungen wird die schöpferische Entwicklung der Persönlichkeit möglich.

Aspekte des Symbols

Zu Beginn ein *Beispiel: Ein Gegenstand wird zum Symbol.* – Eine Frau verliert beim Putzen in der Hektik ihren Ehering. Dieser ist zunächst nicht auffindbar. Die Frau denkt, nach dem Putzen finde sie ihn dann schon. Aber als das Putzen beendet ist, findet sie ihn nicht; sie wird aufgeregt, unruhig: Könnte sie ihn etwa mit dem Schmutzwasser weggeschüttet haben? Sie beginnt zu überlegen: Könnte das Verlieren des Eheringes etwa eine Bedeutung haben?, und: «Wie sage ich das bloß meinem Mann?» Sie versucht sich zu beschwichtigen: Es ist ja nur ein Ring! Aber es ist eben nicht nur ein Ring, es ist ein Ehering. Sie spürt Angst davor, ihrem Mann von dem Verlust erzählen zu müssen; eigentümlicherweise bekommt sie Schuldgefühle. Dabei erlebt sie ihren Mann als sehr verständnisvoll.
Zufällig kommt eine Freundin vorbei. Die Frau erzählt ihr sofort, was passiert ist. Die Freundin, eine handfeste Person, sagt sofort: «Es ist doch klar, vor lauter Putzen verlierst du die Beziehung zu deinem Mann.»
Die Frau denkt über die Beziehung zu ihrem Mann nach, sie ruft sich in Erinnerung, welche Gefühle, welche Erwartungen sie mit diesem Ring verbunden hat. Sie fragt sich, ob sie die Beziehung wirklich nicht mehr will, ob sie die Beziehung sozusagen wie Dreckwasser wegspülen möchte, fragt sich natürlich auch, warum sie so viel Angst empfindet.
Der Verlust des Ringes ist nicht von seiner Bedeutung zu trennen. Darauf weist deutlich auch die Angst der Frau hin vor der Reaktion ihres Partners, den sie normalerweise gar nicht fürchtet. Es ist die Angst davor, daß sie diese Verbundenheit,

diese Ganzheit in der Beziehung, die durch den Ring symbolisiert ist, verlieren könnte oder verloren hat, daß also in jedem Fall, auch wenn ein neuer Ring gekauft wird, das Thema Trennung ansteht – und Trennung ängstigt. Der Trennungsimpuls wird deshalb oft auf den Partner/die Partnerin projiziert, so sehr fürchtet man die Reaktionen des Partners/der Partnerin statt die eigenen Trennungsimpulse.

Andere Bedeutungen oder Deutungen kommen der Frau in dieser Situation nicht in den Sinn. Sie hätte sich auch denken können, daß ein neuer Ring fällig sei, als Ausdruck für den Wunsch, die Beziehung zum Partner zu erneuern, denn ganz offensichtlich war ihr der alte Ring ja auch etwas zu weit geworden.

Das Leben dieser Frau wird von nun an deutlich vom Symbol «Ring» geprägt: Andere Frauen erzählen ihr, was mit ihren Ringen schon alles passiert ist. Es ist ja nicht selten, daß ein Ring in der Waschmaschine oder in der Wäsche hängenbleibt; auch sonst passiert alles mögliche mit diesen Ringen. Männer erzählen von ihren Ringen, vom Ring in der Westentasche, der plötzlich nicht mehr auffindbar ist, weil man z. B. die falsche Weste trägt.

Ich habe dieses Beispiel gewählt, um nachvollziehbar zu machen, daß es sich bei einem Symbol zunächst um einen ganz alltäglichen Gegenstand handelt, der sinnlich wahrnehmbar ist, der aber darüber hinaus auf Hintergründiges verweist, auf eine Bedeutung und einen Bedeutungsüberschuß, was alles man im ersten Moment gar nicht ausschöpfen kann. Und dieser alltägliche Gegenstand und die Bedeutung, die er hat, sind nicht voneinander zu trennen. Ein Ring also ist zwar ein alltäglicher Gegenstand, aber in ihm ist eben auch etwas Hintergründiges enthalten, es ist ein Sinn damit verbunden, der auf eine Idee, auf etwas Allgemeines oder auch auf etwas Abstraktes bezogen werden kann.

Wann immer wir aber mit Symbolen in Verbindung treten, treffen wir auf eine aktuelle existentielle Situation. Es gehört nun ganz wesentlich zur Tiefenpsychologie, daß diese aktuelle existentielle Situation, diese alltägliche Wirklichkeit, mit der sie es zu tun hat, immer auch auf ihre Bedeutung und auf einen Sinnzusammenhang hin befragt wird. Diese symbolische Sichtweise korrespondiert mit einem Menschenbild, das die alltägliche Wirklichkeit des Menschen als in einem sehr großen Zusammenhang wurzelnd versteht – wobei das Hintergründige die alltägliche Wirklichkeit, die alltägliche Wirklichkeit auch die Hintergründe beeinflußt.

Zum Begriff «Symbol»

Das Wort «Symbol» stammt vom griechischen Wort «symbolon», ein Erkennungszeichen[1]. Wenn sich im alten Griechenland zwei Freunde trennten, zerbrachen sie eine Münze, ein Tontäfelchen oder einen Ring. Wenn nun der Freund oder jemand aus seiner Familie zurückkehrte, dann hatte er seine Hälfte vorzuweisen. Paßte diese Hälfte zur anderen zurückgebliebenen Hälfte, dann hatte er sich als der Freund oder als ein Freund zu erkennen gegeben und hatte ein Recht auf Gastfreundschaft. Das Zusammenpassen zweier Hälften (symbállein = zusammenwerfen, zusammenfügen) spielt als Motiv auch eine Rolle in vielen Romanen; als Erkennungszeichen gilt z. B. auch die Hälfte eines Perlmuttfischs, die sich nahtlos an die andere Hälfte fügt.

Die Etymologie des Begriffs läßt erkennen, daß ein Symbol etwas Zusammengesetztes ist. Erst wenn es zusammengesetzt ist, ist es ein Symbol, und dieses Symbol wird dann ein Symbol von etwas: Hier steht es stellvertretend für die geistige Realität der Freundschaft und, über die persönliche Freundschaft hinausweisend, auch für die Freundschaft der Familien, samt dem Anspruch auf Gastfreundschaft. Es ist hier – und das trifft auf alle Symbole zu – das Symbol ein sichtbares Zeichen einer auch unsichtbaren ideellen Wirklichkeit. Beim Symbol sind

also immer zwei Ebenen zu beachten: In etwas Äußerem kann sich etwas Inneres offenbaren, in etwas Sichtbarem etwas Unsichtbares, in etwas Körperlichem das Geistige, in einem Besonderen das Allgemeine. Wenn wir deuten, suchen wir jeweils die unsichtbare Wirklichkeit hinter diesem Sichtbaren und ihrer Verknüpfung. Dabei kennzeichnet das Symbol immer einen Bedeutungsüberschuß, wir werden seine Bedeutungen nie ganz erschöpfen können.
Das Symbol und das in ihm Repräsentierte haben also einen inneren Zusammenhang, sie sind nicht zu trennen voneinander, und darin ist der Unterschied zum Zeichen zu sehen. Zeichen sind Abmachungen, sie sind durch Erklärung festgesetzt, sie haben keinen Bedeutungsüberschuß, sind aber auch stellvertretend. Betrachten wir als Beispiel das Zeichen «Messer gekreuzt mit Gabel» für Restaurant: Man könnte Messer und Gabel wahrscheinlich durch eine neue Abmachung ersetzen. Einen Teller mit einem Löffel darin könnten wir wahrscheinlich auch als Zeichen für Restaurant akzeptieren. Mit einem Zeichen wird nichts Hintergründiges abgebildet, es handelt sich da um eine einfache Stellvertreterfunktion, es wird auf etwas hingewiesen. Zeichen können ersetzt werden, sie werden auch ersetzt und dem Geschmack der Zeit angepaßt (z. B. das Zeichen für Eisenbahn).
Symbole können nicht ersetzt werden durch Übereinkunft. Nehmen wir z. B. die Farbe «Rot»: Farben sind über ihre Farbqualität hinaus auch Bedeutungsträger. Das Rot bringen wir in Zusammenhang mit dem roten Blut, das wir existentiell erleben; und so bekommt Rot die Bedeutung von Leben, Lebendigkeit, Leiden, Leidenschaft usw. Es ist kaum denkbar, daß es möglich wäre, eine Konvention zu schaffen, nach dem alles, was mit Leiden, Leidenschaft, warmer Emotion zu tun hat, durch Grün symbolisiert würde. Wir können nicht durch Abmachung einem Symbol eine neue Bedeutung geben, weil diese Bedeutung unmittelbar mit dem Bild zusammenhängt.
Das Zeichen ist also viel rationaler faßbar, spricht den Intel-

lekt an, wird deshalb auch in Mathematik, Naturwissenschaft, Informationsverarbeitung gebraucht; das Symbol ist viel irrationaler, nicht ganz faßbar, behält immer einen Bedeutungsüberschuß, hat sehr viel mit Emotion zu tun und ist deshalb mehr Gegenstand der Geistesgeschichte, der Religion, der Kunst usw.
Nun kann allerdings ein Zeichen auch den Charakter eines Symbols annehmen. Nehmen wir als Beispiel die Zahl: Die Zahl ist ein Zeichen, es ist abgemacht, daß eine Zwei ein Zeichen für zwei Einheiten ist, also eine Quantität bezeichnet. Nun kann man die Zahl auch qualitativ betrachten: Dann ist z. B. die Dreizehn das Zeichen für dreizehn Einheiten im Dezimalsystem; aber man kann – nun qualitativ gesehen – von der Dreizehn auch sagen, daß sie eine Unglückszahl sei usw. Es wird ihr ein Inhalt, eine Qualität zugeschrieben. Zeichen können also leicht in Symbole übergehen, besonders dann, wenn wir in einer symbolisierenden Einstellung uns der Welt nähern.

Das Auftreten von Symbolen

Symbole erleben wir in Traumbildern, in Phantasien, in Bildern der Dichtung, in Märchen, in Mythen, abgebildet in der Kunst usw. Symbole können sehr spontan entstehen und dargestellt werden.
Dazu ein *Beispiel eines spontan entstehenden Symbols.* – Während der Diskussion eines Vortrags über Paarbeziehung malt ein Zuhörer einen Ziegenbock nach dem andern auf ein Blatt Papier, und er malt diese Böcke immer wilder, mit sehr viel Energie. Irgendwann setzt er sich zurück und schaut seinen letzten Bock mit befriedigtem Gesichtsausdruck an. Jetzt schien der Bock für ihn stimmig zu sein.
Auf meine Frage, warum er gerade jetzt so hingebungsvoll Böcke zeichne, schaut er mich erstaunt an (als teile ich ihm erst mit, daß er Böcke gezeichnet habe), und wir einigen uns dann

darauf, es müsse sich hier wohl um eine spontane Symbolbildung handeln. Aber ein Symbol wofür? Ein Symbol für den Redner?, für einen Diskussionsteilnehmer?, ein Symbol für den verdrängten Teil des Vortrags? (Im Vortrag wurde der sexuelle Bereich ausgespart.) Der Bock kann natürlich auch ein Symbol sein für diesen Mann in diesem Moment selbst, er selbst empfindet sich vielleicht ein wenig ziegenböckig. Spielerisch versuchten wir, dieses Symbol auf den konkreten Alltag zu beziehen. Plötzlich sagt er: «Jetzt fällt es mir ein: Das kommt daher, daß ich heut' morgen Illustrationen zum Wolf und den sieben Geißlein gesehen habe.» Ich sehe ihn irritiert an, ich sah einen Ziegenbock und nicht einen Wolf. Er bemerkt meine Irritation: «Ach, von daher kann's ja gar nicht stammen, das ist ja gar kein Wolf.»

Schaut man das Märchen vom Wolf und den sieben Geißlein näher an, stellt sich durchaus die Frage, warum die Geiß keinen Geißbock hat, wo der Vater der sieben Geißlein eigentlich ist. Der könnte nämlich die Kinder schützen. Ich teile diese Überlegungen dem Zeichner mit, und er erzählt mir darauf, er habe am Morgen eine Auseinandersetzung mit seiner Frau gehabt; es sei um ihn gegangen, also um den zu oft abwesenden Vater. Für den Zeichner war nun sein Symbol «Ziegenbock» verständlich.

Selbstverständlich wären auch für ihn im Moment wahrscheinlich mehrere Bedeutungsebenen auszumachen. Aber es ist auch sehr typisch, daß wir dann, wenn uns eine Bedeutungsebene emotionell einleuchtet, wir uns auch zufriedengeben.

Symbole behalten ihre Wichtigkeit für eine gewisse Zeit, dann wird Leben im Zusammenhang mit diesem Symbol bedeutsam; irgendwann treten dann diese Symbole in den Hintergrund, und andere werden wieder wichtiger. Wenn Menschen mit Symbolen leben, kann die Lebensgeschichte anhand der Symbole rekonstruiert werden, wobei immer deutlich wird, daß Symbole eine Ursprungszeit, eine Blütezeit und eine Zeit des Vergehens haben.

Symbole entstehen nicht nur in langen therapeutischen Prozessen, sondern Symbole können spontan aus Lebenssituationen heraus aufbrechen. Die Frage ist nur, ob wir sie erwarten, Aufmerksamkeit für sie aufbringen.

Symbolische Handlungen

Zunächst ein *Beispiel* dafür: Eine Frau hat das Bedürfnis, einen Brillanten in ihren Ehering zu bekommen. Das ist eine symbolische Handlung. Das Paar hatte eine schwere Krise hinter sich, sie waren in Therapie gekommen, wo es hart auf hart ging – und am Schluß dieser Auseinandersetzung, als für beide klar ist, daß sie miteinander leben wollen (nicht einfach als fauler Kompromiß oder weil es bequemer ist, sondern weil ihnen wirklich aneinander liegt), sagt die Frau: «Jetzt möchte ich einen Brillanten haben in den Ehering hinein.»
Das ist ein hochsymbolischer Wunsch. Darauf der Ehemann: «Du willst doch immer bloß etwas Materielles.»
Der Ehemann hat eher wenig Sinn für Symbole und symbolische Gesten. Für ihn ist der Wunsch einfach Ausdruck dafür, daß er schon wieder bezahlen muß, soll diese Beziehung weitergehen. Er erlebt den Wunsch als Neuauflage eines Beziehungsmusters und übersieht den symbolischen Gehalt des Wunsches: «Den Ehering erneuern, den Bund erneuern – mit einem ‹Stern›», wie die Frau es ausdrückt. Für sie heißt es, aus dem Dunkel herausgefunden zu haben, einen neuen «Stern» zu haben, dem man folgen kann. Für sie heißt es auch, die alte Beziehung unter einem neuen Stern zu begreifen.
An diesem Beispiel wird deutlich, daß es möglich ist, nur den konkreten Gegenstand zu sehen. Geschieht das im Rahmen einer Therapie, ist es Sache des Therapeuten/der Therapeutin, die emotionale Zuwendung zum Symbol hereinzubringen, auf das Hintergründige zu verweisen. Es ist völlig unsinnig zu behaupten, ein Mensch habe keinen Sinn für Symbole, wenn man

nicht versucht, ihm diesen Sinn nahezubringen. Es gibt natürlich auch das Umgekehrte: Es gibt Menschen, die Symbole in allem und jedem sehen. Symbole sprechen nicht so sehr unseren Intellekt, sondern sehr viel mehr unser ganzheitliches Denken an, unser Bezogensein auf eine unsichtbare Wirklichkeit, die uns auch transzendiert. Wer nur eine sichtbare Wirklichkeit gelten lassen will, bekommt große Schwierigkeiten mit dem Symbol und dem symbolischen Denken und versucht, jedes Symbol zu einem Zeichen zu machen.

Die symbolisierende Einstellung

Es gibt Symbole, die sich uns in einer Lebenssituation aufdrängen, Symbole, die wir aus Träumen heraus als Bilder wahrnehmen, Phantasien, die wir kaum abwehren können usw. Es gibt aber auch eine symbolisierende Einstellung als Aktivität des Ich, wie das folgende Beispiel zeigt.
Ein *Beispiel für symbolisierende Einstellung*. – Ein Mann fährt Auto und spricht gleichzeitig zu seiner Partnerin von seinen beruflichen Plänen. Er spricht engagiert, und er fährt sehr engagiert Auto. Der Verkehr wird immer dichter, er spricht und flucht, und irgendwann ist der Stau da, und er sagt: «Oh, jetzt sitzen wir fest. Was ist das für ein Unding, immer mit dem Auto zu fahren, wenn man doch weiß, daß man festsitzen wird.» Plötzlich wird er nachdenklich und sagt: «Daß ich das nicht kapiert habe, das ist ein Symbol! Es ist mir jetzt ganz klar, was es bedeutet: Wenn ich beruflich das alles so mache, wie ich es vorhin entwickelt habe, dann bin ich am Schluß im Stau, dann sitze ich fest, dann sitzen wir fest – beziehungsmäßig –, dann haben wir keine Bewegungsfreiheit mehr. Es gibt ein ganz mieses Gefühl.»
Der Stau hat für ihn sozusagen den Sinn, darauf aufmerksam zu machen, daß der Plan, den er formulierte, auch einen gefährlichen Aspekt haben könnte.

Symbolisieren heißt, den verborgenen Sinn, der in der konkreten Situation liegt, herauszufinden. Konkreter Alltag hätte dann immer auch eine hintergründige Seite und hätte auch immer mit uns selbst zu tun. Diese Sichtweise geht vielen Menschen zu weit, besonders dann, wenn man auch noch überlegt, wozu das Symbol gut sein soll. Das Symbol hat einen Aspekt, der in die Zukunft weist, aber es ist in der Regel viel zu hintergründig, als daß es einem linear sagen könnte, was nun gut ist an der Situation.

Man kann sich dennoch die Frage stellen, ob alles, was konkret ist, nicht eben doch eine hintergründige Bedeutung hat: Auch der Stau ist durchaus ein Symbol für die Engpässe, die wir Menschen uns schaffen. Die Frage ist nur, ob es nicht sinnvoller wäre, kollektive Situationen auch als Symbole für kollektive Probleme zu sehen und uns selbst in solchen Situationen als eingebunden mit unserer Lebensthematik in kollektive Situationen zu begreifen und hier Veränderungen anzustreben. Die Frage nach der hintergründigen Bedeutung ist auch eine Frage nach dem Sinn. Die Jungsche Psychologie wird immer wieder einmal als «sinnsüchtig» beurteilt. Die symbolisierende Einstellung ist in der Tat Kernstück der Jungschen Therapie, sie schlägt sich auch im theoretischen Konzept von der Deutung auf der Objekt- und der Subjektstufe nieder, auch in den Gedanken, daß das, was außen ist, auch innen ist, daß, was im Makrokosmos ist, auch im Mikrokosmos ist. Die symbolisierende Einstellung ist aber auch eine sehr natürliche menschliche Einstellung. Stehen wir z. B. an einem Meer, dann nehmen wir normalerweise zuerst das Meer wahr, mit allen uns zur Verfügung stehenden Sinnen; vielleicht nehmen wir auch wahr, wie wir uns dabei fühlen; und meistens stellen wir dann fest, daß das Meer eben nicht nur Wasser ist, sondern z. B. das Erlebnis «Unendlichkeit» vermittelt. Das Thema «Ich und die Unendlichkeit» beginnt uns zu beschäftigen oder das Thema «Ich und die Rhythmen des ewigen Kommens und Gehens». Wenn wir länger das Meer betrachten, werden andere Aspekte

unserer Psyche spürbar, und letztlich kann dann recht viel über das Meer gesagt werden.
Bei dieser symbolisierenden Einstellung handelt es sich um einen Projektionsvorgang: Wir projizieren unser Unbewußtes auf die vordergründige Wirklichkeit. Wir können aber nicht jedes beliebige Thema projizieren, sondern eben – dem Symbol entsprechend – nur Themen, die auch einen inneren Zusammenhang mit unserer Existenz haben. Symbolisieren meint also einmal, vordergründige Wirklichkeit auf eine hintergründige Wirklichkeit hin zu befragen, auf der anderen Seite die vordergründige Wirklichkeit im Spiegel dieser uns unbekannten hintergründigen Wirklichkeit zu betrachten.

Das Sich-Einlassen auf das Symbol

Um Symbole wirklich als Symbole zu erleben – und auf das Erleben kommt es letztlich an – und sie nicht nur als Zeichen zu sehen, müssen wir eine Bereitschaft haben, uns von ihnen emotionell ansprechen zu lassen.
Ein *Beispiel für die aufkommende Bereitschaft, sich auf ein Symbol einzulassen,* soll dies veranschaulichen. – Ein 35jähriger Mann, der sich in Theraplie befindet, sagt: «Ich hab' einen Traumfetzen gehabt von einem etwa 7jährigen Kind, das weint. Ich war im Traum ungeduldig, es sollte aufhören, zu weinen.» Beiläufig sagt er mir, dieser Traumfetzen bedeute nichts, es sei nämlich Realität, daß Kinder immer weinten, deshalb wolle er auch keine Kinder. Er ist nicht verheiratet. Er will dann von diesem Traumfetzen nichts mehr wissen.
Da der Träumer zunächst keine Beziehung zum Symbol hat, ist es natürlich meine Sache, zum Symbol einen Kontakt herzustellen. Hätte der Träumer Kinder in diesem Alter, würde man sich fragen, ob er mit ihnen auch so ungeduldig umgeht. Es wäre auch denkbar, daß es in seiner Nachbarschaft ein etwa 7jähriges Kind gibt, das immer weint.

Um mit dem Symbol in Kontakt zu kommen, wird man also zunächst einmal die konkrete Lebensebene befragen und sich dann mit dem Hintergründigen beschäftigen.
Wofür also steht dieses Kind? Steht es für die eigene Kindheit und/oder für die Idee des Kindseins? Ich stelle die Verbindung zur Kindheit des Analysanden her mit der Frage: «Was waren Sie für ein Kind, als Sie so etwa sieben waren?»
Er: «Ach wissen Sie, ich war ein sehr weinerlicher Bub, ich war überhaupt kein Bub. Das lassen wir besser beiseite.»
Ich stelle mir diesen Buben vor und formuliere: «Ich kann mir vorstellen, daß Sie so ein bißchen ein verschupftes Kind gewesen sind, dem man am liebsten ein Eis gekauft hätte.»
Er: «Mögen Sie denn Buben, die weinen?»
Ich: «Sie lösen in mir das Bedürfnis aus, zu trösten und sie zum Lachen zu bringen.»
Er: «Aha.»
Die Fragen und meine Phantasie bringen ihn dazu, dieses 7jährige Kind in sich zu spüren, auch zu spüren, daß es noch aktuell dieses Kind in ihm gibt.
Wochenlang versuchen wir, mit dieser Seite in Kontakt zu bleiben, was über mein Einfühlen in diesen 7jährigen, der der Analysand einmal gewesen war, möglich ist. So kommen wir mit dem Symbol in Kontakt.
Wenn wir zu einem Symbol Beziehung aufnehmen, dann wird alles, was mit diesem Symbol verbunden ist, plötzlich lebendig. Beim Symbol «Kind» wird die Erinnerung lebendig: Was war ich für ein Kind? Wie war das, als ich Kind war? Wie gehe ich mit meinen eigenen Kindern um? Aber dann wird auch das Lebensgefühl wach, das man als Kind hatte: Die Zukunft liegt noch vor mir; wartet nur, bis ich einmal groß bin. Das Symbol meint jedoch nicht nur die eigene Kindheit, es ist auch ein Symbol der Öffnung der Zukunft, des Lebenswillens, der ständigen Erneuerung. Auch wenn wir wissen, daß wir erwachsen und damit auf vieles festgelegt sind, wird im Symbol Kind gerade das Lebensgefühl des Neu-Werdens an uns herangetra-

gen, des Aufbruchs und der Gefährdung dieses Aufbruchs. Dieses Lebensgefühl zu erfahren, ist gerade für Menschen wichtig, die es schwer haben im Leben.

Ein Symbol, auf das man sich aktiv einläßt, kann eine ganze Palette psychischer Erfahrungen von der Erinnerung bis zur Erwartung beleben, aber eben nur dann, wenn wir damit emotionell in Kontakt kommen. Ist das nicht der Fall, können wir die ganze Mythologie abhandeln, jedes Mythologem vom «Göttlichen Kind» beibringen: Die Wirkung ist nicht besonders groß. Allerdings weiß man dann wenigstens, daß man einen sehr bedeutsamen Traum gehabt hat, und das hat auch schon manchmal eine Wirkung: Es wird das Gefühl vermittelt, daß sich spontan etwas Bedeutsames in unserem Leben ereignet. Aber die ganze Wirksamkeit, die im Symbol enthalten ist, die Energie, die in ihm gebunden ist, wird erst entbunden, wenn wir uns emotionell darauf einlassen können.

Wenn also ein Symbol bedeutsam geworden ist, oder wenn es gelungen ist, uns emotional einzulassen auf ein Symbol, wird uns zunächst die Vieldeutigkeit des Symbols beschäftigen. Es ist nie eine einfache genaue Entsprechung zu formulieren. Auch wenn uns eine Deutung evident erscheint, also eine relativ einsinnige Entsprechung gefunden ist, können weitere Deutungen einfallen, die dem Kriterium der Evidenz auch gerecht werden, oder ein anderer Mensch findet eine andere Deutung. Das gehört zum Wesen des Symbols.

Symbole sind Verdichtungskategorien: Eine Fülle von Assoziationen sind in einem Symbol gebunden, für unser Bedürfnis nach Eindeutigkeit ein Ärgernis, für unser Bedürfnis nach Geheimnis und Sinnfülle allerdings eine Fundgrube.

Im Symbol werden aber auch Erinnerungen aus Lebensbereichen an uns herangetragen, die wir nicht erinnern wollen, Erwartungen belebt, die uns ängstigen, weil sie nicht mit dem Selbstbild vereinbar sind, das wir uns gemacht haben. Deshalb ist beim Sich-Einlassen auf die Symbole und auch bei der Arbeit mit Symbolen mit Abwehrmechanismen zu rechnen.

Trotz dieser Schwierigkeiten, trotz der Abwehrmechanismen gilt: Ist ein Symbol emotional für uns bedeutsam, kanalisiert es unser Interesse, wir merken auf, wenn uns dieses Symbol in der Literatur, in Gesprächen, in der Kunst usw. begegnet. In der Perspektive des belebten Symbols beginnen wir aus unserer Lebensgeschichte zu erinnern, sehr viel Vergangenheit wird am Symbol sichtbar, nicht nur persönliche Vergangenheit, sondern auch Vergangenheit der Menschen, wie wir sie aus Mythologie, aus Märchen, aus Kunst, aus Literatur kennen. Mit dem Auftreten der Symbole ist immer auch Erwartung verbunden und sogar Hoffnung, Hoffnung wider bessere Vernunft auf eine Öffnung, auf ein besseres Leben.

Symbolbildungen als Prozeß

Auch wenn ein wesentliches Symbol auftaucht, wird es selten als plötzliche große Erleuchtung aufgefaßt und erlebt; weit häufiger nähert sich ein Symbol dem Bewußtsein in einem symbolischen Prozeß.
Um dies zu veranschaulichen, füge ich hier die *Bilderserie* einer 42jährigen Frau an. Die Bilder sind weitgehend außerhalb einer therapeutischen Situation entstanden und weisen auf einen *Symbolbildungsprozeß im Bereich einer Mutterproblematik* hin. Ich kenne die Frau aus Seminaren zu dem Thema «Märchen als Therapie», die jeweils eine Woche dauern. Zwischen dem Seminar, von dem ich spreche, und dem vorangegangenen hatte die Frau ihre ältere Schwester durch eine Krebserkrankung verloren. Das löste in ihr eine schwere Identitätskrise aus, die in der Frage gipfelte: «Muß ich nun auch eine Frau sein, wie meine Schwester es war?» Durch den Tod der Schwester wurde diese Frau depressiv.
Wenn Erlebnisse von Verlust mehr Depressionen und weniger Trauer auslösen, stellt sich immer die Frage, ob dies nicht bei einem Menschen geschieht, der auch sonst zu depressiver

Stimmung neigt. Ein Bild, das diese Frau etwa zwei Jahre zuvor gemalt hat, scheint dies zu bestätigen (vgl. *Farbbild 1*).
Das Bild vermittelt eine düstere Stimmung: Eine dunkle Frau steht im Mittelpunkt; bei ihr befindet sich auch ein Rabe, der als Symbol der Melancholie, aber auch der tiefen Weisheit und der Mystik verstanden werden kann. Das Bild ist horizontal aufgebaut. Es bildet sich ein Problem in bezug auf Weltbewältigung ab, nimmt der Mensch doch in der Horizontalen Platz in der Welt, läßt sich in ihr nieder. Auffallend ist die Höhe des Himmels im Vergleich zur Schmalheit des Bodens, auf dem gelebt werden kann. Dadurch vermittelt das Bild eine geistige Gestimmtheit, die als mächtig und grau imponiert. Die Frau wirkt wie gesichtslos, die Bäume sind unbelaubt, es herrscht – so hat man den Eindruck – psychischer Winter.
Hinter dem Baum, unter dem die Frau sitzt, zieht sich das Gewölk zusammen, der Blick beim Betrachten konzentriert sich auf die düstere Wolke. Die Frau scheint das Zentrum eines Problems zu sein. Die Baumgruppe steht eher links, in einem Bereich, den wir dem kollektiven Unbewußten zuordnen[2], die Stabilisierung des Lebens scheint von dort her zu erwarten zu sein, also eher von innen her, nicht so sehr vom aktiven Leben außen.
Wir dürfen davon ausgehen, daß diese Frau schon immer einmal von düsteren Stimmungen heimgesucht worden ist, daß nun aber der Tod ihrer Schwester offenbar erlebt wird, als wäre ein Teil von ihr gestorben. Sie muß also durch ein Wandlungsgeschehen hindurch, wie es der Trauerprozeß normalerweise ist, sie muß wieder sie selbst werden[3]. Diese Frau nimmt nun an einem Seminar teil, in dem wir das Märchen «Das Stirnmöndlein»[4] behandeln. In dem Märchen geht es um die Ablösung von der guten Mutter und um die Auseinandersetzung mit der bösen Mutter, wobei die gute Mutter in der Form der Kuh – das wäre das Symbol des Mutterarchetyps, des Mütterlichen in einer kollektiven Form – erhalten bleibt: Wenn einmal der gute Mutterarchetyp evoziert worden ist, wenn ein

Mensch einmal gutes Mütterliches erlebt hat, dann bleibt es auf einer unbewußten Ebene auch wirksam und erlebbar, konstelliert sich in Zeiten der Krise und Not.
Im Märchen ist deutlich ausgedrückt, daß in dieser Kuh eine Wandlungsform der Mutter dargestellt ist, und die Kuh gibt dann auch dem Kind Schutz und Trost und bewirkt eine Verwandlung in der Auseinandersetzung mit bösen Gestalten. Auch das Ausgeschlossensein und die Überwindung dieses Ausgeschlossenseins ist ein wesentliches Thema dieses Märchens.
In diesen Seminaren werden die Märchen vorgelesen und imaginiert. Dann erzählen die Teilnehmer einander, welche Stellen für sie und ihr Erleben wesentlich sind[5]. Diese Frau nun kann keine Kuh sehen, kann sich jedoch sehr gut identifizieren mit dem verlassenen, ausgeschlossenen Mädchen in der Auseinandersetzung mit der bösen Mutter. Ich beharre darauf, daß es eine hilfreiche Kuh gebe in dem Märchen und nicht nur dieses verlassene Mädchen mit der schrecklichen Mutter. Auf meinen sehr bestimmten Satz hin: «Aber es gibt doch eine gute, goldene Kuh in diesem Märchen», malt die Frau die Kuh (vgl. *Farbbild 2*).
Die Kuh im Märchen ist eine gelbe Kuh. Das läßt uns natürlich auch an Gold denken; das Gelb und das Gold gehören dem Sonnenbereich, dem Erkenntnisbereich an, während Kühe normalerweise eher erdfarben sind. Die gelbe Kuh im Märchen steht außerdem in einem direkten Zusammenhang mit dem Mond auf der Stirn des Mädchens und dem Stern an ihrem Kinn und weist darauf hin, daß die Kuh die Mittlerin sein wird zu einem strahlenderen, leichteren Leben mit mehr Erkenntnis, das auch die Depression überwinden läßt.
Im Unterschied zum ersten zeigt das zweite Bild zwischen Erde und Himmel einen viel besseren Ausgleich. Wo die Baumgruppe stand, ist jetzt die Kuh mit dem Mädchen, goldfarben, gelb. Indem ich darauf bestand, daß es die Kuh gibt, habe ich die Frau auf ein Symbol hingewiesen, das sie von sich aus ver-

drängt hätte. Ich habe sie dazu gebracht, den positiven Aspekt des Mutterarchetypus in ihr Weltbild aufzunehmen; das heißt nun aber nicht, daß dies so bleibt oder daß die negativen Seiten daran bewältigt wären. Doch obwohl zunächst ein großer Widerstand gegen die Kuh auszumachen ist, übt diese mit der Zeit eine zunehmende Faszination auf die Malerin aus.
Nach dem Seminar, dessen Verlauf ich hier nicht schildern will, geht die Frau nach Hause und malt weiter. In einer bestimmten Phase des Seminars hatten wir den Weg des Mädchens im Märchen durch die verschiedenen Wasser des Baches verfolgt. Das Mädchen mußte durch grünes Wasser, dann durch rotes, durch schwarzes und zuletzt durch weißes Wasser gehen. Die Frau geht, identifiziert mit dem Mädchen, im schwarzen Wasser. Sie erlebt dieses als ungeheuren Sog und hat große Mühe, aus diesem Wasser herauszufinden. Man könnte das so verstehen, daß sie sich im Sog der Todesmutter

befindet, und es liegt nahe zu fragen, ob diese Frau auch die Tendenz hat, ihrer Schwester nachzusterben. Es geht um die Frage, ob sie überhaupt ein Recht zu leben hat, wenn die Schwester gestorben ist (vgl. Bild S. 32).
Bilder, die in der Vorstellung sehr quälend sind, werden, indem man sie malt, konkreter, sind einer Auseinandersetzung zugänglicher. Auch kann man sich mit dem malerischen Produkt in Beziehung setzen, sich von seinem Problem distanzieren, indem man es gleichzeitig anschaut und bearbeitet. Die Identifikation mit dem Problem ist dann aufgehoben, und das heißt: Ein erster Schritt zur Bewußtwerdung ist getan.
In die Schwärze des Bildes fällt rechts hellgelbes Licht herein, von der Seite her, die wir mit dem Bewußtsein verbinden; noch ist eine Öffnung zum Du hin vorhanden. Links unten sind noch Baumreste zu erkennen, vielleicht die Reste der Bäume vom ersten Bild. Man kann die Angst der Malerin spüren, vernichtet zu werden. Das Bild dreht einerseits, andererseits hat es einen Sog nach links unten. Gleichzeitig vermittelt es auch den Eindruck eines Tunnels, eines Durchgangs, eines Geburtskanals, womit die Thematik der Wiedergeburt, von der Depression zum Licht, angesprochen ist. Das Lebensgefühl erscheint eingeschwärzt oder noch schwarz; die Farbe des Raben ist wieder da. Schwarz ist aber auch eine Farbe, die den Anfang symbolisiert, das Noch-Ungeschiedene, allenfalls auch die Verzweiflung. Diese Situation hält *Farbbild 3* fest. Die Malerin schreibt dazu:

«Das Mädchen im schwarzen Fluß, es ist schwarz. Das Flußtunnel ist schwarz mit grauer Öffnung; das Mädchen hat furchtbare Angst, wieder weit in den schwarzen Fluß zurückgezogen zu werden. Aber plötzlich sah ich in den Tunnel die gelbe, goldene Kuh hereingucken. Ich fing ein Gespräch mit Kuh und Mädchen an. Die Kuh wollte das Mädchen herauslocken, aber es ging nicht. Und da die Kuh es nicht herausziehen konnte, dachte ich schon, daß es eben nicht heraus kann.»

Indem die Malerin sich dem symbolischen Prozeß überläßt, wird sie immer tiefer von diesem Geschehen bestimmt, identifiziert sich offenbar auch mit dem Mädchen und gestaltet nun diesen Prozeß malerisch und in imaginativer Form[6]. Im Zentrum dieses vierten Bildes stehen Kuh und Mädchen; der Blick zur Kuh ist wie der Blick in einen Spiegel in der Tiefe; diese Kuhperspektive zieht das ganze Bild in einen Wandel hinein. Das Mädchen spiegelt sich sozusagen im Angesicht der Kuh, im Angesicht des positiv Mütterlichen. Die verzweifelte Schwärze konstellierte also die goldene Kuh, oder anders ausgedrückt: der negative Aspekt des Archetyps konstellierte auch den positiven Aspekt des Archetyps im Sinne der Selbstregulation. Noch geschieht aber nichts vom Erleben her, noch erlebt die Frau nicht, daß Leben auch lebenerhaltend sein kann und nicht nur bedrohlich; es gibt nicht nur die Schwärze und den Tod, es gibt auch etwas, das Leben trägt.

Die Malerin erinnert sich dann aber, daß einmal in einem Märchen, das sie bearbeitet hat, ein Zauberstab vorgekommen ist, daß man sich mit einem Zauberstab etwas wünschen könne, daß damit Hoffnung aufkommen könne und eine neue Perspektive. Diese Erinnerung kann als Wirkung des positiven Mutterarchetyps gesehen werden, indem die Malerin in dieser düsteren Stimmung plötzlich eine neue Perspektive sehen und sich daran erinnern kann, daß es einen Zauberstab, d.h. daß es auch immer eine schöpferische Wandlungsmöglichkeit gibt, solange man lebt. Das wäre also die Wirkung des positiven Mutterarchetyps im Gegensatz zu Wirkung des negativen, der immer nur an den Tod glaubt. Die Folge dieses Denkens an den Zauberstab ist, daß die Frau plötzlich weiß, wie das Mädchen aus dem Tunnel herauskommt (vgl. *Farbbild 4*).

«Die Kuh spürt, daß es so als Mädchen nicht geht, und verwandelt das Mädchen in ein Kalb. Und als Kalb kann es heraussteigen; als Kalb hat es in der Kuh eine gleichartige Mutter, als Mädchen wäre es wieder allein gewesen.»

Durch die Spiegelung wird das Mädchen selber zu einem Kalb. Archetypische Bilder wirken auch in dem Sinne, daß man sich selbst plötzlich im Spiegel des Archetyps sieht, in unserem Beispiel also nicht nur als ein Kind, das vom schwarzen Strom weggerissen wird, sondern auch als ein Kind der nährenden Lebensmutter. Insofern verspürt man auch eine Zugehörigkeit zu einer gewissen Thematik des Lebens, und deshalb kann die Frau dann von dem Mädchen sagen, daß es nicht mehr allein gewesen sei. Das Mädchen wandelt sich sozusagen im Angeschautwerden. Auf einer symbolischen Ebene wird eine sehr enge Symbiose eingegangen.

Die Malerin sagt dann weiter, das nächste Bild sei in ihrer Vorstellung sofort dagewesen (vgl. *Farbbild 5*). Das Kalb trinkt an der Kuh, die Kuh beleckt das Kalb und dann:

«Dieses Bild ist mir natürlich sehr peinlich wegen regressiver Wünsche und so... Ich bin selber ganz überrascht von der letzten Szene, weil ich zum erstenmal nicht Ekel, Widerwillen und Abscheu gefühlsmäßig empfinde in der Identifikation mit dem trinkenden Kalb, sondern ein sehr angenehmes Gefühl, Wärme und Haut um die Nase herum spüre. Wichtiger als das beschämende Gefühl ist mir doch, daß das Mädchen aus dem Tunnelfluß heraus ist.»

Der Horizont dieses Bildes rückt sehr weit nach oben, es ist sehr viel mehr Erde da, sehr viel mehr Welt, aus der heraus gelebt werden kann. Der Geburtskanal ist noch vorhanden; was hier bildhaft dargestellt wird, ist eine Symbiose auf archetypischer Ebene. Einerseits darf die Malerin gefühlsmäßig erleben, daß Leben auch nährend und schützend sein kann, gleichzeitig schämt sie sich aber wegen dieser regressiven Tendenzen, und das kann sie an sich nur, wenn sie sich mit dem Kalb identifiziert und mich offenbar mit der Kuh. Das heißt, sogar dann, wenn diese symbolischen Prozesse außerhalb einer therapeutischen Beziehung dargestellt werden, haben sie immer auch zu tun mit einer Übertragungs-Gegenübertragungs-Situation, wenn sie in einer therapeutischen Situation initiiert worden sind. Um so mehr gilt das natürlich für symbolische Prozesse, die in einer laufenden Therapie wahrgenommen, erlebt und dargestellt werden. Diese symbolischen Prozesse können also

nie losgelöst von den Beziehungsprozessen beobachtet werden, auch wenn diese bei der Schilderung von symbolischen Prozessen manchmal ausgeblendet werden.
Arbeiten wir an symbolischen Prozessen, so gibt es Haltungen, die diese Prozesse fördern, andere, die diese Prozesse hindern. Abwehrhaltungen des Bewußtseins haben eine Wirkung auf den symbolischen Prozeß. Der symbolische Prozeß bewegt sich nicht einfach auf einer Ebene vom Undeutlichen zu etwas Deutlichem, von Chaos zu etwas Sinnvollem; symbolische Prozesse werden durch die jeweiligen Abwehrprozesse beeinflußt. Es gibt dabei dann auch Rückgriffe auf Stufen, die man überwunden zu haben meint.
Dies wird in einem erneut sehr dunkel gehaltenen Bild deutlich. Gegenüber der Schwärze kontrastieren lediglich das Gelb des Kälbchens, das aus der schwarzen Frau heraustritt, und das Gelb der Kuhmutter, die durch die enge Öffnung rechts hereinschaut. Der Grund dafür, daß die archetypisch dunkle Mutter in diesem Bild wieder konstelliert wird, könnte einmal diese Kritik am Bild zuvor sein, in der zu erkennen ist, daß die Malerin zwischen personaler Übertragungsebene, wo sie diese Kuh auf mich überträgt, und symbolischer Übertragungsebene schwankt. In solch einer Symbiose, die auf der archetypischen Bildebene dargestellt und erlebt wird, können in einer geschützten vorsprachlichen Atmosphäre sehr viele Wünsche nach Nähe, nach Zuwendung zugelassen werden, ohne daß der eine ausgebeutet wird, der andere sich schämen müßte. Wird dann aber deutlich, daß hier auch eine personale Übertragung stattfindet, daß dieses archetypische Bild eben auf einen Menschen übertragen wird, dann werden alle Reaktionen aktiviert, die wir zur Verfügung haben, wenn wir uns in so eine Abhängigkeit zu einem Menschen begeben. Deshalb erlebt diese Malerin Scham, d.h. sie ist in ihrem Wunsch, sich selbst in dieser guten Situation zu realisieren, freigelegt, ihr Streben deklariert sie als etwas nicht Passendes. Scham bedeutet aber immer, daß wir in unserem Selbst zutiefst verunsichert sind. Wir gehen

dann mit uns um, wie eine schamsetzende Mutter mit uns umgehen würde. Das ist die eine Möglichkeit, warum diese schwarze Gestalt wieder erscheint.

Die andere Möglichkeit besteht darin, daß in der Bilderfolge bis jetzt der Mutterarchetyp in der positiven Wirkung so stark betont worden ist, daß sich eine Gegensatzkonstellation einstellen muß. Es kann ja niemals nur darum gehen, daß der archetypische Mutterbereich nur in seiner hellen Seite sich zeigt; helle und dunkle Seite dieses archetypischen Bereichs müssen zusammenkommen, soll das Leben nicht illusionär und nicht depressiv sein.

So ist in diesem Bild der Versuch dargestellt, das Kälbchen aus der schwarzen Frau geboren werden zu lassen, also ein Rückgriff, der einem auch versichern würde, daß wirklich etwas Neues geworden ist. Das Kalb, als Symbol für neue positive Lebensmöglichkeiten, müßte die Malerin ihren schwarzen Gedanken und Gefühlen sozusagen abtrotzen.

Das gelingt jedoch zunächst überhaupt nicht, wie das Bild oben zeigt. Die schwarze Frau gerät in einen Sog nach links unten, das Gelb ist völlig verschwunden. Das ganze Bild ist schwarz und vermittelt deutlich einen Sog nach rückwärts. Es gibt allerdings immer auch noch eine Strömung, eine Gegenströmung hin zur Öffnung des Tunnels oder des Geburtskanals, die jedoch sehr klein geworden ist, aber anzeigt, daß die Öffnung zum Du immer noch besteht. Die Malerin jedoch scheint nun unter den Einfluß des Mutterarchetyps im dunklen, verschlingenden Aspekt geraten zu sein, und das hieße wohl, daß sie jetzt sehr verzweifelt ist, sehr depressiv auch.
Im nächsten Bild (vgl. *Farbbild 6*) wird deutlich, daß aus dem Dunkel heraus eine Geburt stattgefunden hat. Auf diesem Bild werden nun die dunkle und die helle Seite zusammen erlebt. Die schwarze Frau tritt auf die Weide heraus, mit ihr kann man in Beziehung treten; das Kälbchen schaut recht neugierig auf die Kuh, die irgendwie in Verbindung zur schwarzen Frau

tritt! Die Malerin sagt dazu, das Kälbchen müsse nun weggehen, weil die Kuh ihm keine Aufmerksamkeit schenke. Der ganze Einsamkeits- und Verlassenheitskomplex wird an diesem Kälbchen festgemacht, das meines Erachtens kaum verlassen aussieht, sondern sehr keck ist. Es wird ersichtlich, daß das Thema der Trennungsproblematik weiter bearbeitet werden wird. In diesem Bild wird aber zudem noch einmal deutlich, daß hier nun eine doppelte Geburt stattgefunden hat: Einmal ist dieses Kälbchen aus der Helle herausgeboren worden, dann aber auch aus dem Dunkel heraus. Das heißt, daß der Mutterarchetypus im hellen als auch im dunklen Aspekt erlebt wird, daß also Leben möglich ist, obwohl es diesen dunklen Aspekt auch gibt. Damit ist eine erste Phase der Trennungsproblematik, wie wir sie aus der Separations-Individuations-Phase der Kinder kennen (6. Monat bis 36. Monat[7]), erreicht worden, d. h. daß durch diesen symbolischen Prozeß ein erster Trennungsschritt – ein Schritt in Richtung Autonomie, ohne daß Zerstörung zu befürchten wäre – getan wurde. Das Thema «Trennung» steht aber immer noch an und muß weiter bearbeitet werden.

An diesem Punkt der Gestaltung dieser symbolischen Bilder bittet die Frau um ein Gespräch (die Bilderserie ist innerhalb von drei Monaten gemalt worden), weil sie findet, daß bei ihr ein wichtiger symbolischer Prozeß im Gange sei.

Dieses Beispiel verdeutlicht, daß Symbole selten in einem Schöpfungsakt sozusagen dem Bewußtsein zugänglich werden. Symbole werden in der Regel durch symbolische Prozesse an unser Bewußtsein herangetragen, und es geht darum, diese Prozesse zu erleben, sie zu gestalten und dann letztlich auch zu deuten.

Jedes Bild, das hier gestaltet wurde, symbolisiert auch einen Aspekt der Entwicklung; dabei spielen Abwehrprozesse, aber auch Beziehungs- und Übertragungssituationen eine grundlegende Rolle.

Für das Erleben dieser Frau stehen die gestalteten Bilder, das

Vordergründige sozusagen, auch die Sache selbst, in einer geheimnisvollen Beziehung zu hintergründigen, tragenden Möglichkeiten des Lebens, die nicht ganz verstehbar, aber erfahrbar sind.

Symbol und Therapieziel

Werden Symbole in einem therapeutischen Prozeß erlebbar, dann machen wir die Erfahrung, daß wir uns lebendiger, emotionaler fühlen, d. h., die Auseinandersetzung des Bewußtseins mit dem Unbewußten findet statt.

Am Symbol werden unsere ganz speziellen aktuellen Schwierigkeiten sichtbar, aber auch unsere ganz besonderen Lebens- und Entwicklungsmöglichkeiten; in den Schwierigkeiten liegen ja auch die Entwicklungsmöglichkeiten.

Das wird gerade an den Symbolen deutlich: In ihnen ist auch die Hemmung des Lebens ausgedrückt, oft auch im Zusammenhang mit hemmenden Erinnerungen aus dem früheren Leben, die durch die Symbole evoziert werden. Und dennoch und gleichzeitig ist in ihnen auch ein Lebensthema angesprochen, das in die Zukunft weist. Das Symbol, als Brennpunkt der psychischen Entwicklung sozusagen, ist Träger der schöpferischen Entwicklung in einem therapeutischen Prozeß. Im Symbol wird also der Individuationsprozeß erlebbar und sichtbar.

Eine Grundannahme Jungscher Psychologie ist, daß der Psyche eine Tendenz innewohnt, sich zu entwickeln, in Bewegung zu sein, wobei sie ein selbstregulierendes System ist. Auf dem Entwicklungsgedanken basiert denn auch das Therapieziel einer Jungschen Therapie. Jung formulierte es 1929 in einem Aufsatz:

«Die Wirkung, auf die ich hinziele, ist die Hervorbringung eines seelischen Zustandes, in welchem mein Patient anfängt, mit seinem Wesen zu experimentieren, wo nichts mehr für immer gegeben und hoffnungslos versteinert ist, eines Zustandes der Flüssigkeit, der Veränderung und des Werdens.»[8]

An diesem utopischen Therapieziel wird sehr deutlich, was Ziel der Therapie sein soll: daß die Menschen nicht mehr fixiert sind, daß sie flexibel werden, daß sie lernen, viele mögliche Einflüsse in ihr Leben aufzunehmen. Als Idealvorstellung, meine ich, ist das von Jung hier formulierte Therapieziel immer noch sehr belebend. Ein ebenso wesentliches Therapieziel könnte es aber sein, mit «Trockenzeiten» umgehen zu lernen, Stagnationen auszuhalten bis zu dem Punkt, an dem wirklich etwas Neues wird, Spannungen auszuhalten, ohne Aussicht auf Erfolg.

Die optimistische Formulierung des Therapieziels von Jung ist aus einer Anfangseuphorie des Pioniers heraus zu erklären. Wir Nachfahren haben es da etwas schwerer. Wir sind heute konkreter, vielleicht auch etwas bescheidener geworden. Aber auch unser Therapieziel bleibt, schöpferisch mit dem eigenen Leben umzugehen, auf dem Weg zu sein, aber schon auch mit Stagnierungszeiten umgehen zu können, und vor allem auch, sich mit sich selber einverstanden erklären zu können als Werdender, als Werdende mit allen Ecken und Kanten, die man so hat und die einen ausmachen. Ziel wäre auch – und das ist auch schon in Jungs Definition enthalten –, das Risiko des Selbstseins auf sich zu nehmen, zu riskieren, man selber zu sein. Fromm formuliert das noch viel drastischer, wenn er sagt: «Es gibt Menschen, die noch gar nicht geboren worden sind, und man muß geboren werden, bevor man stirbt.»[9] Geboren wird man aber nach Fromm durch die Kreativität.

Die schöpferische Entwicklung, die zu diesem Therapieziel hinführt, wird nun im Symbol sichtbar und über das Symbol an das Bewußtsein herangetragen. Im Aufsatz «Die transzendente Funktion» 1916[10] schreibt Jung viel über Symbolbildung. Er beschreibt da, wie unbewußte und bewußte Tendenzen, die sich durchaus entgegenstehen können, in einem Symbol, das ein Drittes ist, sich zeigen, wie in diesem Symbol also die gegensätzlichen Positionen von Bewußtsein und Unbewußtem überschritten werden. Energetisch erklärt sich Jung den

Vorgang – gemäß dem damaligen Denken in der Tiefenpsychologie – so: Wenn die Gegensätze aufeinanderprallen, Intentionen des Bewußtseins und des Unbewußten einander widersprechen, kommt die psychische Dynamik zum Stillstand. Die psychische Energie belebt in der Folge im Unbewußten ein Bild, das die beiden Positionen in sich vereint. Dieses Bild wird dann wieder auf das aktuelle Leben projiziert, macht aber damit auch sichtbar, welche Tendenzen sich überhaupt entgegenstehen; einander entgegenstehende Tendenzen erleben wir in der Regel als Spannung.

Jung beschreibt den Prozeß der Symbolbildung 1916, wie heute im Prinzip der schöpferische Prozeß beschrieben wird, und zwar besonders die Phase der Inkubation. Diese Phase ist die zweite Phase im schöpferischen Prozeß. Der schöpferische Prozeß beginnt damit – das ist die erste Phase –, daß wir versuchen, mit alten Methoden ein Problem zu lösen, was aber nicht gelingt. Wir sammeln dann sehr viel Information, um doch noch eine Lösung zu finden. Irgendwann geben wir auf, weil wir wissen, daß dieses Vorgehen nicht zum Ziel führt. Die Inkubationsphase setzt ein. Wir verlieren die Konzentration, die Spannung; anstelle der bewußten Konzentration tritt das belebte Unbewußte; bewußt fühlen wir uns frustriert, ängstlich, unzufrieden, hängen Phantasien nach, die gehäuft auftreten, erinnern Träume. Diese Inkubationsphase kennen wir auch bei kleineren Entschlüssen: Wir haben plötzlich das Gefühl, überhaupt nicht mehr zu wissen, wie wir uns entschließen sollen, wir fühlen uns frustriert, ärgerlich über uns selbst, unser Gefühl des Selbstwerts sinkt bedenklich. Wir haben in der Alltagssprache auch Ausdrücke für diese Inkubationsphase, wir sagen etwa: «Es gärt in mir», oder: «Es rumort in mir, aber ich bin so entschlußlos, unproduktiv.» Und plötzlich haben wir dann doch eine Idee, wie wir uns verhalten können.

Der Inkubationsphase folgt im schöpferischen Prozeß die Phase der Einsicht, des Einfalls. Und dieser Einfall kann durchaus in Form eines Symbols dem Bewußtsein zugänglich sein.

Die Beschreibung des schöpferischen Prozesses[11] stimmt mit der Beschreibung des Prozesses der Symbolbildung von Jung von 1916 überein. Es ist im Grunde genommen denn auch Jungs Idee, daß man durch die Arbeit am Symbol in lauter kleinen Schöpfungsakten letztlich man selbst wird.
Prozeßhafte Veränderungen in der Psyche als einem selbstregulierenden System[12], die Wandlung im Ichkomplex und damit auch im Erleben bewirken, ohne daß der Charakter der ursprünglichen Identität verlorengeht, werden über die Symbole und die Symbolbildungen ans Bewußtsein herangetragen. Es wäre aber falsch, bei diesen Prozessen nur immer den Moment der Geburt des Symbols im Auge zu haben. Der Vergleich mit dem schöpferischen Prozeß legt nahe, daß das Wesentliche des symbolischen Prozesses zwar ebenfalls im Aufleuchten der neuen Idee zu sehen ist, und damit auch im Erleben eines neuen Lebensgefühls, daß dem aber ein langer Prozeß des Aushaltens von Unsicherheit, von Frustration, ein Prozeß auch der harten bewußten Auseinandersetzung vorausgeht. Die Feststellung von Jung, daß die Psyche ein selbstregulierendes System ist, dürfte auch in dieser Ausschließlichkeit, in der er sie formuliert, nicht stimmen. Die Psyche scheint so lange ein selbstregulierendes System zu sein, als der Ichkomplex hinreichend kohärent ist. Ich werde dieses Thema noch ausführlich im Kapitel «Aspekte des Ichkomplexes» behandeln.

Aspekte des Komplexes

Symbole sind Brennpunkte menschlicher Entwicklung. In ihnen verdichten sich existentielle Themen, in ihnen sind Entwicklungsthemen und damit verbunden auch immer Hemmungsthemen angesprochen. Das wird dann deutlich, wenn wir bedenken, daß Symbole Komplexe abbilden. Jung sagt von den Komplexen, sie würden eine eigentümliche Phantasietätigkeit entwickeln; im Schlaf erscheine die Phantasie als Traum, aber auch im Wachen würden wir unter der Bewußtseinsschwelle weiter träumen «vermöge verdrängter oder sonstwie unbewußter Komplexe»[1].

Schon 1916 hat Jung auf die gefühlsbetonten Inhalte hingewiesen, die Ausgangspunkt von Imaginationen, d.h. Phantasiebildungen, Bilderfolgen usw., also Ausgangspunkt der Symbolbildung sind. Diese Komplexe sind Energiezentren, die um einen affektbetonten Bedeutungskern aufgebaut wurden, hervorgerufen vermutlich durch einen schmerzhaften Zusammenstoß des Individuums mit einer Anforderung oder einem Ereignis in der Umwelt, denen es nicht gewachsen ist. Jedes ähnliche Ereignis wird dann im Sinne des Komplexes gedeutet und verstärkt den Komplex noch; der Gefühlston, die Emotion, die diesen Komplex ausdrücken, bleiben erhalten und werden sogar noch verstärkt[2]. Die Komplexe bezeichnen also die krisenanfälligen Stellen im Individuum. Als Energiezentren sind sie aber aktiv, was in der Emotion zum Ausdruck kommt und zu einem großen Teil das psychische Leben ausmacht. In den Komplexen ist vieles enthalten, was das Individuum in seiner persönlichen Weiterentwicklung hindert, in ihnen liegen aber auch die Keime neuer Lebensmöglichkeiten[3]. Diese schöpferischen Keime zeigen sich dann, wenn wir die Komplexe akzeptieren, wenn wir sie sich ausphantasieren lassen, in den Symbolen also. Wir alle haben Komplexe, sie sind Ausdruck von Lebensthemen, die auch Lebensprobleme sind. Sie machen unsere psychische Disposition aus, aus der keiner herausspringen kann. So wären also die Symbole Ausdruck der Komplexe, gleichzeitig aber auch Verarbeitungsstätte der Komplexe. Komplexe sind ja an sich nicht sichtbar. Erlebbar ist die Emotion, die ihnen eignet; sichtbar sind auch die stereotypen Verhaltensweisen im Komplexbereich. In den Symbolen werden die Komplexe sichtbar, durch die Phantasie; denn wo Emotionen sind, sind auch Bilder. In den Symbolen phantasieren sich die Komplexe sozusagen aus[4].

Zusammenfassend kann zum Komplex[5] gesagt werden: Als Komplex (von complexus = Umfassung, Umschließung, Umschlingung) bezeichnet man Inhalte des Unbewußten, die durch die gleiche Emotion und durch einen gemeinsamen Bedeutungskern (Archetyp) verbunden sind und die in gewissen Grenzen stellvertretend füreinander stehen können. Jedes affektgeladene Ereignis wird zu einem Komplex. Es sind nicht nur die großen traumatischen Ereignisse, die Komplexe hervorbringen, es sind auch die immer wiederkehrenden kleinen Begebenheiten, die uns verletzen. Werden diese Inhalte des Unbewußten auf der Ebene der Emotion oder auf der Bedeutungsebene angesprochen; dann wird das Gesamte dieser unbewußten Verknüpfungen aktiviert (konstelliert) samt der dazugehörenden Emotion aus der ganzen Lebensgeschichte und den daraus resultierenden unangepaßten Verhaltensweisen, die stereotyp ablaufen. Dieser Vorgang läuft, solange der Komplex unbewußt ist, autonom ab. Je größer die Emotion und das Assoziationsfeld sind, desto stärker ist der Komplex, desto mehr werden andere Kräfte an den Rand gedrängt oder verdrängt. Die Stärke des Komplexes kann mit dem Assoziationsexperiment herausgefunden werden, selbstverständlich nur in Relation zu all den Komplexen, die ein Mensch im Experiment zeigt. Werden die konstellierenden Komplexe nicht bewußtgemacht, finden sie sich projiziert vor. Gelingt es dem Ich, mit dem Komplex einen Kontakt aufzunehmen, die Bilder, die Phantasien, die aufsteigen, zu erleben und zu gestalten, kann die Energie, die in einem Komplex gebunden ist, zu einer Energie werden, die den ganzen Menschen belebt. Komplexe werden auch körperlich erlebt, da das Wesentliche am Komplex die Emotion ist und wir die Emotion ja körperlich erleben.

Die Theorie der Komplexe weist eine sehr große Ähnlichkeit auf mit der Theorie der COEX-Systeme, wie sie von Stansilav Grof beschrieben wird[6]. COEX-Systeme sind «systems of condensed experience». Bei diesen COEX-Systemen handelt es sich um spezifische Konstellationen von Erinnerungen aus verdichteten Erfahrungen und Phantasien, die um ein ähnliches Grundthema geordnet und mit einer starken Emotion der gleichen Qualität besetzt sind. Sie beeinflussen die Art, wie wir uns und die Welt wahrnehmen, unsere Gefühle, unsere Ideenbildung, aber auch unsere somatischen Vorgänge.

Jeder Mensch weiß heute, daß wir Komplexe haben. Dabei sind es die Komplexe im Bereich des Selbstwertes, die uns am meisten quälen. Der Selbstwert ist die Emotion, die den Ichkomplex ausmacht; der Minderwertigkeitskomplex ist geradezu populär geworden. Dabei müßte es präziser heißen, daß wir einen Komplex im Bereich des Selbstwertgefühls haben, da Minderwertigkeitskomplexe immer auch von Überwertigkeitskomplexen begleitet sind.

Wir können also nicht nur von Komplexen als Inhalten des Unbewußten sprechen, sondern müssen bedenken, daß auch der Ichkomplex von Jung als Komplex bezeichnet worden ist, daß der Ichkomplex sogar den zentralen Komplex ausmacht. Im Assoziationsexperiment kann man die Komplexlandschaft eines Menschen herausarbeiten in ihrer Beziehung zum Ichkomplex.

Komplexhaftes Erleben

Theoretisch sind Komplexe als abstrakte Struktur des Unbewußten zu betrachten; in unserem Erleben sind es höchst wirksame psychische Komponenten. Wie erleben wir unsere Komplexe?
Ich zeige das typische Komplexerleben am Komplex «Übergangenwerden» auf: Es gibt Menschen, die komplexhaft auf Übergangenwerden reagieren, die das Übergangenwerden nur als negativ beurteilen, also keinesfalls sehen können, daß es auch schön sein kann, wenn man einmal übergangen wird. Jung sagt vom Komplex: «Er geht offenbar hervor aus dem Zusammenstoß einer Anpassungsforderung mit der besonderen und hinsichtlich der Forderung ungeeigneten Beschaffenheit des Individuums.»[7] Eine Anpassungsforderung kann im Grunde genommen nur von Beziehungspersonen an ein Kind herangetragen werden (oder doch in einem sehr großen Maße), so daß anzunehmen ist, daß in den Komplexen die schwierigen Beziehungsmuster unserer Kindheit und unseres späteren Lebens abgebildet sind samt den damit verbundenen Affekten und stereotypen Verhaltensweisen. In diesem Komplex des Übergangenwerdens steckt also das übergangene Kind und das Erlebnis mit Beziehungspersonen, die über Bedürfnisse des Kindes hinweggehen. Wenn wir den archetypischen Kern dieses Komplexes betrachten, dann geht es um eine Opfer-Aggressor-Thematik. Das übergangene Kind wäre ein Opfer, und irgendwo wäre dann jemand, der es übergeht, eben ein Aggressor. Ich spreche jedoch nicht vom Opfer-Aggressor-Komplex, weil darunter sehr viele mögliche Themen angesprochen werden können. Ich spreche lieber und präziser vom Komplex «Übergangenwerden».
Wer einen Komplex hat im Bereich des Übergangenwerdens, argwöhnt ständig, er oder sie könnte einmal wieder übergangen werden. Das ganze Leben wird unter dem Aspekt betrachtet: «Werde ich übergangen?» (Man kann das Leben auch aus

ganz anderen Komplexkonstellationen heraus befragen, z. B.: «Werde ich gefordert? Werde ich nicht gefordert?» Man könnte das Leben auch ansehen unter dem Aspekt «Unverdiente gute Zufälle» usw. Es ist reizvoll, zu überlegen, aus welcher und aus wie vielen Perspektiven wir unser eigenes Leben normalerweise anschauen. Gibt es Varianten, oder stehen wir vielleicht situations- und persönlichkeitsbedingt nur unter einer Komplexkonstellation, die uns nur eine Perspektive auf das Leben hin freigibt?)
Zum Argwohn kommt die Projektion, die in der Auffassung gründet: «Die Menschen haben vor allem die Absicht, mich zu übergehen.» Diese Form der Übertragung der frühkindlichen Lebenssituation (= Projektion) kann bewirken, daß man tatsächlich eher übergangen wird, weil man den Mitmenschen geradezu suggeriert, es zu tun.
Menschen mit diesem Komplex entwickeln darüber hinaus eine ausgesprochene Sensibilität für Situationen des Übergangenwerdens, nicht nur für sich selbst, sondern auch für andere. Sie wissen, wann Menschen übergangen werden, sie können z. B. auch sehr gute Abhandlungen schreiben über solche Themen. Die Komplexe steuern nämlich unsere Interessen und geben uns oft die Energie, an diesen Themen auch zu arbeiten. Die Sensibilität für Situationen im Alltag kann zu politischer Aktivität führen, weil man auf kollektiver Ebene in einem vernachlässigten Bereich Abhilfe schaffen will. Daß diese politische Aktivität auch mit der eigenen Komplexkonstellation zu tun hat, sagt nichts gegen ihre kollektive Legitimität.
Was ich bis jetzt beschrieben habe, ist die Wirkung eines wichtigen Komplexes, der vorhanden ist, ohne daß er speziell angesprochen – konstelliert – wurde. Ein Komplex kann aber auch speziell angesprochen, d. h. konstelliert werden: von innen her durch einen Traum oder durch eine Phantasie, von außen dadurch, daß man mit einem Menschen zusammentrifft, auf den man leicht die eigenen Komplexe projizieren kann, oder daß man in eine Situation gerät, in der das alte Lebensthema und

damit auch die alte Verletzung aktiviert werden. Das hieße beim Komplex «Übergangenwerden», daß der Mensch mit dieser Komplexprägung nun wirklich übergangen würde oder sich übergangen fühlte. Jetzt erfaßt eine starke Emotion diesen Menschen: Es kann Wut sein oder Angst, es kann auch ein ganz spezielles Gefühl sein, vielleicht auch eine Kombination von verschiedenen Emotionen, die in der Prägesituation erlebt worden waren. Dieser Affekt, der dem Komplex die emotionale Grundlage gab, ist dann mit einer ungeheuren Heftigkeit wieder erlebbar, wenn der Komplex konstelliert ist. Diese Emotionen begleitend, schießen viele Erinnerungen ein, die entweder vage sein können im Sinne des «Mir passiert das doch immer», oder sehr viel präziser Situationen vergegenwärtigen, die genau dieses jetzt erlebbare Lebensgefühl ausgelöst hatten.

Das Thema «Wiederholungszwang» tönt an, und man kann es auch unter dem Thema «Konstellation des immer gleichen Komplexes» behandeln. Der Grundaffekt – meist Wut und Angst, verbunden mit dem Gefühl der Kränkung und der Scham, daß immer dieselbe Kränkung sich ereignet, ohne daß etwas dagegen zu tun ist – bewirkt stereotypes Verhalten bzw. stereotype Abwehrmechanismen, Abwehrmechanismen, die ja auch als Bewältigungsmechanismen anzusehen sind, als Funktionen des Ich, die wir immer dann einsetzen, wenn das Ich in Bedrängnis gerät. Der Komplex wird dadurch verdrängt, aber nicht bearbeitet.

Ist ein Komplex berührt, so reagieren wir emotional übertrieben, wir zeigen also eine Überreaktion, und zwar deshalb, weil wir nicht nur auf die aktuelle Situation reagieren, sondern auf alle ähnlichen Situationen mit, die wir im Laufe unseres Lebens erfahren haben, wenn der Komplex uns unbewußt ist. (In Paarstreitereien heißt es dann manchmal: «Du wirst immer gleich so grundsätzlich!» Damit kann natürlich gemeint sein, daß jemand immer gleich ultimativ denkt und grundsätzlich wird, aber öfter bedeutet es: «Du reagierst gar nicht emotional auf das, was sich jetzt ereignet, du reagierst vielmehr auf viele

Erfahrungen deines Lebens.») Wer etwas von seinen Komplexen weiß, kann verstehen, daß zwar eine auslösende Situation vorliegen mag, daß die Emotion, die hervorbricht, aber wirklich vielen anderen Beziehungspersonen auch gilt. Die Intensität der Emotion ist Ausdruck für den Kompromiß zwischen der Intensität des Komplexes und den zur Verfügung stehenden Abwehrmechanismen. In sehr großen Erregungszuständen kann man aber nicht mehr davon ausgehen, daß wir Komplexe haben, sondern dann haben die Komplexe uns[8]. In dieser Lage fühlen wir uns unfrei, einem inneren Geschehen ausgeliefert, auf das wir keinen Einfluß mehr nehmen können. Üblicherweise endet eine solche Komplexkonstellation im Gefühl der Scham, der Scham, daß wir weit hinter unsere Kontrollmöglichkeiten zurückgefallen sind, daß wir also wesentlich weniger autonom sind, als wir meinten zu sein.

In dieser Komplexkonstellation ist es aber unmöglich, mit dem Willen die Situation unter Kontrolle zu bringen, weil gerade der konstellierte Komplex es ist, der unsere Willensfreiheit aufhebt. Und dabei gilt: je größer die Erregung, die mit dem Komplex verbunden ist, je größer die emotionale Intensität des Komplexes, desto geringer unsere Willensfreiheit.

Der Weg der Auseinandersetzung mit den Komplexen kann weder der der Abwehr noch der der Kontrolle sein, es geht darum, diese Komplexe sich ausphantasieren zu lassen, sie auch in den Beziehungsmustern zu sehen und zu verstehen und sie dann über die Arbeit am Symbol dem Bewußtsein zu integrieren.

Falls man sich über seine Komplexstruktur einigermaßen bewußt ist, kann man in gewissen Situationen seine Komplexreaktionen auch erwarten. Dieses bewußte Rechnen mit den Komplexreaktionen kann auch schon eine recht große Erleichterung bringen. Man geht dabei so vor, daß man minuziös registriert, wie man in einer Situation, die z. B. den Autoritätskomplex stimuliert, reagiert, und wird dann, kommt man ein nächstes Mal in eine solche Situation, sich sagen: «Jetzt müßte mein Körper so und so reagieren, jetzt müßte ich diese Angst spüren... usw.» Dieses «Unterlaufen» des Komplexes erfolgt am besten mit der Bewußtmachung zusammen.

Beschreibungen des Komplexes

Jung hat die Komplexe entdeckt, als er mit dem Assoziationsexperiment arbeitete. Dieses beruht auf der Grundlage, daß Menschen jederzeit imstande sind, Vorstellungen miteinander zu verknüpfen, daß eine Vorstellung sehr leicht eine andere ins Bewußtsein ruft. Grundsätzlich kann von jedem Wort aus eine Assoziationskette gebildet werden, wobei – sprachlich bedingt – gewisse Assoziationsketten wesentlich fester gebahnt sind als andere. Im Assoziationsexperiment wird ein Wort genannt und gebeten, daß der Proband/die Probandin so rasch wie möglich mit einem Wort, das ihm/ihr ins Gedächtnis kommt, reagiert. Ursprünglich sollten dabei Reaktionsgeschwindigkeiten und Reaktionsqualitäten studiert werden.

Jung wandte dann sein Interesse den Reaktionen zu, die nicht glatt erfolgten, wo Menschen z.B. eben nicht sogleich mit einem anderen Wort reagierten, sondern lachten, eine Körperbewegung zeigten, das Wort wiederholten usw. Bei Nachfrage ergab es sich, daß der Stimulus, das Reizwort, eine problematische Lebenserfahrung angesprochen hatte, einen Komplex.

Das Assoziationsexperiment[9] ist eine diagnostische Möglichkeit, die Komplexlandschaft in ihrem Verhältnis zum Ichkomplex zu bestimmen. Dabei hat es sich herausgestellt, daß die Komplexe untereinander vernetzt sind und in einem besonderen Verhältnis zum Ichkomplex stehen. Was unter experimentellen Bedingungen herausgearbeitet werden kann, ist auch Alltagserfahrung. Wir alle wissen, daß es für uns Reizworte gibt, Worte, die Komplexbereiche ansprechen, Worte, die bewirken, daß wir da komplexhaft reagieren. Zu diesem komplexhaften Reagieren gehört, daß die zum Komplex zugehörige Emotion einmal erlebt wird, sich dann aber auch sehr oft in Körperphänomenen ausdrückt oder in Ausdruckserscheinungen, wie etwa in abwehrenden Gesten, Verziehen des Gesichts usw. Komplexe gelten denn für Jung auch als «die *lebendigen Einheiten der unbewußten Psyche,* deren Vorhanden- und Beschaffensein wir in der Hauptsache nur durch die ersteren (die Komplexe, V. K.) erkennen können» (Hervorhebung V. K.)[10]. An anderer Stelle spricht er von den Komplexen als «Brenn- oder Knotenpunkte(n) des seelischen Lebens, die man gar nicht missen möchte, ja, die gar nicht fehlen *dürfen,* weil sonst die seelische Aktivität zu einem fatalen Stillstand käme. Aber sie bezeichnen das Unerledigte im Individuum, den Ort, wo es zum mindesten vorderhand eine Niederlage erlitten, wo es etwas nicht *ver*winden oder *über*winden kann, also unzweifelhaft die *schwache Stelle* in jeglicher Bedeutung des Wortes.»[11] Hier an dieser Stelle spricht Jung auch davon, daß Komplexe «aus dem Zusammenstoß einer Anpassungsforderung mit der besonderen und hinsichtlich der Forderung ungeeigneten Beschaffenheit des Individuums»[12] hervorgehen, und erwähnt dann, daß der erste Komplex aus dem Zusammenstoß mit den Eltern erfolgt, also der Elternkomplex ist.

In der «Psychogenese der Geisteskrankheiten» beschreibt Jung, daß jedes affektvolle Ereignis zum Komplex werde.

«Trifft das Ereignis keinen verwandten, schon bestehenden Komplex und hat es nur momentane Bedeutung, so versinkt es mit abklingendem Gefühlston allmählich in die latente Erinnerungsmasse, um dort zu ruhen, bis ein verwandter Eindruck es wieder zur Reproduktion ruft. Trifft ein affektvolles Ereignis aber einen schon bestehenden Komplex, so verstärkt es ihn und verhilft ihm für einige Zeit zur Oberhand.»[13]

Was Jung hier beschreibt, sind Erkenntnisse, die auch die Lerntheorie formuliert, auf der die Verhaltenstherapie beruht. Diese lerntheoretischen Fakten spielen im Umgang mit Komplexen eine Rolle, spielen überhaupt in Therapien eine Rolle, auch wenn sie sich nicht Verhaltenstherapien nennen.

Die Komplexe treten im Traum personifiziert auf[14], auch für das Neuroseverständnis spielt der Komplex bei Jung eine zentrale Rolle, meint er doch, daß alle Neurosen einen Komplex enthielten, der sich von anderen Komplexen dadurch unterscheidet, daß er außerordentlich stark besetzt sei und deshalb den Ichkomplex unter seinen Einfluß zwinge[15].
In diesen Zusammenhang gehört auch die Vorstellung von Jung, daß Komplexe abgesprengte Teilpsychen sind[16]. In «Psychologische Typen» formuliert Jung etwas unbestimmter:

«Komplexe sind nach allem, was wir von ihnen wissen, psychische Größen, die sich der Kontrolle des Bewußtseins entzogen haben und, von letzterem abgespalten, ein Sonderdasein in der dunklen Sphäre der Seele führen, von wo aus sie jederzeit bewußte Leistungen hemmen oder fördern können.»[17]

Und diese «kleine, eingeschlossene Psyche» entwickelt dann eben eine Phantasietätigkeit.

«Im Schlaf erscheint die Phantasie als Traum. Aber auch im Wachen träumen wir unter der Bewußtseinsschwelle weiter, und dies ganz besonders vermöge verdrängter oder sonstwie unbewußter Komplexe.»[18]

Hier nun ist die direkte Verbindung zum Symbol formuliert. Es scheint mir aber auch wesentlich, daß wir diesen Aspekt der Teilpsychen oder der abgesprengten Teilpsychen bedenken, auch wenn nicht deutlich wird, warum da etwas abgesprengt worden ist; es wäre ja, bildhaft gesehen, ebenso möglich, daß dem Ichkomplex etwas nicht integriert worden ist. Dafür daß es sich nicht unbedingt um abgesprengte Teilpsychen handelt, sondern um psychische Inhalte, die dem Ichkomplex noch nicht verbunden sind, würde z. B. auch sprechen, daß der Komplex nicht einfach aus etwas Verdrängtem besteht, sondern auch aus Unbewußtem, das noch nicht bewußt sein kann. Es gibt so etwas wie altersspezifische Komplexe: So wird etwa in der mittleren Lebensspanne (von 40 bis 55) Tod als Komplex erlebt, allenfalls auch Tod und Alter. Da reagieren Menschen, die sich zuvor recht ruhig mit Älterwerden und Sterbenmüssen beschäftigt haben, auch nicht geflohen sind, wenn solche existentiell Situationen auf sie zukamen, übertrieben mit Ängsten, mit Depressionen. Dieser Komplex wird erst jetzt existentiell erlebbar und muß dem Bewußtsein verbunden werden.

Im Zusammenhang mit Entwicklungsthemen können während des ganzen Lebens Komplexe entstehen.

Der Aspekt der Teilpsyche scheint mir insofern von Interesse zu sein, als wir heute oft von der Fragmentierung des Ichkomplexes sprechen, davon daß der Ichkomplex seine Kohärenz oder der Mensch sein Gefühl der Identität verliert und dann unter dem Eindruck steht, von verschiedenen psychischen «Wesenheiten» bestimmt zu sein. Diese Erfahrung könnte man mit Jungs Vorstellung erklären, daß Komplexe, wenn sie ganz unbewußt sind, sich wie Teilpsychen verhalten, oder mit diesem Gedanken zumindest in Verbindung bringen. Es geht also darum, die unbewußten Komplexe dem Bewußtsein zu verbinden, um so mehr, als die Energie, die sich in der emotionalen Störung ausdrückt und die den Komplex ausmacht, nach Jungs Ansicht gerade jene Energie ist, die der Leidende braucht, um sich weiterzuentwickeln. Hier ist also ein weiterer Hinweis auf die Selbstregulierung der Psyche gegeben: In der Störung, wird sie nicht verdrängt, liegt die Möglichkeit zur Heilung.

Um aber mit den Komplexen, mit der Störung, in Kontakt zu kommen, müssen wir uns den Phantasien zuwenden, den Träumen, den Beziehungsmustern, den Symbolen ganz allgemein. Daß die Komplexe sich sozusagen ausphantasieren, bietet die Möglichkeit, sie von hemmenden Kräften zu fördernden Kräften werden zu lassen. Dies spielt sich bei der Symbolbildung ab. Insofern sind Symbole Verarbeitungsstätten der Komplexe. Und das ist auch der Grund, weshalb Träume, Bilder und der ganze Bereich der Imaginationen[19] in der Therapie nach C.G. Jung eine so große Rolle spielen. Praktisch heißt das, daß man sich auf Emotionen konzentriert und sich fragt, welche Phantasien, welche Bilder mit ihnen verbunden sind. Diese Bilder können dann gemalt oder auch mit der Technik der Imagination, allenfalls der Aktiven Imagination, bearbeitet werden. Wesentlich ist dabei, daß das Symbol erlebt und gestaltet wird und dann eine Deutung erfährt.

Als *Beispiel einer Symbolbildung bei der Auseinandersetzung mit einer Vaterproblematik* sei hier die *Bilderserie* einer 41jährigen Frau eingefügt. Die Frau ist verheiratet und hat drei Kinder zwischen vier und acht Jahren. Diese Frau leidet unter einem sehr dominanten Vaterkomplex.

Nun ist bei Komplexen daran zu denken, daß sie untereinander vernetzt sind, deshalb spreche ich auch im Zusammenhang mit dem Assoziationsexperiment von Komplexlandschaften.

Da Vaterkomplex und Mutterkomplex sich aus dem Elternkomplex herausdifferenzieren, hat man immer sowohl einen Vater- als auch einen Mutterkomplex. Diese Komplexe haben einen inneren Zusammenhang. So kann z. B. bei einem positiven Mutterkomplex, in dem das tragende Moment der Mutter erlebbar ist, ein Vaterkomplex niemals eine so destruktive Wirkung haben wie bei einem Menschen, bei dem der Mutterkomplex diese tragende Funktion nicht aufweist. Vater- und Mutterkomplex müssen dann auch näher beschrieben werden: Sie haben zwar eine typische Komponente, sind aber gefärbt durch die Erlebnisse mit dem persönlichen Vater und väterlichen Gestalten und durch die Erlebnisse mit der persönlichen Mutter und mütterlichen Gestalten, die einem im Laufe des Lebens begegnet sind.

Diese Analysandin malt ihren Vaterkomplex (vgl. *Farbbild 7*), der im Gockel symbolisiert ist. Sie selber sagt dazu: «Ich verreise innerlich immer, wenn Vater kommt. Der Gockel hat Macht über mich nach so langer Auseinandersetzung.» Sie hat den Eindruck, sie habe sich schon ein ganzes Leben lang mit dem Vaterkomplex auseinandergesetzt und dennoch stehe sie immer noch unter seiner Macht.

Diese Frau wurde von ihrem Vater in ihrer Kindheit sexuell
mißbraucht. Der Vater als Gockel in Imponierpose zeigt ein
sexuelles Gehabe oder auch eine gewisse sexuelle Phantasie,
und das scheint mit einer großen Spannung verbunden, besonders weil das Violett, das ja an sich schon eine Spannungsfarbe
ist, mit dem Orange, einer Farbe auch der erotischen Erregbarkeit, stark kontrastiert[20]. (Violett könnte natürlich auch eine
Integrationsfarbe sein, eine Farbe, bei der Blau und Rot miteinander verbunden sind, eine Spannung also aufgehoben ist.
Das scheint mir aber in der Kombination mit dem Orange wenig wahrscheinlich zu sein.) Dieser Vaterkomplex vermittelt
emotional eine erregte Spannung. Es ist für die Analysandin
das erste Mal, daß sie ihre Situation in dieser Art darstellt.
Unsere mehr unbewußten Komplexe stehen immer in einem
Zusammenhang mit dem Ichkomplex. Auf diesem Bild hier ist
nun auch die Analysandin selber dargestellt, ohne Hände,
Füße, blaß angesichts dieses emotional vitalen Vaters. Im Vaterkomplex ist also sehr viel Energie und Vitalität gebunden,
die dem Ichkomplex hier sichtlich fehlt. Dieses Bild korrespondiert mit der Aussage der Analysandin, wenn Vater da sei,
«verreise» sie, d. h., dann verliere sie sozusagen ihre Identität.
Ein zweites Bild, zum selben Zeitpunkt gemalt, zeigt vielleicht
noch deutlicher als das erste, was es heißt, wenn bei dieser
Analysandin ihr Vaterkomplex konstelliert ist (vgl. *Farbbild 8*).
Der Kopf des Vaters besetzt die ganze rechte Bildhälfte.
Möchte die Analysandin den Weg nach rechts in die Verwirklichung ins Leben hinein beschreiten[21], dann führt kein Weg am
Denken, an den Phantasien, an den Ideen, die den Vaterkomplex ausmachen, vorbei. Das Ich fühlt sich offenbar klein, eingeschnürt am ganzen Körper. Wieder fehlen Hände und Füße:
Es gibt keine Möglichkeit des Zupackens, keine Möglichkeit,
auf der Welt wirklich einen Standpunkt zu finden. Mit diesem
Bild sagt die Analysandin, wenn ihr Vaterkomplex konstelliert
sei, dann sei sie praktisch bewegungsunfähig, wehrlos, vergewaltigt, ungeheuer klein.

Der violette Kopf vermittelt wiederum Spannung; verbunden mit dem schwarzen, aggressiven Vogel über dem Auge erweckt er den Eindruck, daß dieser Vaterkomplex mit einer beträchtlichen Aggressivität und Melancholie verbunden ist, einer Aggressivität, die sich gegen die Analysandin wendet.
Das Ich der Analysandin, hilflos und ausgeliefert, läßt uns nachvollziehen, was es mit dem Hemmenden eines Komplexes auf sich hat. Wenn dieser Vaterkomplex konstelliert ist – und nur dann –, wird dieses weibliche Ich sich als schwach, als hilflos, als ausgeliefert empfinden. Komplexe sind aber nicht immer konstelliert. Bei dieser Frau wird der Vaterkomplex immer dann konstelliert, wenn ihr konkreter Vater auftaucht, unterdessen ein sehr alter Mann, der mit ihr und der Familie Kaffee trinken möchte. Sie sieht immer noch den brutalen, ausbeuterischen Mann ihrer Kindheit in ihm.
Komplexe werden projiziert, sie verzerren daher die Wahrnehmung: Die Analysandin kann nicht den alten Mann sehen, der unterdessen sehr dankbar wäre für ein bißchen Zuwendung, mit dem man vielleicht auch über den sexuellen Mißbrauch sprechen könnte, sondern sie sieht immer noch den Vater, der sie so sehr bedroht und eingeengt hat. Dieses Vaterbild kann bei ihr auch konstelliert werden, wenn sie von ihm träumt. Wird dieser Komplex aber nicht angesprochen, weder von außen durch väterliches Verhalten von irgend jemandem noch von innen, kann sie eine zufriedene Mutter und Frau sein. Komplexe bestimmen zwar generell unsere Interessen und unsere Befürchtungen, emotional als hemmend oder fördernd werden sie aber nur dann erlebt, wenn sie konstelliert sind. Ist dieser Vaterkomplex konstelliert, wird das ganze Beziehungsmuster Vater–kindliches Ich übertragen. Wenn diese Analysandin den Vaterkomplex überträgt – und sie überträgt ihn besonders auf Männer im Alter zwischen 50 und 60 Jahren –, fühlt sie sich hilflos. Sie kann diese Männer nicht sehen als die Männer, die sie sind, sondern sie sieht ihren Vater und sich selbst als geängstigtes, eingeschnürtes Mädchen.

Daran ist zu denken: In der Psychotherapie arbeitet man mit der Übertragung, mit dieser verzerrten Wahrnehmung der Realität. Die Komplexkonstellationen werden auf den Therapeuten/die Therapeutin übertragen, aber nicht in dem Sinn, daß einfach ein Komplex übertragen wird, übertragen wird vielmehr ein Beziehungsmuster, weil jeder Komplex immer schon in Beziehung zu einem Ich steht. Werden diese Beziehungsmuster verstanden, dann wird auch das Kind verstanden, das die schmerzhaften Zusammenstöße mit der Umwelt erlitten hat.

Auch in dieser Analyse wird dieses Beziehungsmuster einengender Vater–eingeengte Tochter gelegentlich auch auf mich übertragen: entweder in dem Sinne, daß die Analysandin mir vorwirft, ich würde ihr jetzt keinen Platz lassen, oder aber auch in dem Sinn, daß sie sich selbst mit einem Problem so sehr ausbreitet, daß ich mir wie eingeschnürt vorkomme. Das Ansprechen dieser Gefühlszustände, von Übertragung und Gegenübertragung, bewirkt, daß dieser Komplex ins Bewußtsein gehoben wird.

In Situationen, in denen ich mich wie eingeschnürt fühle, dürfte bei der Analysandin eine Identifikation mit ihrem Vaterkomplex stattfinden. Wir projizieren nämlich nicht nur unsere Komplexe, wir können uns auch mit ihnen identifizieren. Das Ich identifiziert sich mit dem Komplex, und hier bei dieser Analysandin dann mit der Aggressorseite. Eigentlich ist sie das Opfer, der Vater der Aggressor. Ist sie nun mit diesem Männerkopf identifiziert, dann geht auch an ihr kein Weg vorbei, dann wird jeder und jede, der/die mit ihr umgeht, sehr leicht zu dieser gelähmten Frau. Auch dürfte es dann recht kopflastig zu- und hergehen. In der Identifikation mit einem solchen Komplex erlebt man die ganze Macht, die im Komplex steckt: Was die handelnden Personen des Komplexes einmal dem Kind angetan haben, tut der mit dem Komplex Identifizierte nun den anderen Beziehungspersonen an. Dadurch werden diese nicht selten zum ähnlich leidenden Kind, wie er es selber

war. Gerade aber darin liegt der Schlüssel zum emotionellen Verständnis der Prägesituation und damit zur Veränderung der Komplexkonstellation.
Diese Komplexidentifikation scheint mir von sehr großer Wichtigkeit zu sein, weil sie meines Erachtens noch viel häufiger auftritt als die Projektion. Komplexidentifikation würde bedeuten: In der Identifikation mit dem Hauptkomplex kann ich meine Identität aufrechterhalten. Gerade die Komplexidentifikation mit dem Vaterkomplex scheint mir dabei besonders wichtig zu sein. Immer wieder gibt es Menschen, die die Therapie aufsuchen und da zwar über große Leiden klagen, von denen man aber zunächst den Eindruck hat, daß sie doch recht gut funktionieren in unserer Welt. Sie tun das nicht deshalb, weil sie einen gut strukturierten Ichkomplex hätten, sondern sie tun es deshalb, weil sie mit dem Vaterkomplex identifiziert sind, also alles Väterliche, was in unserem alltäglichen Leben zu bewältigen ist, auch bewältigen. Meistens fallen diese Menschen im Arbeitprozeß überhaupt nicht auf. Dennoch ist eine große Leere da, sie leben nicht ihre Identität, sie leben eine Komplexidentität.
Komplexe werden übertragen, ein Vaterkomplex in der Regel auf alles, was väterlich ist, in erster Linie auf männliche Partner. Die Analysandin sagt zu ihrem dritten Bild:

«Es ist ein Bild für meinen Partner, der mir so sehr viel Energie frißt. Das Krokodil holt sich meine Farbigkeit, zugleich bleiben meine spielerischen Bälle im Grau. Das Krokodil frißt mit seiner Rücksichtslosigkeit, mit seiner Schäbigkeit von mir, zugleich macht mich diese Situation aber auch schöpferisch» (vgl. *Farbbild 9*).

Die Deutung der Analysandin ist, daß das Krokodil die Farbigkeit frißt: ihre emotionelle Differenziertheit, ihre Freude am Leben, ihre vitale Arbeitskraft. Man könnte das Bild umgekehrt aber auch so sehen, daß dieses Krokodil die Farbigkeit gerade bringt.
Ist ein Komplex konstelliert, wird alles im Sinne dieses Kom-

plexes gedeutet, und da der Vaterkomplex dieser Analysandin als lebenfressend erlebt wird, kann eine andere Perspektive zunächst nicht angenommen werden. Von außen besehen wäre es durchaus denkbar, dieses Krokodil als aggressive, fressende Seite in sich selbst zu verstehen, die, würde man zu ihr stehen und sie eben nicht projizieren müssen, sehr viel Lebendigkeit entbergen könnte.

Das vierte Bild der Serie erstaunt zunächst, weil vom Vaterkomplex nicht mehr viel zu sehen ist (vgl. *Farbbild 10*). Die Analysandin sagt dazu: «Ich hab' da einen Bannkreis um mich gemacht.» Dieses Bild weist darauf hin, daß wir ja nie nur von einem Komplex bestimmt sind, wir haben immer Möglichkeiten, uns in unserer Identität zu erfahren, wenn sie nicht unter dem Einfluß der wichtigsten aktivierten Komplexe steht. Jedenfalls ist hier in diesem Bild eine ganz andere Identität abgebildet, als wir sie bis jetzt gesehen haben. Und das ist auch sehr wichtig: Es gibt verschiedene Bilder unserer Identität. Diese Form der Identität muß allerdings durch einen Bannkreis geschützt werden, wobei der Kreis sich auf violettem Hintergrund befindet; und es wird deutlich, daß bei dieser Analysandin das Violett geradezu die Farbe für die persönliche Färbung des Vaterkomplexes ist. Dieses Bild drückt eine spontane Freude an der Körperlichkeit, am Spüren von sich selbst aus. Die Analysandin sagt dann auch weiter dazu: «Krokodil, Rabe, Vater im Eisberg, Gesicht erreichen mich nicht, können mich nicht zerstören.» Diesen Eindruck vermittelt das Bild auch, und dann folgert sie weiter: «Ich entwickle ja dieselben Kräfte wie das Krokodil, wie der Rabe, wie der Vater im Eisberg – das sind tolle Kräfte.» Das bedeutet nun auch, daß hier Komplexhaftes aus der Projektion zurückgenommen wird, d.h. nicht mehr Vater oder Mutter werden beschuldigt, sondern es wird erfahren, daß die Komplexe zum Selbst gehören, Teilpsychen in uns selbst sind, daß es um uns selbst geht, auch wenn die Komplexe aus Zusammenstößen mit diesen Beziehungspersonen entstanden sind. Können wir das akzeptieren, dann treten wir in Kontakt mit dem Komplex – und ich meine, daß dies hier im Bild ausgedrück ist: Die Frau, zwar im Bannkreis, hat Kontakt mit dem Krokodil, mit dem Vater, mit dem Raben. Sie ist in Kontakt mit dem, was ihren Vaterkomplex ausmacht, und kann deshalb auch sagen, daß all diese Energie, die im Vaterkomplex steckt, sie selbst ja auch habe.

Das ist ein Gedanke, den wir viel zu wenig wahrnehmen. Wir beklagen uns über unsere energetisch hochgeladenen Komplexe, sind uns aber nicht klar darüber, daß sie unser Leben enorm bereichern können, daß in ihnen die Energie steckt – gelingt es uns, sie mit dem Ichkomplex in Verbindung zu bringen –, die wir brauchen, damit unser Leben wieder farbiger wird. Das ist auch ein Grund, warum die Interpretation auf der Subjektstufe so hilfreich ist: eine Interpretationsform, bei der alles, was in einem Bild, einem Symbol, einem Traum vorkommt, als eigener Persönlichkeitsanteil gesehen wird. So besehen, übernehmen wir eine gewisse Verantwortung. Wir bekommen aber auch ein Gefühl dafür, daß Energien da sind, die uns beleben können.

Der Vaterkomplex wird im nächsten Bild in veränderter Form wieder dargestellt (vgl. *Farbbild 11*): Immer noch behält er etwas Teuflisches an sich, die Schlangen züngeln ihr immer noch entgegen. Das Ich ist aber wesentlich gestalteter, zwar immer noch ohne Füße, aber wenigstens mit einer Andeutung von Händen und einem gestalteten Gesicht. Neu ist auch das etwas gespenstische blaue Gesicht mit den auffallenden roten Lippen, das hinter dem Vorhang hervorschaut und das die Malerin als das ihrer Mutter identifiziert. Der graue Vorhang, der über dem Bild der Mutter liegt, wird etwas zurückgezogen. Die besondere Gestaltung des Vaterkomplexes in diesem Bild mit dieser spannungsvollen sexuellen Komponente ruft noch einmal kindliche Inzestsituationen ins Bewußtsein; es wird emotional viel dazu erinnert und dabei auch die Wut auf die Mutter, die irgendwie im Hintergrund die Sache doch mitbekommen haben müßte, wieder neu erlebbar.

An diesen Bildern wird meines Erachtens deutlich, wie dieser Komplex im Zusammenhang mit dem Ichkomplex sich verändert, langsam eine andere Gestalt annimmt, in einen größeren Lebenszusammenhang hinein eingebettet wird. Noch ist vor allem der hemmende Aspekt erlebbar, der fördernde kaum, sieht man ab von einer großen Sensibilität für die Einengung patriarchalischen und ausbeuterischen Lebens.
Komplexe sind die handelnden Personen unserer Träume. Zur Illustration möchte ich einige Träume dieser Analysandin beifügen, die in der gleichen Zeit geträumt wurden, in der auch die Bilder entstanden.

Traum 1: Der Vater rast auf der Autobahn, ich sitze machtlos neben ihm, bin ohnmächtig, ausgeliefert. Ich weine, trommle, bekomme mein Kinderweinen, mache mir weh an den Händen, weil ich so trommle, ich falle in mich zusammen.
Traum 2: Vater will bei mir Kuchen essen, ich gebe ihm keinen, er wird unheimlich wütend. Ich gebe nach.
Traum 3: Ein väterlicher Richter verurteilt mich zum Tode durch Ersäufen. In mir blitzt Hoffnung auf: vielleicht kann ich tauchen. Dann aber kommt wieder die Resignation – bestimmt bindet der Richter einen Stein an mich, daß ich nicht tauchen kann.

Der erste Traum zeigt nicht, wie man mit diesem Vaterkomplex umgehen kann. Der Vaterkomplex phantasiert sich nicht in einer fördernden Weise aus, sondern es geht noch einmal um eine Bestandsaufnahme. Wenn sie dem Vaterkomplex ausgeliefert ist, ist das Verhalten der Träumerin ihr Kinderverhalten: Sie hat ihr Kinderweinen, sie tut sich selber weh, verletzt sich selbst, macht sich selbst kaputt. Das heißt, dieser Komplex ist so destruktiv, daß sie, wenn sie sich mit ihm identifiziert, sich selber zerstören muß. Es gibt für das Ich offenbar keinen anderen Weg, als sich mit dem Angreifer zu identifizieren.
Im zweiten Traum möchte allerdings der Traumvater mit ihr in Kontakt kommen, er bittet um süße Nahrung, wie es in der Regel eher Kinder tun. Es wäre also eine Möglichkeit, dieses Vaterbild sich verändern zu lassen, könnte sie sich auf es einlassen.

Im dritten Traum wird nun der Vater auch im Traum übertragen. Auch wenn wir unter einem dominanten Vaterkomplex stehen, träumen wir nicht ständig vom Vater, sondern wir träumen oft von väterlichen Figuren; und diese Analysandin träumt jetzt von einem Richter. Vater wird also von ihr erlebt als jemand, der richtet, und der Vater verurteilt sie eigentlich zum Tode. Als Gegenregulation des Unbewußten taucht eine kleine Hoffnung auf, daß sie wegtauchen könnte, daß das Element «Wasser» ihr Rettung geben könnte. Diese Hoffnung dauert nur einen Moment, dann fühlt sie sich wieder ganz im Bann des Vaterkomplexes: Der Richter wird es so machen, daß sie sich nicht mehr retten kann. Aber diese ganz kleine Hoffnung innerhalb dieses Traumes darauf, daß es Mütterliches geben könnte, wo der Vater keinen Einfluß mehr hat, ist ausgesprochen wichtig.

Die Selbstregulierung der Psyche erfolgt nämlich auf zwei Arten: Dadurch, daß man den Komplex sich ausphantasieren läßt, kann das Hemmende auch fördernd werden, letztlich deshalb, weil hinter dem Komplex der Archetyp steht. Die andere Möglichkeit der Selbstregulierung ist die, daß die Komplexlandschaft ein System ist, in dem sich eine Gegenreaktion abzeichnen kann, wo etwa Angst war, wird Hoffnung. Hat jemand einen derart sich destruktiv auswirkenden Vaterkomplex – wie er bei dieser Analysandin auszumachen ist –, wäre es natürlich sinnvoll, wenn positive Bilder des Mutterarchetyps oder des Mutterkomplexes konstelliert werden könnten, was in der Regel in der therapeutischen Beziehung möglich ist.

Komplexe mit förderndem Einfluß

Da jedes affektvolle Erlebnis zum Komplex wird, müßten auch freudige Erlebnisse zu einem Komplex werden. Freude kann als Stimmung, als Gefühl, aber auch als Affekt erlebt werden. Wir haben die Tendenz, die Affekte, die uns eher beflügeln, die

uns lebendiger machen, zu vernachlässigen. Wir sprechen ständig von Angst, Wut, Trauer usw., aber es gibt Situationen, die nicht Angst, sondern Freude auslösen, und auch das kann komplexhaft sein.
Beispiel für das Anspringen eines Freude auslösenden Komplexes. – Ein 30jähriger Mann, mit dem ich ein Assoziationsexperiment mache, zeigt eine eigentümliche Reaktion auf das Reizwort «Grün». Zuerst strahlt er über das ganze Gesicht, dann lacht er, schlägt mit der Hand auf den Tisch, dann klopft er sich auf die Oberschenkel – die Reaktionszeit wird dabei recht lang –, und dann sagt er strahlend: «Gelb.» Die Reaktion erfolgt hier in keiner Weise glatt; die Ausdrucksmerkmale, die der Proband zeigt: das Strahlen, das Lachen, die Bewegungen usw., werden als Komplexmerkmale gesehen. Dieser Mann hat einen Grünkomplex, der fünf Komplexmerkmale aufweist: ein Anzeichen für einen energetisch hochbesetzten Komplex. Deshalb frage ich ihn nach den Assoziationen zu Grün, zum Reizwort also, das diesen Komplex konstellierte. Darauf sagt er mir strahlend, es falle ihm gar nichts Besonderes ein. Ich frage nach, und er sagt noch einmal, ihm falle einfach nichts Schlimmes dazu ein. Auf meine Bemerkung, es brauche ihm ja nichts Schlimmes in den Sinn zu kommen, es könne auch etwas Schönes sein, sagt er: «Ja, Schönes natürlich!» Dann fängt er an zu schwärmen und erzählt, daß er das erste grüne Gras im Frühling so ungeheuer gern habe. Er erinnere sich, daß er einmal als Kind im Frühling von zu Hause ausgerissen sei (er war sehr wohlbehütet aufgewachsen, durfte sich nie auf den Boden legen, weil man sich da erkälten könnte usw.), und da sei damals dieses erste grüne Gras gewesen, und er habe sich in das grüne Gras gelegt, sich darin gewälzt und habe es wunderbar gefunden. Dieses Gefühl komme immer wieder in seinen Körper zurück, wenn die Erinnerung an dieses grüne Gras wiederkehre, und er habe auch immer noch das Bedürnis, sich in diesem grünen Gras zu wälzen.
Das ist eine komplexhafte Vorstellung, die nicht abgewehrt

werden muß, sie fördert das Lebensgefühl der Neubelebung, des neuen Lebens. Auch die stereotypen Verhaltensweisen fehlen nicht. So legt er sich immer noch jedes Frühjahr auf das sprießende neue Gras, geht auch in die Berge, um dieses Erleben mehrmals im Jahr zu haben.

Auch in anderer Weise können uns fördernde Komplexe begegnen. Gelegentlich freut man sich auf gewisse Ereignisse so unheimlich, daß man alles andere vergißt. Man denkt nur noch daran, was man eigentlich tun möchte, und verbindet in der Phantasie die zukünftigen, ersehnten Erlebnisse mit Erinnerungen, wie schön es schon einmal war. Auch das ist die Wirkung von Komplexen, die uns aber nur dann stört, wenn Erwartung und Erfahrung zu weit auseinanderklaffen. Normalerweise beschwingen uns diese Komplexe eher, deshalb nehmen wir sie als Komplexe auch nicht ernst.

Etwas anders liegt die Situation beim Sich-Verlieben. Wenn wir verliebt sind, sind wir auch von einem Komplex erfaßt. Es sind alle Anzeichen eines Komplexes vorhanden: Die Realität wird nur noch im Sinne des Verliebtseins gedeutet oder umgedeutet. Andere Komplexe treten in den Hintergrund. Das Interesse gilt nur noch dem Menschen oder dem Gegenstand der Liebe, allenfalls Liebesgedichten. Verliebtsein stimuliert die Erinnerung an Liebe und Verliebtsein, aktiviert die Phantasie in hohem Maße, alle schon erlebten Liebeserlebnisse schwingen in unserem gegenwärtigen Erleben mit, bewirken eine Überreaktion und auch extrem stereotype Verhaltensweisen. Ist man selber verliebt, denkt man immer, alles, was man tue, sei vollkommen einzigartig, das falle keinem anderen Menschen auf der ganzen Welt ein. Bekommt man dann Liebesbriefe von einer anderen Person in die Hand und findet da z.B. gleiche Sprachwendungen, die gleichen Kosenamen, ähnliche und gleiche «ausgefallene Gesten der Liebe», dann wird deutlich, daß es sich um stereotype Verhaltensweisen handelt, nicht nur stereotyp auf unser eigenes Leben bezogen, sondern auch kollektiv stereotyp. Es ist in unserem eigenen Leben schon

schwer, für neue Lieben neue Gesten zu erfinden, kollektiv scheint das mindestens so schwer zu sein. Sind wir verliebt, dann läuft ein Verliebtheitsprogramm ab, das zwar sehr schön ist, aber in irgendeiner Form auch programmatisch.
Dennoch ist das Verliebtsein ein Komplex, der uns in der Regel sehr fördert, der unser Gefühl der Identität stimuliert, uns ermutigt, uns selbst mehr zu riskieren, mehr zu erproben. Aber auch dieser Komplex kann hemmen: Ist etwa langweilige, ausdauernde Arbeit erforderlich, die unsere ganze Aufmerksamkeit beansprucht, kann dieser Verliebtheitskomplex uns durchaus auch daran hindern, diese Arbeit zu tun. Vom Lebensgefühl her – und das ist eigentlich das Kriterium – wird uns dieser Komplex aber eher fördern.
Es gibt Komplexe, die hemmen, es gibt Komplexe, die eher fördern. Das ist die eine Wirklichkeit. Die andere aber ist, daß in jedem Komplex, auch wenn es sich zunächst um einen Hemmungskomplex handelt, dieses Hemmungsthema immer auch ein Entwicklungsthema ist, Anreiz zur Entwicklung, wenn man sich darauf einläßt.

Aspekte des Ichkomplexes

Ein ausgearbeitetes Assoziationsexperiment zeigt die im Moment ansprechbaren, konstellierbaren Komplexe in ihrem Verhältnis zum Ichkomplex.
Der Ichkomplex übernimmt in der ganzen Komplexlandschaft eine herausragende Stellung. Ist es aber überhaupt legitim, von einem Ichkomplex zu reden? Sind doch Komplexe geradezu definiert als «psychische Größen, die sich der Kontrolle des Bewußtseins entzogen haben»[1].
Vom Ichkomplex sagt Jung, er bilde das für unsere Psyche «charakteristische Zentrum», sei aber dennoch nur einer unter verschiedenen Komplexen. «Die anderen Komplexe treten mehr oder weniger oft in Assoziation mit dem Ichkomplex und werden auf diese Weise bewußt.»[2] Dabei stellt das Ich «einen psychischen Komplex von besonders fester innerer Bindung dar»[3]. An anderer Stelle sagt Jung:

«Der Ichkomplex ist beim normalen Menschen die oberste psychische Instanz: wir verstehen darunter die Vorstellungsmasse des Ichs, welche wir uns von dem mächtigen und immer lebendigen Gefühlston des eigenen Körpers begleitet denken.
Der Gefühlston ist ein affektiver Zustand, der begleitet ist von körperlichen Innervationen. *Das Ich ist der psychologische Ausdruck des festassoziierten Verbandes aller körperlichen Gemeinempfindungen.* Die eigene Persönlichkeit ist daher der festeste und stärkste Komplex und behauptet sich (Gesundheit vorausgesetzt) durch alle psychologischen Stürme hindurch. Daher kommt es, daß die Vorstellungen, die unmittelbar die eigene Person betreffen, immer die stabilsten und interessantesten sind, was man mit anderen Worten etwa ausdrücken kann: sie haben den stärksten *Aufmerksamkeitston.*»[4]

In dieser sehr frühen Definition (1907 erstmals publiziert) macht Jung einmal eine Unterscheidung zwischen dem Ichkomplex und dem Ich. Dieses Ich werde ich in der Folge als die gesammelten Ichfunktionen beschreiben, die den Ichkomplex und die anderen Komplexe sozusagen reflektieren. Dann wird hier sehr deutlich, daß als Basis des Ichkomplexes der Körper und das Körpergefühl betrachtet wird. Wenn der Ichkomplex der zentrale Komplex ist, ist es nur logisch, daß alle Assoziationen, die ihn ausmachen, die also unmittelbar mit unserer eigenen Person und unserem Selbstwertgefühl etwas zu tun haben, für die Menschen die wesentlichsten sind.

1946 beschreibt Jung den Ichkomplex noch einmal umfassend:

«Das Ich (der Ichkomplex, V. K.) als Bewußtseinsinhalt an sich ist kein einfacher, elementarer, sondern ein komplexer Faktor, der als solcher nicht erschöpfend beschrieben werden kann. Er beruht erfahrungsgemäß auf zwei [...] verschiedenen Grundlagen, nämlich erstens auf einer *somatischen* und zweitens auf einer *psychischen* [...] Die somatische Grundlage des Ich besteht, wie gezeigt, aus bewußten und unbewußten Faktoren. Dasselbe gilt von der psychischen Basis: einerseits beruht das Ich auf dem *gesamten Bewußtseinsfeld,* andererseits auf der *Gesamtheit unbewußter Inhalte.*»[5]

Mit dieser Definition ist eine Erweiterung des Begriffs des Ichkomplexes geschaffen: Der Gefühlston des Ichkomplexes, das Selbstgefühl, ist also einmal Ausdruck aller körperlichen Empfindungen, aber auch Ausdruck all jener seelischen Inhalte der Vorstellung, die zu unserer eigenen Person zugehörig empfunden werden.

Der Ichkomplex und das Erleben der Identität

Die Assoziationen, die mit dem Ichkomplex verbunden sind, kreisen um das Lebensthema der Identität und der Identitätsentwicklung und des damit verbundenen Selbstgefühls.
Basis unserer Identität ist das Gefühl der Vitalität und damit

in engem Zusammenhang das der Ichaktivität: Es ist das Gefühl des Lebendigseins, und in diesem Gefühl wurzelt die Möglichkeit, sich als Ich aktiv einzubringen im Leben, sich letztlich selbst zu verwirklichen.
Vitalität, Ichaktivität und Selbstverwirklichung bedingen einander. Zur Ichaktivität gehört im Laufe der Entwicklung immer mehr auch die Selbstbestimmung im Gegensatz zur Fremdbestimmung. Die zunehmende Bedeutung der Ichaktivität, der Eigenaktivität, wird sehr deutlich bei der Entwicklung des Kleinkindes. Im Riskieren der Eigenaktivität dann im Laufe des Lebens, der Selbstdarstellung, erfahren wir unsere Grenzen mehr oder weniger schmerzlich, d.h. es wird uns unser Ichkomplex bewußt. Zum Erleben der eigenen Identität gehört auch das sichere Wissen um sich selbst, um die Vorstellungen, die ich von mir habe, in Abgrenzung und in Auseinandersetzung mit Vorstellungen, die andere von mir haben und an mich herantragen. Voraussetzung für diesen abgegrenzten Ichkomplex ist, daß sich der Ichkomplex altersgemäß aus den Elternkomplexen herausdifferenziert, damit auch immer autonomer wird, und daß der Mensch sich Beziehungen und Erfahrungen aussetzt.
Diese Identitätsgrenzen sind als vorläufig und auch als durchlässig zu betrachten. Man-selber-Werden heißt immer auch, die Grenzen neu zu ziehen zwischen sich selbst und der Welt, zwischen sich selbst und dem Unbewußten. Diese Grenzen sind erlebbar, aber auch überschreitbar, in Beziehungen sind sie Voraussetzung für eine Ich-Du-Beziehung, bei der das Ich sich vom Du unterscheiden kann, nach innen geben sie Schutz gegen das Überschwemmtwerden von unbewußten Inhalten.
Zur Erfahrung der Grenze gehört wesentlich das Erlebnis des Entgrenzens, im totalen Sich-Identifizieren mit einem anderen Menschen, im emotionalen Verschmelzen miteinander, wie wir es vor allem in Liebe und Sexualität erleben, wie wir es aber auch erleben, wenn wir uns ganz in einen anderen Menschen einfühlen.

Ein abgegrenzter Ichkomplex erlaubt uns, diese Situationen des Ichverlusts zuzulassen im Vertrauen darauf, daß wir uns wieder in unsere Grenzen zurückorganisieren können. Im Zusammenhang mit klaren, aber durchlässigen Grenzen spricht man auch von einem kohärenten Ichkomplex.

Zum Erleben von Identität gehört weiter das Erleben von Kontinuität: das Wissen darum, daß wir – durch alle Veränderungen hindurch, durch alle Wandlungen hindurch – auch wir selbst bleiben als Werdende. Zum Gefühl der Kontinuität trägt auch das Bewußtsein unserer Verbindung zu Vorfahren und Nachkommen bei. Wird diese Verbindung unwichtig, soziokulturell oder persönlich bedingt, rückt das Erleben der Kontinuität im eigenen Leben mehr ins Zentrum, wird die Frage brisanter, inwiefern wir die Entwicklungen in unserem Ichkomplex als kontinuierlich erleben. Entsprechend wird fehlende Kontinuität als für das Selbstgefühl wesentlich beeinträchtigend erlebt.

Die Kontinuität erfahren wir vor allem im Erleben unserer Emotionen: Unsere Emotionen folgen einem biologischen Muster, das sich im Laufe eines Lebens kaum zu verändern scheint. Unser bewußter Umgang mit unseren Emotionen verändert sich. Es gibt in jedem Leben eine bestimmt getönte Palette von Ängsten, von Wut, von Freude. Wenn wir unsere Wutanfälle z. B. genau wahrnehmen, werden wir uns daran erinnern können, daß sie sich vom Erleben her nicht anders anfühlen als in unserer Kindheit. Wir haben nur gelernt, mit ihnen umzugehen.

Emotionen erleben wir körperlich. Die Körperempfindungen – und darunter fällt vor allem das Erleben der Emotionen – bilden die Basis des Ichkomplexes und bewirken das Erlebnis der Kontinuität im Identitätsbewußtsein. Zum Erleben der Identität gehört auch das Interesse für uns selbst, das Interesse dafür, wie wir wirken, was wir bewirken, was es mit unserer Geschichte auf sich hat. Zum Erleben der Identität gehören weiter die vielen Phantasien, die wir über uns selbst haben. Auch

da ist die Verbindung zum Ichkomplex leicht zu ziehen: Die Emotion eines Komplexes phantasiert sich aus, der Ichkomplex als zentraler Komplex müßte viele zentrale Phantasien über uns selbst auslösen – dies ist als Ergänzung zum Wissen über uns selbst zu verstehen. In der Tat kreisen sehr viele Phantasien darum, wie wir sein möchten, wie wir leben möchten, welchen Erfolg wir haben möchten usw., samt der damit verbundenen phantasierten Zuwendung der Liebe, der Achtung, der Verwöhnung von den Mitmenschen. Diese idealen Phantasien eines Selbstbildes bewirken, daß wir Seiten, die mit diesem Selbstbild nicht übereinstimmen, verdrängen, zum «Schatten» werden lassen, unbewußt werden lassen. Andere Phantasien entsprechen weniger einem idealen Selbstbild, sondern kreisen darum, was unserem Ich Unangenehmes widerfahren könnte, was die Selbstachtung mindert oder das Ich sogar vernichtet. Auch hier ist – allerdings im Verborgenen – ein sehr forderndes Ichideal am Werk, dessen Ansprüche zu erfüllen man sich aus eigener Kraft aber nicht mehr zutraut.
Wieder andere Phantasien entsprechen nicht unbedingt idealen Vorstellungen; diese stammen noch aus den Prägesituationen der Kindheit. So phantasiert ein 35jähriger Mann ständig um seine Zweitrangigkeit herum, entwickelt auch eine Philosophie, warum Zweitrangigkeit durchaus anzustreben ist. Dabei leistet er Hervorragendes. Die Analyse bringt nach längerer Arbeit eine Komplexkonstellation ins Bewußtsein, bei der sehr deutlich wird, daß sein Vater erstrangig sein wollte, so daß jeder Sohn zumindest zweitrangig sein mußte.
Das Ichideal ist ein Kompromiß zwischen dem meist unbewußten Lebensentwurf, der in Übereinstimmung mit unserem Selbst steht, und unserer Vitalität und den Phantasien unserer Eltern, Geschwister, Umwelt usw. über unsere Persönlichkeit und das Werden unserer Persönlichkeit. Dabei verändert sich dieses Ichideal im Laufe des Lebens ständig, wie sich ja auch die Phantasien verschiedener Menschen im Laufe des Lebens über uns ändern. Im besten Fall müßte der Ichkomplex in

ständiger Auseinandersetzung zwischen Ichideal und Schatten[6] sich wandeln. Zudem differenziert sich der Ichkomplex im Laufe des Lebens aus den Elternkomplexen heraus, bleibt immer in Auseinandersetzung mit Vater- und Mutterkomplexen und ihren kollektiven Ausweitungen, z. B. den Autoritätskomplexen, den Helferkomplexen usw. Auch steht der Ichkomplex in Auseinandersetzung mit fordernden Instanzen, die nach der Verwirklichung der individuellen und kollektiven Werte verlangen, die im idealen Selbstbild angelegt sind. Diese Instanzen sind Abkömmlinge der ethischen Forderungen der Beziehungspersonen, der Eltern, der Lehrer, der kollektiven Religionssysteme, im späteren Leben auch der Kinder, die neue Werthaltungen und den Anspruch nach deren Verwirklichung an die ältere Generation herantragen. Diese Instanzen, die Werthaltungen erwarten und deren Verwirklichung einklagen, sind nur in ihrem Forderungscharakter, nicht aber so sehr inhaltlich geprägt durch die verbietenden und gebietenden Personen unserer Kindheit. In Anlehnung an die Freudsche Terminologie kann in diesem Zusammenhang von Überich gesprochen werden, das ich aber als zugehörig zum Paar Ichideal–Schatten empfinde.

Zum Identitätserleben gehört wesentlich das Erleben von Autonomie, ein Erleben, das zum Ichkomplex gehört. Wir werden nicht autonom im Laufe eines Lebens, sondern nur immer autonomer. Die Abhängigkeiten bleiben auch bestehen, werden neue. An die Stelle der Abhängigkeit tritt dort, wo wir autonom geworden sind, wo wir uns z. B. in unserer Identität immer deutlicher als uns selbst empfinden, die Selbständigkeit, und wir sind dann nicht mehr nur Abkömmlinge der Prägesituationen durch die Elternbeziehung. Hat sich unser Ichkomplex hinreichend aus den Elternkomplexen emanzipiert, können wir zu den Eltern, auf die wir normalerweise diese Elternkomplexe projizieren, in Beziehung treten, ohne daß ständig zu viele Komplexverzerrungen die Beziehung verunmöglichen.

Der Ichkomplex gründet, wie jeder Komplex, auf einem archetypischen Kern. Das wäre das Selbst im Jungschen Sinn, und im Zusammenhang mit dem Ichkomplex und dem Finden der Identität ist ja auch schon viel von Selbstverwirklichung, Selbstbestimmung, Selbstgefühl, Selbstwerdung gesprochen worden. (In der Freudschen Tradition wird das, was hier als Ichkomplex beschrieben wird, als «Selbst» bezeichnet.) Das Selbst wird hier also verstanden als Ganzheit der jetzigen gewordenen und zukünftigen Persönlichkeit, es entbirgt im Laufe eines Lebens unser verborgenes Lebensziel durch die Entwicklung des Ichkomplexes, die auch vom Selbst her intendiert ist. Das heißt aber, daß das Bewußtwerden des Ichkomplexes dynamisch zu sehen ist: Immer neue Konstellationen sind im Laufe eines Lebens zu erwarten, wie sie etwa von der Entwicklungspsychologie in ihren typischen Abläufen beschrieben werden. Diese sind dann überlagert vom jeweils ganz speziellen Individuationsprozeß, der mit ureigenen Lebensmöglichkeiten und der Auseinandersetzung mit den Prägesituationen zu tun hat.

Wie jeden Komplex zeichnet auch den Ichkomplex ein Entwicklungs- und ein Hemmungsthema aus. Das Entwicklungsthema wäre in der Entwicklung zu mehr Autonomie in der Selbstverwirklichung, im Selbstausdruck, im wachsenden Selbstbewußtsein, in der Fähigkeit, Selbsterhaltung zu praktizieren, und im Eingehen des Risikos zu sehen, immer mehr zu sich selbst in Beziehung zu treten. Das Hemmungsthema wäre demgegenüber im Zusammenhang mit Fremdbestimmung zu erkennen, und zwar von außen durch soziale Strukturen, konkrete menschliche Beziehungen und von innen durch abgespaltene Komplexe. Oft ist schwer zu sagen, ob wir eigentlich von außen fremdbestimmt sind oder von innen, weil diese abgespaltenen Komplexe sich projiziert vorfinden und wir deshalb oft den Eindruck haben, von außen absolut fremdbestimmt zu sein. Bei diesem Gefühl ist es sicher sinnvoll, abzuschätzen, was an eigener psychischer Schwierigkeit auf die Außenwelt projiziert wird, d.h. aber nicht, daß wir die Zwangsstrukturen in unserer Gesellschaft nur als Komplexwahrnehmungen deklarieren können. Sie sind wahrzunehmen und zu verändern, vergleichbar den Zwangsstrukturen in unserer Psyche.

Der Ichkomplex entwicklungspsychologisch betrachtet

Das Selbst, von Jung verstanden als apriorisches Gestaltungsprinzip in der Entwicklung eines Menschen[7], steuert auch den Aufbau des Ichkomplexes. Der Ichkomplex ist dem Kind zunächst unbewußt, er wird über das Erleben des Körperichs – welches auch als Körperselbst bezeichnet wird – vor allem durch das Wahrgenommen-, Angenommen- und Beantwortetwerden der Reaktionen des Kindes durch die Beziehungspersonen allmählich bewußter. Das Kind erfährt in seiner Körperlichkeit als Basis des Ichkomplexes eine Form der Akzeptanz und auch der Daseinsberechtigung. Diese Entwicklung geht dann weiter und führt dazu, daß das Kind immer deutlicher zwischen Ich und Nicht-Ich unterscheiden kann und als Abschluß dieser Entwicklung auf dem Ich dann schließlich beharrt.
Diese Entwicklungsschritte in der *Kindheit* werden von verschiedenen entwicklungspsychologischen Richtungen beschrieben[8]. Die frühen Stadien der Menschheit und des Menschseins sind eine ideale Projektionsfläche für unsere Phantasien über den Beginn ganz allgemein und die Ganzheit, die wir damit assoziieren, die anschließende Trennung des Ganzen und den Prozeß der erneuten Ganzwerdung als Grundprozeß menschlichen Lebens und menschlicher Entwicklung. Es ist unbestritten, daß Phasen der Trennung und Phasen der Wiederannäherung an die Beziehungspersonen, Phasen von mehr Autonomie und Phasen der Versicherung, der Rückbindung eine große Rolle spielen und alternieren in der Entwicklung[9]. Dennoch meine ich, daß wir oft sehr viel in

diese erste Lebenszeit hineinsehen. Selbständigkeit und In-Beziehung-Treten mit den damit verbundenen Emotionen der Angst, der Aggression, des Interesses, der Freude, der Liebe sind Grundthemen der Bewußtwerdung des Ichkomplexes. Die Bewußtwerdung des Ichkomplexes wäre in der Jungschen Psychologie vom Selbst her gesteuert, es wäre also eine spontane Entwicklung. Dieser Ichkomplex drückt sich zunächst in der Körperlichkeit aus, in Affekten, in emotionalen Äußerungen, die von den Beziehungspersonen aufgenommen werden. So wird eine vorsprachliche Intersubjektivität geschaffen. Dieses Aufnehmen und Beantworten der Emotionen des Kleinkindes scheint das Kind in seiner Existenz zu bestätigen, den Ichkomplex in seiner Existenz zu versichern. Diese Existenzbestätigung scheint direkt mit dem Gefühl, Gemeinsamkeit herstellen zu können, verknüpft zu sein[10]. Diese Existenzbestätigung, die zunächst die emotionale Akzeptanz des körperlichen Lebens des Babys ist, sich dann auf alle Äußerungen des Kindes immer mehr erstreckt, scheint der Aufmerksamkeitston zu sein, den später das Kind selbst seinem Ichkomplex geben kann. Es ist also die Voraussetzung für das Interesse an sich selbst, für die Fürsorge für sich selbst, für den Schutz für sich selbst; allerdings bin ich nicht der Ansicht, daß das, was hier in der Prägesituation versäumt worden ist, nie mehr nachgeholt werden kann. Es gibt im Leben immer wieder Aufbruchssituationen, in denen neue Existenzversicherung, die sehr tief gehen kann, möglich ist. Auch muß die emotionale Bestätigung nicht nur von einer Person herrühren, in der Regel wird ein Baby von verschiedenen Personen in seinen Äußerungen verschieden wahrgenommen und auch bestätigt, wobei die eine Person vielleicht eine etwas glücklichere Art hat, die das Baby besser versteht, die andere eine etwas unglücklichere. Werden wichtige Lebensäußerungen bestätigt, hat der Ichkomplex eine gute Grundlage; wird er von einem Gefühlston des liebevollen Interesses zusammengehalten, fühlt sich dieser Mensch als «Ich» in Ordnung, findet er sich selbst in der Regel interessant

und kann sich, auch seine Ecken und Kanten, und die Umwelt liebevoll betrachten. Es entsteht das, was man einen kohärenten Ichkomplex nennt, ein Ich, das sich seiner Identität in der Regel gewiß ist.
Stellen wir bei einem Erwachsenen einen wenig kohärenten Ichkomplex fest, kann es dafür viele Gründe geben: sehr frühe körperliche Krankheit, wenig Übereinstimmung zwischen Beziehungspersonen und Kind, keine weiteren Beziehungspersonen, die emotionale Lücken auffüllen usw. Es scheint mir müßig, die Schuld für diese frühen Störungen immer den Eltern zuzuschieben. Ein Denken, das letztlich immer einen Schuldigen oder eine Schuldige sucht, geht davon aus, daß wir Menschen uns ohne Konflikte entwickeln würden, vielleicht sogar ein Leben ohne Krankheit und Tod hätten, würden wir nur immer alles richtig machen. Und dieses «Wir» wird dann sehr bald den Müttern zugeschoben – «Würden bloß die Mütter immer alles richtig machen!» –, die ja den Kindern zum Leben verhelfen, indem sie sie gebären[11].
Die Entwicklungspsychologie der letzten zehn Jahre, die auf Beobachtung von Babys und ihren Beziehungspersonen fußt, hat sehr deutlich herausgearbeitet, wieviel spontane Aktion vom Kind aus kommt – der Ichkomplex könnte wirklich vom Selbst aktiviert sein –, auch wie wesentlich die Antworten auf diese spontanen Aktionen sind, wie wesentlich es ist, diese spontanen Aktionen überhaupt zu sehen. Diese Antworten können aber nicht immer optimal sein, auch Beziehungspersonen leben ein Leben, das von Konflikt, Hoffnungen, Ängsten geprägt ist.
Das Bewußtwerden des Ichkomplexes – entwicklungspsychologisch betrachtet – kann unter den Aspekten von Aufbruchsphasen und Konsolidierungsphasen betrachtet werden. Aufbruchsphasen werden verstanden als Phasen, in denen neues Leben, neue Einsichten, neue Verhaltensmöglichkeiten dem Menschen erfahrbar werden, neue Perspektiven ihm aufgehen. Konsolidierungsphasen werden verstanden als Phasen, in de-

nen diese neuen Haltungen integriert und als habituelle Haltungen erfahrbar werden. In der Entwicklung des Ichkomplexes im Kindesalter folgen sich Aufbruchs- und Konsolidierungsphasen mit großer Geschwindigkeit. Grundsätzlich und sehr pauschalierend – ich werde in der Folge in sehr großen Zusammenhängen von der idealtypischen Entwicklung des Ichkomplexes sprechen – könnte man die Kinderzeit als eine Zeit bezeichnen, in der der Ichkomplex immer deutlicher erfahrbar wird, zunächst im Zusammenhang und vernetzt mit einem nährenden, stützenden Mutter-Vater-Boden. Dieser äußert sich darin, daß das Kind auf seine emotionellen Äußerungen und Selbstdarstellungen Antwort bekommt und daß in den emotionalen Unsicherheiten im sozialen Bezug Sicherheit geschaffen wird[12]. Weiter gehört auch eine emotionelle Antwort auf das Lebensinteresse des Kindes dazu, die notwendige Betreuung, das Setzen von Grenzen, wo das Kind sich selber die Grenzen nicht setzen kann usw.

Den Ichkomplex stellt man sich zunächst mehrheitlich vernetzt mit den Elternkomplexen vor; während der Kindheit differenzieren sich die Elternkomplexe in Vater- und Mutterkomplexe.

Die *Adoleszenz* wäre dann eine sehr typische Aufbruchsphase. Der Ichkomplex entwickelt sich jetzt deutlich aus den Vater- und Mutterkomplexen heraus. Der Adoleszente wird sich bewußt, daß er ein eigenständiger Mensch ist, losgelöst, anders als die Eltern, erfahrbar besonders auch daran, daß er den Schatten des Familiensystems in seinen Lebensplan aufnimmt und dadurch der Familie getrennt gegenübersteht, sich selber auch als losgelöst erlebt. Auf der Ebene der Komplexe erlebt der Adoleszente, daß gerade jetzt, wo er sich doch von den Eltern getrennt hat, die Stimmen der Eltern in gewissen Situationen störend zu hören sind, intrapsychisch, daß er sich in gewissen Situationen immer noch überlegt, was denn der Vater dazu sagen würde, wie die Mutter darauf reagieren würde. So wird erlebbar, daß die Eltern intrapsychisch nicht so leicht abzuschütteln sind; der Ichkomplex steht nun sehr deutlich einem Vater- und einem Mutterkomplex gegenüber, allenfalls auch einem Geschwisterkomplex, und das ist eine Möglichkeit der Bewußtwerdung, wie die Komplexe in unserem Leben wirken. Natürlich bleibt der Ichkomplex gerade auch in diesem Alter zu einem Teil immer noch identifiziert mit den Vater- und Mutterkomplexen.

Der Ichkomplex steht in der Adoleszenz unter der Dominanz des Archetypus des Helden/der Heldin: Der Eigenwille ist betont, die Spontaneität wird verteidigt, man will sich bewußt werden über die eigene Identität, aber auch über Zusammenhänge mit anderen Menschen, die selbstgewählten Beziehungen werden wichtig, Verantwortung für das eigene Tun wird mehr und bewußter übernommen als in der späten Kindheit. Anima und Animus, Frauenbilder und Männerbilder der Seele, die uns unserer Tiefe verbinden, sind latent vorhanden und werden in der Projektion in erotischen und sexuellen Faszinationen erlebt[13]. Das Selbst macht sich auch in Utopien für das eigene Leben in großen Lebensentwürfen bemerkbar.

Was von außen als faszinierender Umbruch, als Aufbrechen von neuen Werten, von neuen Haltungen, neuen Interessen imponiert, ist von innen her ein schmerzhafter Wandlungsprozeß. Jeder Lebensübergang hat seinen typischen Verlauf: Lebensübergänge kündigen sich durch Unzufriedenheit an, die bis hin zu massivem Entwerten der gegenwärtigen Lebenssituation führen kann. Man beginnt zu bilanzieren. Diese Bestandesaufnahme dessen, was das Leben bisher gebracht hat, ist im Sinne der Trauerarbeit zu verstehen[14]. Man ruft sich nochmals ins Bewußtsein, was denn bis jetzt das Leben ausgemacht hat, aber auch, was definitiv fehlt, was jetzt ins Leben hereingeholt werden soll. Neue Werte entstehen im Sinne von neuen Idealen. Noch sind aber die Werthaltungen nicht entwickelt, die eine neue Lebensqualität ermöglichen könnten. Der Mensch mit dem Gefühl, im Umbau begriffen zu sein, erlebt eine Identitätsunsicherheit. Der Ichkomplex ist weniger kohärent, als er normalerweise ist: Das löst Angst aus, das bedeutet aber auch, daß der Ichkomplex umorganisiert werden kann, neu organisiert werden kann. Zu Situationen, in denen unsere Identität aufgebrochen wird, in denen wir zu einer neuen Identität aufbrechen, gehört zunächst diese Verunsicherung in der Identität, verbunden mit deutlicher Angstentwicklung. Das bedeutet in der Regel auch, daß alte psychische und somatische Störungen wieder aufflackern. Hier können sie angegangen werden. Die problematischsten Komplexe konstellieren sich; typische Probleme mit Beziehungspersonen werden wieder erlebt.

Bei jedem Übergang haben wir die Chance, ein Entwicklungsthema, das bis jetzt vielleicht von uns nicht optimal angegangen worden ist, neu anzugehen. Grundsätzlich scheinen Menschen in Übergangssituationen anfälliger zu sein für Krankheiten. Die Krankheit hätte den Sinn, sich zu pflegen, sich selber nährender Vater- und Mutterboden zu sein, damit der Ichkomplex wieder neu erstehen kann. Da aufgrund der Identitätskrise weniger Abwehrmechanismen funktionieren, ist der Mensch hier offener für die Neuentwicklungen, die entweder von außen oder von innen an ihn herangetragen werden[15]. Diese neuen Haltungen werden dann in der Außenwelt erprobt. Übergangsphasen folgen den Regeln des schöpferischen Prozesses.

Das *junge Erwachsenenalter* (25–40) ist eher eine Phase der Konsolidierung. Zwar steht der Ichkomplex immer noch unter der Dominanz des Heldenarchetyps, noch immer ist es wesentlich, die schon erreichte Bewußtseinsschärfe nicht einzubüßen, den eigenen Willen wahrzunehmen und ihn – im Rahmen einer bezogenen Individuation, die den Mitmenschen auch Selbstverwirklichung zugesteht – auch durchzusetzen. Das konkrete Gestalten des Alltags, das Erlebnis, etwas bewirken zu können, treten immer mehr an die Stelle der Träume von einem erstrebenswerten Leben. Der Heldenarchetyp ist aber nicht mehr so alleinherrschend wie in der Adoleszenz; der Elternarchetyp ist auch wirksam, sei es in der Aufzucht und der Sorge der eigenen Kinder, sei es in der Sorge um symbolisch verstandene Kinder. Die eigene Kindheit wird aufgearbeitet an den Erlebnissen mit den wachsenden Kindern, die Vergangenheit wird also noch einmal erlebnismäßig präsent, eine Voraussetzung zum Loslassen. Auch werden durch Kinder im Erwachsenen kindliche Seiten stimuliert, wiederbelebt oder überhaupt ein erstes Mal belebt. Die eigene Identität wird im jungen Erwachsenenalter als relativ gesichert erlebt, man hat meistens einen Platz im Beruf gefunden, erfüllt seine Pflichten in der Familie. Bedrückende Beziehungsprobleme mit dem Partner oder der Partnerin erfordern, nach der gründlichen Klärung auf der konkreten Beziehungsebene, eine erneute Ablösung von den eigenen Vater- und Mutterkomplexen, die leicht auf Partner übertragen werden. In diesen Beziehungskrisen werden aber auch – meistens gegen Ende dieser Phase – Formen der Projektion von Animus und Anima erkannt, zögernd noch werden diese Projektionen zurückgenommen: Man nimmt seinem Partner/seiner Partnerin nicht mehr übel, daß sie nicht ausschließlich dem Anima-Animus-Bild entsprechen, sondern einfach auch Menschen sind. Zurück bleibt die Sehnsucht; diese drückt sich auch darin aus, daß latent der Archetypus von Anima und Animus als innerem Paar konstelliert ist, was eine Sehnsucht nach einer vertieften Liebesbeziehung stimuliert, nach dem Gefühl von Ganzheit der Beziehung. Latent konstelliert ist auch der Archetypus des göttlichen Kindes, der manchmal zu sehr auf die eigenen Kinder projiziert wird.

Das *mittlere Erwachsenenalter* (40–55) bringt einen deutlichen Aufbruch mit sich und eine Umwertung der Werte. Es ist eine Phase, in der gerade in bezug auf den Ichkomplex sich große Änderungen anbahnen. Stand der Ichkomplex bis jetzt im Sinne des Ausweitens unter dem Aspekt des Heldenarchetypus und des Elternarchetypus, treten jetzt die Einschränkungen ins Blickfeld. Hat man das Erlebnis, in den besten Jahren zu sein, dann weiß man auch, daß keine besseren mehr nachfolgen.

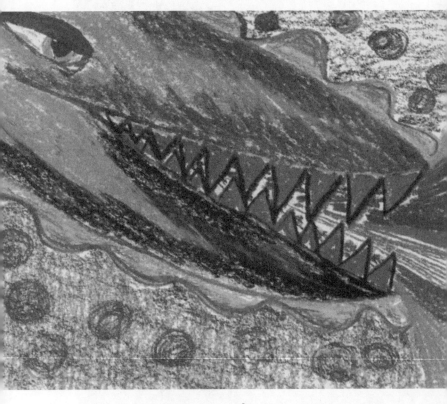

Aus den Erfahrungen der Lebensfülle, der großen Verwirklichung dessen heraus, was im Ichkomplex angelegt ist, erfolgt die Lebenswende. Noch herrscht zunächst das Lebensgefühl der Fülle, der Kompetenz, des «Auf-der-Höhe-Seins» auch vor und wird genossen – das Wissen um die Lebenswende schwingt als Hintergrundsmusik zunächst mit. Das Lebensgefühl der Fülle drückt sich darin aus, daß man vieles ins Leben gerufen hat, das man nun auch am Leben erhalten muß oder langsam abzugeben hat; das gilt für Beziehungen, für das Berufsleben, für den Umgang mit sich selbst. Man leistet viel für die Familie, für die Sozietät – das ist normal, wird erwartet, nicht mehr speziell vermerkt. Die narzißtische Gratifikation, die in jüngeren Jahren durch Sonderleistungen leichter zu erreichen ist, bleibt aus, oder man merkt sie nicht mehr, weil man an sie gewöhnt ist. Was wir tun, muß deshalb in sich nährend sein, sonst stört das Ausbleiben der narzißtischen Gratifikation. Unser Ichkomplex wird dann zu wenig bestätigt von außen und verliert daher an Kohärenz. Wir fühlen uns in unserer Identität verunsichert, reagieren mit Angst.

Dieses mittlere Erwachsenenalter ist auch eine Zeit der Wahrheit. Die Größenideen der Jugend sind entweder erfüllt, teilweise erfüllt oder gar nicht. Wir können unseren Selbstwert nicht mehr damit aufbessern, daß wir uns vornehmen, alles, was wir noch nicht geschafft haben, irgendwann noch viel besser zu schaffen. Die Utopien für unser Leben müssen Realutopien werden.

Grenzen werden spürbar, vor allem daran, daß nicht mehr grenzenlos viel Lebenszeit vorhanden ist, das Altern zeigt sich auch darin, daß sich immer mehr Situationen wiederholen; Wiederholung ist ein Strukturelement der Zeit. Zum Älterwerden gehört das Erlebnis des Langsamerwerdens, besonders für Spitzenleistungen. Diese Erfahrung einer Grenze, die durch das Leben selbst gesetzt ist, nicht durch Unvermögen, kann dazu führen, daß man genießen lernt, was ist, daß man sich damit einverstanden erklärt, gewöhnlich zu sein, sterblich zu sein, daß man spürt, daß Gewöhnlichsein schon besonders genug ist, daß man sich einverstanden erklärt mit dem, was man geworden ist, auch mit dem alternden Körper. Das heißt, daß das Leben unter dem Diktat des Ichkomplexes im Sinne der Ichausweitung seinen Höhepunkt überschritten hat. Verleugnen wir das, erwarten uns Resignation und Zynismus; akzeptieren wir es – leisten wir Trauerarbeit –, bleibt unsere Lebendigkeit innerhalb der Grenzen.

Eine Neuorientierung ist deshalb auch möglich, weil der Ichkomplex in dieser Altersspanne verhältnismäßig emanzipiert sein sollte. Konflikte mit der Umwelt werden erwartet, können also nicht jederzeit unerwartet unsere Komplexe konstellieren. Man weiß um die Natur des Menschen und um die eigene: um Aggression, um Neid, mit dem man zu rechnen hat, um den Sadismus der Menschen, um Vorurteil. Hat man akzeptiert, daß Menschen so sind und damit auch die eigene Schattenhaltigkeit zu einem Teil wenigstens als zum Ichkomplex gehörend erlebt, kann man realistischer mit diesen alltäglichen Problemen umgehen, für die man auch Strategien entwickelt hat. Der Ichkomplex erscheint also verhältnismäßig frei, nicht mehr so sehr komplexbestimmt. Unsere grundlegenden Komplexkonstellationen werden immer noch spürbar sein, sie sind die Probleme, die uns auszeichnen, aber nicht mehr total bestimmen. Diesem relativ autonom wirkenden Ichkomplex entspricht, daß Verantwortung für das eigene Leben übernommen wird, daß weniger delegiert wird, daß gefragt werden kann, was jetzt für einen persönlich noch ganz wichtig ist angesichts des Todes, was Bestand hat, was wirklich das je eigene Leben ausmacht. Gezielt kann Kreativität angesichts der Vergänglichkeit gelebt werden, Kreativität im Sinne der Selbstverwirklichung. Der Archetypus des göttlichen Kindes inkarniert sich jetzt in entscheidender Weise. Die Archetypen Anima und Animus sind besser integriert als zuvor; das Paar Anima-Animus ist als archetypisches Paar in der Seele belebt, damit ist große Liebesfähigkeit verbunden, aber auch eine große Liebessehnsucht erfahrbar, die Liebe, Beziehung, aber auch innere Ganzheit meint. In der Verbindung Anima-Animus als innerem Paar ist das Selbst angesprochen und erlebbar[16]. Die erhöhte Liebesfähigkeit der Menschen in diesem Alter und die Liebe zielen nicht mehr so sehr auf die Bestätigung der Identität oder die Versicherung der Existenz des Ichkomplexes – das meinen sie auch –, wichtiger wird nun die Verbindung mit einem größeren Ganzen. Eine praktische Auswirkung dieser Liebe meine ich darin zu sehen, daß sich eine wachsende Fähigkeit zur Fürsorge für die Nachkommenden und für die Vorangegangenen bemerkbar macht, eine Fürsorge, die gibt, ohne eine Antwort zu erwarten, und die, wenn sie tätig wird, auch damit vertraut machen kann, daß die Zukunft der Jugend gehört, daß sie selbst jetzt bereit sein müssen, alle Formen von Macht abzugeben. Können sie das akzeptieren, dann können sie sich an der Jugend freuen und daran, daß Menschen heranwachsen, die mittragen, sie können ihnen geben, was sie zu geben haben, und müssen nicht in Rivalität und Neid steckenbleiben.

Die Fürsorge für die alten Eltern, die zu diesem Lebensabschnitt in der Regel auch gehört, weckt das Gefühl für das eigene höhere Alter, archetypisch unterlagert von dem Bild des alten Weisen oder der alten Weisen oder auch vom Angstbild der Vergreisung oder des Todes. Die Fürsorge in den äußeren Lebenszusammenhängen hat aber auch zur Folge, daß man fürsorglich mit dem eigenen Leben umgeht, daß man sich nach innen zum Selbst wendet und damit die Verbindung zu einem größeren Ganzen aufnimmt. Diese Beziehung tritt nun in den Vordergrund: Das Ich bleibt in der Treue zu sich selbst und zu dem, was geschaffen worden ist, aber es akzeptiert Grenzen und wendet sich gegen innen zum Selbst, ohne zugleich die Positionen in der Außenwelt aufzugeben. Dies geschieht erst nach und nach.

Leiden Menschen unter narzißtischen Störungen, ist der Ichkomplex wenig kohärent und braucht immer viel emotionale Antwort von außen, um als existent erlebt zu werden, dann

können sie dies jetzt nicht mehr verdrängen, denn das Altern selbst wird als die entscheidende narzißtische Kränkung erlebt oder als die Erlösung. Diese Störungen können therapiert werden, nun müssen sie auch therapiert werden.
Ist das mittlere Alter als Aufbruchsphase zu verstehen, so ist das *spätere Erwachsenenalter* (55–75) eher wieder eine Phase der Aufarbeitung. Gegengeschlechtliche Anteile unserer Persönlichkeit samt den damit verbundenen Emotionen und Phantasien sind so weit integriert, als sie integrierbar sind. Eine Beziehung zum größeren Ganzen ist etabliert, die Einflußnahme darauf wird aber zunehmend punktuell. Der Ichkomplex des Menschen im späteren Erwachsenenalter ist vom Archetypus des alten Weisen/der alten Weisen beeinflußt. Mit der ganzen Lebenserfahrung, die bleibt, werden Situationen beurteilt, jüngeren Menschen Ideen gegeben, allenfalls auch Widerstand; diese jüngeren Menschen werden auf den Weg geschickt, handeln müssen sie selbst. Die Einflußnahme erfolgt gelegentlich, die Beeinflussung wird aber in den Grenzen der Würde und der Erfahrung des Alters energisch vorgebracht. Der Rückzug von der Welt setzt ein; dabei findet eine Rückschau statt. Wird die Rückschau zum Rückstau, der sich in bloßem Idealisieren der Vergangenheit und im Entwerten der Gegenwart und Zukunft äußert und der, den Lebensfluß blockierend, viel Unzufriedenheit auslöst, haben wir es mit einer typischen Störung dieser Altersspanne zu tun. Letztlich wird in dieser Phase noch einmal gesammelt, was den Ichkomplex in seiner Kontinuität ausgemacht hat, was die Quintessenz der Beziehungen war. Latent steht der Archetypus des Todes an.
Im *hohen Alter* (75–90) erfolgt der Rückzug. Der Mensch muß abhängig werden können, der Ichkomplex verliert seine Flexibilität: Sturer Egoismus und ein Einwilligen in die Abhängigkeit, ein Aufgeben des Ichwillens, des Gedankens der Emanzipation können nebeneinander beobachtet werden. Der Mensch im hohen Alter steht wieder unter der Dominanz seines Körpers, der mehr oder weniger an geistiger Freiheit noch

zuläßt. Vor dem Tod ist ein Zurückorganisieren auf das Körperich zu beobachten.

Der Ichkomplex ist – betrachtet man ihn entwicklungspsychologisch – zunächst in der Tat ein unbewußter Komplex, der durch die Entwicklung hindurch bewußt wird. Er könnte also als Modell für das Bewußtwerden eines Komplexes stehen, wobei die emotionale Bestätigung nicht von den Beziehungspersonen, sondern vom Ich selbst geleistet werden könnte und müßte.

Der Ichkomplex, so zeigt die Jungsche Psychologie, ist aber nicht nur der zentrale Komplex, er ist auch in der Regel mit allen anderen Komplexen mehr oder weniger locker assoziiert. Alle Komplexe gehören letztlich zum Ichkomplex. Kohärent ist der Ichkomplex dann, wenn eine altersgemäße Entwicklung des Ichkomplexes aus den Elternkomplexen heraus erfolgt, wobei die Entwicklung des Ichkomplexes spontan erfolgt, die neuen Entwicklungsstufen aber einer emotionalen Bestätigung von außen bedürfen. Sich altersgemäß aus den Eltern- und den Geschwisterkomplexen heraus zu entwickeln, aber auch altersgemäß neue Komplexe dem Ich zu assoziieren, heißt mit anderen Worten auch, daß die Beziehung zwischen dem Ich und dem Selbst eine durchlässige ist, daß die Entwicklungsimpulse, die vom Selbst an das Ich herangetragen werden, auch integriert werden können.

Die Ichfunktionen

Der Ichkomplex unterscheidet sich von den anderen Komplexen dadurch, daß er deutlicher von den Ichfunktionen reflektiert wird als die anderen Komplexe. Diese werden dann von den Ichfunktionen reflektiert, wenn sie dem Ichkomplex bereits verbunden, also nicht mehr ganz unbewußt sind. Die Ichfunktionen bewirken, daß wir unseren Ichkomplex sozusagen wahrnehmen können, ansehen können, daß wir ein Bewußtsein von uns selbst entwickeln; zum andern sind es die Funktionen, die wir normalerweise unserem Ich zurechnen und vielleicht sogar für unser Ich halten und durch die wir die Welt des Bewußtseins systematisieren. Diese Möglichkeiten des Bewußtwerdens von uns selbst, von unserem Ichkomplex und der Systematisierung der Welt, auch des Bewußtseins von der Welt, bewirkt, daß wir uns orientieren können, daß wir wissen, was außen und was innen ist, daß wir Ich und Nicht-Ich voneinander zu unterscheiden wissen, daß wir Reaktionen der Mitmenschen aufnehmen und dementsprechend unser Verhalten auch modifizieren können.

Als primär autonome Ichfunktionen werden die Wahrnehmungsfähigkeit, die Empfindung, das Erinnerungsvermögen, das Denken, die Begriffsbildung, die Orientierung in Raum und Zeit, die Orientierung in der eigenen Person, die Aufmerksamkeit, die Motorik, aber auch die Abwehrmechanismen bezeichnet. Diese Ichfunktionen können hinreichend funktionieren, sie können aber auch in vielfältiger Form gestört sein; das ist ein Thema der Psychopathologie. Ist der Ichkomplex einigermaßen kohärent abgegrenzt und in sich vernetzt, mit einem Gefühlston des Interesses besetzt, ist die Verbindung zwischen Selbst und Ichkomplex also durchlässig, dann können wir die Welt in etwa wahrnehmen, so wie sie andere Menschen auch wahrnehmen – wir haben dann eine gemeinsame Welt –; dann ist unsere Erinnerung nicht verzerrt, und unser Denken ist von anderen nachvollziehbar. Unser Erfassen von der Welt ist aber immer durch unsere Komplexe mitbestimmt. Die Wirklichkeit, die wir für wirklich halten, ist in erster Linie immer unsere ganz eigene Wirklichkeit. Funktionieren aber diese Ichfunktionen, dann können diese verschiedenen Wirklichkeiten miteinander ausgetauscht werden, haben wir doch den Eindruck, in derselben Welt zu leben.

Wenn ein Komplex, der emotional hoch besetzt ist, konstelliert wird, stört er den Ichkomplex; zudem findet eine Projektion des konstellierten Komplexes statt, und das bewirkt, daß z. B.

die Wahrnehmung gestört sein kann, im Sinne einer Komplexwahrnehmung.
Erinnern wir uns an den Vaterkomplex, der von der Analysandin abgebildet worden ist: Ist dieser Komplex schon konstelliert, wird die Analysandin Menschen, die ihr vielleicht freundlich oder einfach auch indifferent begegnen, plötzlich als böse Menschen wahrnehmen. Das löst in ihr wiederum Angst und Aggression aus, so daß die Wahrnehmung noch verzerrter wird.
Verliert der Ichkomplex seine Kohärenz ganz, d. h. wird er fragmentiert, so daß die einzelnen Komplexe fast unvernetzt nebeneinander bestehen, dann sind in der Regel die Ichfunktionen deutlich gestört: Da treten dann Erinnerungslücken auf, auch Fehlwahrnehmungen, die Orientierung in Raum und Zeit, vor allem auch die Orientierung in der eigenen Person sind eingeschränkt.
Die Ichfunktionen werden oft mit dem Begriff «Bewußtsein» in Verbindung gebracht. Was das Bewußtsein wirklich ist, wissen wir indessen nicht.

Die Konstellation des Ichkomplexes

Es ist das Wesen der Komplexe, daß sie sich konstellieren, d. h. daß sie das Bewußtsein hemmen oder fördern. Die Frage, die sich stellt, ist die, ob sich nun der Ichkomplex auch besonders konstellieren kann oder ob er an sich schon immer konstelliert ist. Die Erfahrung zeigt uns, daß es Zeiten gibt, in denen wir uns wenig mit unserer Identität beschäftigen, uns auch wenig um unser Selbstbild kümmern. Dann gibt es andere Zeiten, in denen Fragen unserer Identität, ein verletztes Selbstwertgefühl und damit zusammenhängende Angst- und Aggressionsgefühle und Zweifel usw. quälend im Vordergrund stehen. Auf Grund von Erfahrungen müßte man sagen, daß sich auch der Ichkomplex konstellieren kann: In diesen Situationen sehen

wir die Welt wesentlich unter dem Aspekt unseres Ichkomplexes und des Selbstwertgefühls, d.h., wir fragen vermehrt, was uns gut tut, was uns schlecht bekommt, was uns nährt, was uns mindert, vielleicht auch, was uns idealisiert und entwertet.
Wenn Komplexe konstelliert sind – und einige Komplexe sind immer in irgendeiner Form konstelliert –, dann ist der Ichkomplex davon beeinflußt. Wenn bei der Auswertung eines Assoziationsexperimentes festgestellt wird, daß der Proband oder die Probandin einen Komplex im Bereich des Selbstwertgefühls hat, dann ist das keine besondere Aussage, das ist normal. Alle Menschen haben einen Komplex im Bereich des Selbstwertgefühls. Die Frage ist nur, wie kohärent der Ichkomplex ist und wie dieser aussieht. Der Ichkomplex kann also einmal konstelliert werden durch die Konstellation eines anderen Komplexes, oder aber auch zentral. Oft hängen allerdings diese beiden Konstellationsformen zusammen, die Verarbeitung der unbewußten Komplexe, die Kränkungen, die wir erleben, sind allemal Themen des Ichkomplexes, Komplexreaktionen beeinträchtigen immer unser Selbstwertgefühl.
Im allgemeinen wird der Ichkomplex konstelliert, wenn wir eine Ichleistung, von der wir denken, daß wir sie bringen sollten, nicht bringen können und uns deshalb schämen, aber auch dann, wenn Menschen uns auf eine Seite hin ansprechen, die wir eigentlich vor uns und vor anderen verborgen halten wollten, wir dann offengelegt, bloßgelegt sind in einem defizitären Sein, und wir uns deswegen auch wieder schämen, uns aber auch gekränkt fühlen, weil ein Mensch uns vielleicht sehr gezielt in unserem Selbstwert gemindert hat. Kränkungen, die zur Konstellation des Ichkomplexes führen, hängen aber auch zusammen mit unserem Bedürfnis nach Akzeptanz. Wird dieses Bedürfnis nicht mehr erfüllt, werden wir zu wenig gesehen, zu wenig wahrgenommen, zu wenig geschätzt, bekommt unser Ichkomplex von außen zu wenig Bestätigung und Aufmerksamkeit, dann kann dieser Ichkomplex auch «anspringen».
Wenn wir eine Kränkung erleben, uns beschämt fühlen, in un-

serer Ichaktivität in Grenzen gewiesen werden, wo wir uns gerade freudig riskieren wollten, dann tritt dieses Gefühl des Selbstverlusts auf, allenfalls auch ein Gefühl, nichts wert zu sein – der Volksmund nennt dies Minderwertigkeitskomplex –, oder gar das Gefühl, daß man eigentlich ein Nichts ist, das vernichtet werden könnte oder vernichten könnte; diese Reaktion ist allerdings eher bei Menschen zu beobachten, deren Ichkomplex in sich wenig kohärent ist. Die Emotion wäre dann die der Angst, der Vernichtungsgefühle oder auch der Wut.

Wenn unser Ichkomplex nicht unter der Kränkung fragmentiert hat, dann reagieren wir mit stereotypen Verhaltensweisen, die das Selbstgefühl wieder stabilisieren. Zunächst sind in diesem Zusammenhang die Abwehrmechanismen zu nennen. Da sagen wir dann etwa, daß wir außerordentlich dankbar sind für Kritik, weil Kritik uns ja weiterbringe. Damit wollen wir die Kränkung, die wir erlebt haben, ungeschehen machen. Mit dieser Verkehrung ins Gegenteil – die natürlich nur eine Verkehrung ins Gegenteil ist, wenn uns die Kritik gekränkt hat – können wir für einen Moment unser Selbstgefühl wieder retten, wir müssen uns dann die Kränkung gar nicht so sehr eingestehen, wir können aber auch nicht an unserer Kränkung arbeiten.

Man kann nämlich auch versuchen, mit der Kränkung umzugehen, was allerdings jeweils einen kohärent erlebbaren Ichkomplex voraussetzt und ein recht gutes Selbstgefühl und auch nur dann möglich ist, wenn uns die Kränkung nicht so zentral getroffen hat. Wir werden dann die Kränkung wahrnehmen und unsere Verunsicherung und Trauer darüber, daß unser Bild von uns und das Bild, das die Welt sich von uns macht, offenbar nicht übereinstimmen; wir werden feststellen, daß hier Grenzen aufgezeigt worden sind, und uns fragen, was denn an der ganzen Kränkung mit Fehlverhalten von uns dran ist und wie wir das allenfalls korrigieren können. Erinnerungen an gute Lebenssituationen, an gute eigene Beziehungsmöglichkeiten, Leistungsmöglichkeiten, aber auch Erinnerungen an die

Akzeptanz von Menschen, die uns lieben und schätzen, geben uns das gute Selbstgefühl zurück. Konsequenzen aus der Kränkung können in der Korrektur des Verhaltens sichtbar oder in Situationen genutzt werden, die Selbstbehauptung verlangen. Andere weniger konstruktive stereotype Verhaltensweisen, die aber oft auftreten, kann man etwa im Entwickeln von Größenphantasien erkennen, im Phantasieren idealisierter, großer Gestalten, allenfalls auch von Menschen, die uns gleichen, uns auch überlegen sind und uns helfen können, und schließlich im Zerstören und Entwerten. Diese stereotypen Verhaltensweisen sind als Selbstregulierung der Psyche zu verstehen, sie sind erst dann pathologisch, wenn sie zu unbeeinflußbaren Haltungen geworden sind. Als Reaktionen helfen sie, die Kohärenz des Ichkomplexes zu erhalten.

Die Kompensation durch Größenphantasien

Als Illustration zitiere ich einen Traum, den Udo Rauchfleisch in seinem Buch «Allmacht und Ohnmacht» schildert. Rauchfleisch berichtet von einem 25jährigen männlichen Patienten, der in einer sehr kränkenden Konkurrenzsituation eine schlechte Figur gemacht hat; er hat also eine schmerzliche, alltägliche Kränkung erlebt.

«Ich saß in einer hohen Sporthalle hoch oben, nahe unter der Decke, auf einem Trapez und schwang hin und her. Dabei schaute ich auf die Menschen hinunter, die mir, tief unten in der Halle, klein erschienen. Ich fühlte mich frei und zufrieden. Mehrmals versuchten zwar einzelne von ihnen, das Trapez, auf dem ich saß, festzuhalten. Doch ich verhinderte dies, indem ich jedesmal dem, der nach dem Trapez griff, in die Hände biß, so daß er das Trapez wieder loslassen mußte.»[17]

In diesem Traum drückt sich eine klassische Kompensation aus, eine Selbstregulierung. Das Traumich agiert in der Art eines kindlichen «Größenselbst». Wenn wir kleine Kinder sind, haben wir das Gefühl, omnipotent, allmächtig zu sein, niemand könne uns etwas anhaben; und das brauchen wir in dieser Lebensphase auch ganz dringend, damit wir uns weiterentwickeln können. Diesen Kompensationsmechanismus macht sich unsere Psyche auch später zunutze, wobei das Größenselbst nicht nur im Traum reaktiviert werden kann; es kann dies auch in der Phantasie geschehen. Viele Menschen stellen bei sich fest, daß sie in Situationen, in denen sie gekränkt worden sind oder nicht die Wirkung erzielten, die sie eigentlich erzielen wollten, Phantasien von Heldentaten haben, von ganz großen Auftritten usw. Kompensation durch die Reaktivierung des Größenselbst sagt nichts aus darüber, ob das, was man dann tut, ethisch gut oder schlecht ist; es geht der Psyche offenbar einfach darum, wiederum ein hinreichend gutes Selbstwertgefühl herzustellen.

Die Kompensation durch idealisierte mächtige Elternbilder

Eine andere Form der Kompensation, allenfalls auch als stereotypes Verhaltensmuster, ist das Beleben von idealisierten, mächtigen Elternbildern, sei es im Traum, sei es in der Phantasie, sei es in konkreten Beziehungen.
Dafür ein *Beispiel:* Eine Frau, Anfang 30, hat ein sehr kränkendes Erlebnis mit einem Mann, von dem sie meinte, daß sie ihm nicht gleichgültig sei. Sie geht zunächst auf seine Wünsche nach Sexualität nicht ein, und er sagt darauf, er wäre eigentlich froh, ihr Körper sei ihm ohnehin viel zu schwammig, und außerdem stinke sie.
Dieses Erlebnis erzählte sie in der Therapie, weinend, aufgebracht, verwirrt. Ich bitte sie, sich auf ihre Phantasien zu konzentrieren, die ihr hochsteigen. Sie sagt:

«Ich gehe mit Vater und Mutter spazieren. Ich trage ein sehr enges Kleid, und mein Vater, der viele goldene Ketten übereinander trägt, Bürgermeister oder Dekan an einer guten Uni ist, zeigt deutlich, daß er mich schön findet und attraktiv.»

Auch das ist eine Form der Kompensation, die Frau geht Jahre in ihrem Leben zurück; sie sieht sich in der Rolle des kleinen Mädchens, das noch zwischen Vater und Mutter geht, da auch sehr geschützt ist: Da könnte kein Mann einen anfallen. Und zudem wird der Vater deutlich idealisiert, mit den vielen goldenen Ketten und mit seiner Funktion als Bürgermeister oder Dekan einer Uni. Der Vaterkomplex ist in einer idealisierten Form belebt worden, und sie, als Tochter dieses Vaters, ist dann eben doch jemand, ist wertvoll. Die Angst, sexuell unattraktiv zu sein, ist abgewehrt. Die Analysandin fühlt sich nach dieser Phantasie auch deutlich besser, sie beginnt davon zu sprechen, wie sie ihren Körper erlebt und wie sie fürchtet, daß Männer ihren Körper erleben könnten. Hier wird deutlich, daß diese stereotypen Verhaltensmöglichkeiten, diese stereotypen Kompensationsformen auch den Sinn haben, das Selbstgefühl so weit zu stabilisieren, daß der Konflikt, der angesprochen wird, auch angegangen werden kann. Das ist aber nicht immer der Fall.

Die Kompensation durch Spiegelidentifikation

Eine Spiegelidentifikation drückt sich darin aus, daß man sich eine Beziehung zu einer Person phantasiert oder träumt, die man sehr gut findet und die einem in wesentlichen Aspekten gleicht. Diese Beziehung werten einen narzißtisch auf.
Ein *Beispiel für die Kompensation durch Spiegelidentifikation*. – Ein 48jähriger Mann hat eine Auseinandersetzung mit seinem 24jährigen Sohn, der ihm vorwirft, er habe überhaupt nichts erreicht in seinem Leben. Der Vater, ein Mann mit depressiven Verstimmungen, fühlt sich nach diesem Gespräch zerstört, wertlos; er hat den Eindruck, er habe wirklich nichts zustande gebracht in seinem Leben und sein Sohn habe eigentlich recht. Er überlegt sich, ob es unter solchen Umständen nicht besser wäre, seinem Leben ein Ende zu setzen. Er träumt:

«Bundesrat Furgler klopft an mein Fenster, als wollte er mich abholen. Da wir aus der gleichen schlagenden Studentenverbindung stammen, sollen wir gemeinsam zu einem Fußballmatch gehen und hinterher in eine Kneipe. Wir tragen beide den gleichen Fanclub-Pullover vom FC St. Gallen.»

Der Mann erzählt, nach diesem Traum habe er sich sofort wieder sehr viel besser gefühlt. Wenn Bundesrat Furgler sozusagen sein Freund sei, dann könne ihm nichts mehr passieren. Der würde auch in jeder Situation wissen, was zu tun sei. Und wörtlich: «Wissen Sie, mit dem Furgler zu einem FC-St.-Gallen-Match zu gehen, das ist doch etwas, das kann nicht jeder Mann.» Der Traum hat das Selbstwertgefühl wiederhergestellt. Die Frage nach der Suizidalität stellt sich aktuell nicht mehr.

Was hier geschehen ist, ist eine Kompensation durch eine Spiegelidentifikation. Der Träumer selbst meint, Bundesrat Furgler sei etwa gleich alt wie er. Mit der schlagenden Studentenverbindung kann er allerdings nicht viel anfangen. Sie beide seien aber Fans des FC St. Gallen und hätten also sehr vieles gemeinsam.

Zerstörungswut als Kompensation

Wenn wir uns so *ohn*mächtig fühlen, können wir von einer *ohn*mächtigen Wut erfaßt werden, die begleitet wird von Phantasien der Zerstörung. Phantasien der Zerstörung, der Destruktion erlauben dem Ichkomplex, sich in einer Phase der fast omnipotenten Aktivierung zu fühlen; deshalb ist ja der Zerstörungswut so schwer beizukommen. Es ist die einzige Möglichkeit für den Menschen, in dieser Situation sich lebendig und kraftvoll zu fühlen. Diese Kompensationsform gibt aber nur für kurze Zeit das gute Selbstwertgefühl zurück, sehr leicht erlebt der Mensch hinterher Scham, eine erneute Kränkung. Und das ist der Grund, warum Zerstörungswut so leicht eskaliert: weil dann mit immer neuer Zerstörungswut diese Kränkung abgewehrt werden muß.

Beispiel für die Abwehr einer Kränkung in der Zerstörungswut. –
Ein 35jähriger Mann hat ein Problem in seinem Beruf. Sein Chef teilt ihm mit, daß er nicht weiter aufsteigen kann. Das kränkt diesen Mann enorm, er findet das ungerecht, meint auch, sein Leben sei damit beendet.
Er ist seit einem halben Jahr in Therapie wegen einer grundsätzlichen Unzufriedenheit im Leben. Er schildert diese Erfahrung, diese Kränkung in der Therapie und fügt dann bei: «In mir steigt jetzt eine Phantasie hoch. Ich schlage meinem Chef den ganzen Laden kurz und klein.» Ich bitte ihn, in dieser Phantasie noch ein bißchen zu verweilen. Er sitzt dann im Stuhl, und seine Hände vollziehen Bewegungen des Kurz- und Kleinschlagens. Es wird auch sichtbar, daß er sich dabei weh tut. Der Analysand sagt dazu immer wieder: «Das tut gut! Das tut wohl! Der wird aufräumen müssen!»
Die Zerstörungswut legt sich, der Analysand spürt keine Scham, auch keine Schuldgefühle, die oft nach den Phantasien der Zerstörungswut auftreten, sondern er hat ein ausgesprochen gutes Gefühl dabei. Das ist bei diesem Analysanden besonders wichtig, weil er in der Regel nach Kränkungen, die er erlebt und für die er so sensibilisiert ist, daß er sie geradezu sammelt, die Zerstörungswut gegen sich selbst richtet. Immer wieder phantasiert er nach Kränkungen, wie er mit dem Auto gegen einen Baum fahren könne, so daß er «todsicher» auch tot sei.
In der Psychodynamik von Suizidfällen spielen Kränkungen eine sehr große Rolle, samt der Phantasie, daß man einem totalen Zusammenbruch des Selbstwertgefühls nur noch durch einen Suizid zuvorkommen könne[18].
Der Analysand sagt nach dieser Phantasie der Zerstörung: «Da ich jetzt die Firma kurz und klein geschlagen habe, kann ich ja da wohl kaum mehr weiter arbeiten. Ich denke, ich werde die Firma wechseln. Da kann ich mir auch überlegen, welche Arbeit ich wirklich machen will.»
An diesem Beispiel wird deutlich, wie das gekränkte Selbst-

wertgefühl durch diese Kompensation, sogar der Kompensation durch Zerstörung, wiederhergestellt wird, so daß in einer sehr viel realistischeren Form eine Auseinandersetzung mit der Welt möglich ist. Wir können dann auch in einer wesentlich sachgerechteren Weise mit den Problemen umgehen, und wir können überpüfen, ob wir etwas Neues in unser Leben bringen wollen oder nicht.

Jeder Konflikt, den wir haben, ist eine Stimulierung zur Eingrenzung des Ichkomplexes oder zur Entwicklung des Ichkomplexes. Wenn wir aber nur abwehren und sterotype Verhaltensweisen zeigen, ohne den Konflikt zu bearbeiten, dann können wir die Schwierigkeiten nicht nützen.

Kompensation durch Entwerten

Das Entwerten nach Kränkung ist eine stereotype Verhaltensweise, die sehr alltäglich ist und meines Erachtens auch sehr gefährlich. Entwertet werden als kränkend erlebte Beziehungspersonen, die natürlich als übermächtig erlebt werden, entwertet werden Beziehungen, in denen man gekränkt werden kann, entwertet wird eine Welt, die nicht genug Akzeptanz für die Notwendigkeiten des eigenen Ichkomplexes aufbringt.

Beispiel für die Erhaltung des hinreichend guten Selbstgefühls durch Entwerten. – Eine 28jährige Frau, die wegen Beziehungsschwierigkeiten seit drei Monaten in Therapie ist, ist Tochter einer sehr erfolgreichen Mutter und eines etwas weniger erfolgreichen Vaters. Einerseits genießt sie es, eine solche Mutter zu haben, hat auch eine gute Beziehung zu ihr, findet sie «im Handumdrehen» aber auch schwierig. Ihre Mutter ist etwas über 50; wenn die Tochter einen Mann nach Hause bringt, ist dieser Mann – nach Aussage der Analysandin – innerhalb einer halben Stunde an der Mutter interessiert. Das erfüllt die Tochter mit unausgesprochener Wut, die sich dann in Zynismus äußert. Sie erlebt ihre Mutter im Moment als dominierend, rivalisierend, einfach ganz schrecklich. Wenn sie die Mutter darauf anspricht – und das läßt die Mutter zu –, sagt diese: «Ich kann doch nichts dafür, daß diese jungen Männer alle einen Mutterkomplex haben und mich attraktiv finden.» Nach einem Wochenende, an dem dieses Beziehungsmuster wieder einmal durchgespielt wird, träumt die Analysandin:

«Ich treffe meine Mutter in einem schludrigen Café. Meine Mutter sieht ganz gräßlich aus. Sie hat falsche Zähne, leidet an Haarausfall, sie ist unförmig dick, sieht einfach schrecklich aus.»

Sie bringt diesen Traum in die Analysestunde und sagt dazu: «Das Schlimmste an der Sache ist, ich hab' am Morgen eine Riesenfreude gehabt an diesem Traum. Und ich schäme mich immer noch nicht dafür. Der Traum hat bei mir ein gutes Selbstgefühl ausgelöst. Mir ist plötzlich aufgegangen, daß ich in zwanzig Jahren noch gut aussehen werde, aber wie meine Mutter in zwanzig Jahren aussieht, das wissen wir nicht. Das hat mich getröstet.»
Dieser Traum kompensiert ihr schlechtes Selbstwertgefühl dadurch, daß sie ihre Mutter, die sie in der Regel eher idealisiert, entwertet, sie furchtbar häßlich macht. Und diese Entwertung bringt ihr ein hinreichend gutes Selbstgefühl zurück.
Nicht immer brauchen wir einen Traum, um unser Gefühl des Selbstwertes zu stabilisieren. So werden etwa erfolgreiche Kollegen und Kolleginnen, die zu Neiderregern geworden sind und damit den Selbstwert der Neider beunruhigen, sehr leicht entwertet, etwa mit Bemerkungen, sie wären ja fleißig, aber so viel Neues wäre ja dann doch auch nicht darin in dem, was sie sagten.
Wir entwerten aus einem heimlichen, uneingestandenen Neid heraus, der anzeigt, daß im Bereich unseres Selbstgefühls eine Aktivierung notwendig wäre. Unsere Entwertungsstrategien sind vielfältig, in der Auseinandersetzung mit kreativen Gestaltungen, z. B. Film, Theater usw., kann Entwertung als Kritik erscheinen.

Mit diesen Entwertungsstrategien wollen wir uns schützen vor Neid, vor Beunruhigung, vor Konflikt. Das Problem, das diese Strategien mit sich bringen, ist, daß wir uns eine total entwertete Umwelt schaffen und auch unsere Beziehungen entwerten. Niemand und nichts ist etwas wert, und wenn wir davon ausgehen, daß eine gewisse Selbstakzeptanz auch von außen für Menschen unumgänglich ist für ein gutes Selbstgefühl, dann heißt das, daß wir nur noch von entwerteten Menschen akzeptiert werden. Diese Akzeptanz ist dann natürlich auch nichts mehr wert. Indem wir die Umwelt entwerten, entwerten wir schleichend uns selbst.

Diese Entwertungsstrategie führt in einen gefährlichen Zirkel, bei dem am Schluß die Welt entwertet, sinnlos ist, wir selbst entwertet und bedeutungslos sind: Wir geraten in einen depressiven Zirkel.

Die Kompensation als Haltung

Die stereotypen Verhaltensmechanismen, die das schlechte Selbstgefühl kompensieren, stehen im Dienste der Selbstregulierung der Psyche. Es ist eine autonome, prozeßhafte Reaktion, die den guten Selbstwert hinreichend wiederherstellt, so daß eine Auseinandersetzung mit dem anstehenden Konflikt möglich würde. Pathologisch werden diese Kompensationsmechanismen dann, wenn sie zu Haltungen werden, wenn Menschen permanent in diesen Kompensationen leben müssen, um Leben überhaupt zu ertragen.

Wird dieser Kompensationsmechanismus zu einer Haltung, geht also z. B. jemand durchs Leben, als würde er immer hoch in einer Halle auf dem Trapez sitzen und Menschen, die ihn anfassen wollen, wegbeißen, muß jemand ständig einen Menschen um sich haben, den er oder sie bewundern kann, oder sucht jemand dauernd Bewunderer, dann sprechen wir von einer Störung im Selbstwert, von einer narzißtischen Störung.

Diese Haltungen existieren nicht nur in der Phantasie, sondern sie werden als Ansprüche an die Beziehungen herangetragen. In der Therapie entsprechen diesen Kompensationsmöglichkeiten sehr typische Übertragungs- und Gegenübertragungssituationen: Bestätigt jemand seinen verletzten Selbstwert dadurch, daß er ein kindliches Größenselbst reaktiviert, wird er sowohl in die Beziehungen als auch in die therapeutische Beziehung den Wunsch hineingetragen: Bestätige mir, daß ich ganz toll bin! Bestätige mir, daß ich über allen stehe! Der Therapeut oder die Therapeutin wird dann vielleicht nicht bestätigen, daß jemand ganz toll ist, sondern bestätigen, daß dieser Mensch *ist,* daß er, so wie er ist, in Ordnung ist. Solche narzißtischen Bedürftigkeiten stammen oft daher, daß die Äußerungen des Ichkomplexes emotionell nicht rückversichert worden sind, oder aber auch daher, daß die Botschaft gegeben worden ist, man sei nicht in Ordnung, so, wie man sich äußere und darstelle.

Kinder werden z. B. recht oft für die Aktivierung in ihrem Ichkomplex gescholten, sie werden gescholten, weil sie z. B. Dreck machen, wenn sie etwas erfinden; sie werden gescholten, weil sie sich selbst darstellen und dies vielleicht etwas lauter tun, als die Regel es erlaubt. Was an sich wirklich ärgert, ist wahrscheinlich mehr, daß da ein Kind ist, das kreativ ist, das es selbst zu sein wagt, vielleicht auch etwas seine Grenzen überzieht. Diesem Kind stehen nun Beziehungspersonen gegenüber, die zum einen neidisch sind auf die Möglichkeiten, die das Kind hat, zum anderen unter einer großen Angst stehen, das Kind könnte einmal nicht genügend «angepaßt» sein. Deshalb wird dem Kind vermittelt, daß es nicht in Ordnung ist, so wie es sich benimmt, und zwar oft gerade dann, wenn das Kind ganz enorm in Ordnung ist, wenn das Kind auch von sich selber das Gefühl hat, etwas Tolles zu machen, etwas Gutes zu tun, etwas sehr Befriedigendes in die Welt hineinzustellen. Bekommt es nun in dieser Situation das Signal «Du bist nicht in Ordnung», wird das Kind in seinem guten Gefühl von sich verunsicher. Die Emotion «Ich bin in Ordnung» – ein anderer Ausdruck für das gute Selbstgefühl – wandelt sich zu tiefer Verunsicherung.

In späteren Streßsituationen, die den Selbstwert betreffen, kann dann diese Unsicherheit aufbrechen und wird – dies die eine Möglichkeit – durch Allmachts- und Größenphantasien kompensiert. So könnte man, wenn dies zur Haltung wird, ein Mensch werden, der immer auf der Suche ist nach anderen Menschen, die ihn bestätigen und bewundern. Diese Bestätigung und Bewunderung, selbst wenn sie erfolgt, nützt aber wenig, weil es nur noch die Gier gibt nach mehr Bestätigung und Bewunderung. Die Bewunderung nährt nicht. Diese Menschen brauchen sehr viel emotionale Bestätigung ihrer Existenz, in dem Sinne, daß diese in Ordnung ist.

Auch die Kompensation durch wiederbelebte, idealisierte Elternfiguren wird in der analytischen Beziehung oft erlebt, der Analytiker oder die Analytikerin als idealisierte Elternfigur, der Analysand oder die Analysandin als Kind oder auch umgekehrt. Bei dieser Art der Kompensation wird deutlich, daß der Mensch, der sich in die abhängige Rolle hineingibt, viel Autonomie aufgibt. Er erhält dafür Schutz. Wird dieser Verhaltensmechanismus zu einer Haltung, dann sehen wir uns Menschen gegenüber, die immer auf der Suche nach jemandem sind, den sie bewundern können – meistens auf der Autoritätsebene, nicht auf der Ebene der Ebenbürtigen – und dem sie sich anschließen können. Sie sind bereit, sehr viel Autonomie aufzugeben.

Im therapeutischen Prozeß sieht das so aus, daß der Therapeut oder die Therapeutin idealisiert wird, ihnen wird die ganze Allmacht zugeschrieben, sie werden bewundert. Der Analytiker oder die Analytikerin reagieren auch auf diese Art von idealisierender Übertragung, die nicht einfach auszuhalten ist, weil sie die eigenen Omnipotenzphantasien stimuliert[19], die ein Unbewußtwerden des Ichkomplexes bewirken können, so daß der Analytiker oder die Analytikerin die eigenen Ichgrenzen nicht

mehr wahrnehmen kann. Außerdem wird bei diesen Übertragungsformen natürlich auch sehr deutlich, daß wir Therapeuten/Therapeutinnen da nicht mehr als Menschen wahrgenommen werden.
Bei der Kompensation durch die Spiegelidentifikation ist man auf der Suche nach einem Menschen, dessen Meinung und dessen Werte den eigenen entsprechen, der einen damit in den eigenen Meinungen und Werten versichert, also auch eine Versicherung im Sozialbezug abgibt; dieser Mensch muß zusätzlich auch jemand sein, der eine gewisse Bedeutung hat.
Komplextheoretisch könnte hier gefolgert werden, daß dieser Mensch sich in seinem Ichkomplex mehr aus den Elternkomplexen herausentwickelt hat als der Mensch, der eine idealisierende Beziehung sucht, daß er sich auch mehr auf eine Ich-Du-Beziehung hin entwickelt hat, obwohl keine Ich-Du-Beziehung angestrebt wird: Es wird ein Zwilling gesucht, der einem durch seine Macht, seine Möglichkeiten der Lebensbewältigung Bestätigung und Schutz gibt.
In der therapeutischen Beziehung äußern sich diese Verhaltensmechanismen als Haltungen so, daß diese Analysanden Parallelen aus ihrer Biographie zur Biographie des Analytikers bzw. der Analytikerin beibringen; sie finden dann heraus, daß man einmal im gleichen Jahr am gleichen Ort war, sie fahren plötzlich das gleiche Auto. Auf Reaktionen, die zeigen, daß vielleicht doch nicht gleich erlebt oder gleich gedacht wird, erfolgt eine heftige Korrektur. Diese Haltungen, da sie sich in Übertragung und Gegenübertragung manifestieren, können von der Prägesituation in der Kindheit her verstanden werden, samt dem damit verbundenen schlechten Lebensgefühl; in ihnen liegt aber auch die Aufforderung nach einer sehr bestimmten Bestätigung, die der Ichkomplex dieses Analysanden braucht und die vom Analytiker bzw. von der Analytikerin gegeben werden kann.

Die Fragmentierung

Gelingt es nicht, das Selbstwertgefühl durch die stereotypen Verhaltensweisen, die gleichzeitig Kompensationsmöglichkeiten sind, wiederherzustellen, damit auch eine gewisse Selbstachtung zu garantieren, dann erleben wir eine Fragmentierung. Wir fühlen uns total verwirrt, können uns nicht mehr orientieren, die Ichfunktionen versehen ihren Dienst nicht mehr, wir sind von verschiedenen Emotionen gepackt. Unter Fragmentierung kann man sich vorstellen, daß der Ichkomplex in seine einzelnen Komplexe zerfällt, die dann in der Tat ein Sonderdasein führen, wo die Vernetzung, die normalerweise doch besteht, aufgehoben ist; statt daß man mit einem Ich spricht, spricht man mit einem Vaterkomplex, mit einem Schuldkomplex usw. Die Ichstruktur zerfällt. In diesen Situationen ist keine Selbstregulierung mehr möglich. Die Selbstregulierung der Psyche funktioniert nur so lange, als unser Ichkomplex hinreichend kohärent ist.

Bei der Fragmentierung ist die Kohärenz aufgehoben, die Ichstruktur zerfällt, die Ichfunktionen versagen ihren Dienst. Es ist nun aber nicht so, daß es Menschen gibt, die ständig fragmentiert sind, und andere, die nie den Prozeß der Fragmentierung erleben – oder daß es, anders ausgedrückt, Menschen gibt, bei denen die Selbstregulierung der Psyche nicht funktioniert und bei anderen immer. Auch das Thema der Fragmentierung muß prozeßhaft gesehen werden. Es gibt Lebenseinbrüche, z.B. Verluste, Trauerfälle, die den Ichkomplex fragmentieren; im Moment ist dann keine Selbstregulierung möglich. Auch gibt es Kränkungen, die so zentral sind, daß sie eine Fragmentierung auslösen. Menschen mit einer psychotischen Reaktion haben einen fragmentierten Ichkomplex; auch da ist dann im Moment keine Selbstregulierung möglich, aber es setzen mit der Zeit auch wieder Prozesse der Restitution ein, wobei das Ich wieder seine Ichgrenzen bekommt, und auch die Selbstregulierungsprozesse beginnen wieder.

Dieser Restitutionsprozeß wird neuerdings sehr einleuchtend in der Gestaltungstherapie sichtbar gemacht mit Menschen, die an einer psychotischen Reaktion erkrankt sind. An Bildern wird da deutlich, daß die Kompensationsmöglichkeiten nicht mehr vorhanden sind, auch keine Kohärenz – die Bilder bestehen aus Fragmenten. Und weiter wird erkennbar, wie dann – vermutlich ausgelöst durch Gruppenarbeit (wobei die Gruppe im Sinn eines zusammenhaltenden Gefäßes wirkt) oder durch die Beziehung zu einem anderen Menschen oder durch das Einbringen von archetypischem Material, das in sich sehr deutlich strukturiert ist (z. B. durch Märchen), oder einfach durch Verstreichen der Zeit – wieder restituiert wird[20]. Natürlich ist es so, daß Menschen, die einen wenig kohärenten Ichkomplex entwickeln konnten, im Laufe ihres Lebens eher zur Fragmentierung und zum Verlust der Ichstruktur neigen – sie sind sozusagen strukturschwach – als Menschen, die einen kohärenten Ichkomplex entwickeln konnten. Dennoch ist zu beachten, daß Menschen auch innerhalb eines wenig kohärenten Ichkomplexes sehr kohärente Ichinseln haben können, und Menschen mit einem kohärenten Ichkomplex Inseln, die nicht so sehr kohärent sind. Auch gibt es Lebenssituationen, Lebensereignisse, denen kein Ichkomplex wirklich gewachsen ist, im Sinne eines reibungslosen Funktionierens, auch nicht gewachsen sein muß.

Beispiel für das Erlebnis der Ichfragmentierung. – Ein 48jähriger Mann hat seine Frau und eine Tochter bei einem Verkehrsunfall verloren. Er bleibt zurück mit zwei Söhnen, 11- und 14jährig. Der Mann ist unbegabt, was den Haushalt anbelangt, überhaupt für den Alltag wenig geschaffen. Er fühlt sich orientierungslos, verwirrt, «weiß nicht, wo ihm der Kopf steht», und wird vom Arzt zu einer Krisenintervention geschickt.

Während unseres Gesprächs sagt er sehr bald: «Ich habe übrigens noch einen Traum gehabt, der mir gerade noch den Rest gegeben hat.» Das ist sehr typisch für fehlende Selbstregulierung: Träume, die uns gerade noch den Rest geben. Der Traum lautet:

«Ein Ungeheuer reißt mir die Hände weg, reißt mir das Herz heraus, ein Bein von mir liegt schon weit weg; vielleicht habe ich auch schon den Kopf verloren. Ich habe den Eindruck, mich aufzulösen. Und als ich an dieser Auflösung erwache, denke ich mir, das habe schon seine Richtigkeit so, ich würde sowieso am liebsten sterben.»

Der Mann erzählt diesen Traum emotionslos, er hätte genausogut mathematische Formeln rezitieren können.
Dieser Traum bilde seine Situation genau ab, er sei auch ganz verwirrt – das spüre ich auch an der Art seines Sprechens: Er fragt mich z. B., ob seine Frau tot sei oder nicht, ob ich wisse, wo er seine Kinder hingebracht habe, oder ob ich es auch nicht wisse, ob ich die Therapeutin sei oder die Ärztin, die mit ihm gesprochen habe. Der fragmentierte Ichkomplex wird sichtbar im Traum, die gestörten Ichfunktionen in der realen Beziehung: Er traut seiner Wahrnehmung nicht mehr; auf seine Erinnerung kann er sich nicht verlassen; er spricht nicht mehr geordnet.
Ein solcher Zustand der Ichfragmentierung ist verhältnismäßig häufig beim Schock infolge eines plötzlichen Verlusts zu erleben. Die Menschen wollen die Welt auch nicht mehr wahrnehmen, wollen sich nicht mehr erinnern; entweder kann das Rad der Zeit zurückgedreht werden, oder man kann sich eben nicht mehr zurechtfinden.
Dieser Mann sagt von sich, er fürchte, er sei verrückt: Das ist Ausdruck dieser Fragmentierung, dieses Zerrissenseins, das man aus Trauerprozessen gut kennt.
Das therapeutische Umgehen damit ist fast nicht zu schildern, weil man im Grunde genommen einfach die Situation mit diesem Menschen teilt. Man flieht nicht, man teilt aber auch nicht die Panik. Ich ersetze ihm seine Ichfunktionen, sage ihm z. B., er habe mir gesagt, er habe die Kinder bei seinem Bruder untergebracht, und das würde wohl stimmen. Er habe mir auch

gesagt, seine Frau sei vorgestern gestorben, und das stimme wohl auch. Ich versichere ihm also, daß er nicht nur nicht orientiert sei, sondern gelegentlich auch Inseln der Orientierung habe; auch versuche ich sein Gefühl der Zerrissenheit, der großen Angst, die damit verbunden ist und die sich mir auch mitteilt, aufzunehmen und ihm zugleich zu vermitteln, daß diese Gefühle der Situation angemessen und kaum zu ertragen seien. In seinem Traum ist ein archetypisches Motiv dargestellt, das als Zerstückelungsmotiv bekannt ist: ein Motiv, das im Zusammenhang mit Tod und Wiedergeburt steht. So wurde z. B. Osiris vom Totengott Seth zerrissen, und Isis mußte dann alle seine Teile zusammensuchen und ihn zusammensetzen, und dann wurde er wieder belebt und hat die Stelle eines Gottes eingenommen. In verschiedenen Mythen ist Tötung und Zerstückelung als Ritual die notwendige Durchgangsphase für Wiedergeburt und neue Fruchtbarkeit[21].
Diese Referenz auf ein Menschheitssymbol, das zudem im Prozeß von Tod und Wiedergeburt steht, weckt Hoffnung und ist für den Therapeuten wesentlich, da sich ihm auch die Angst, die mit dieser Fragmentierung einhergeht, mitteilt: Es ist nackte Existenzangst. Es ist nicht sinnvoll, in der aktuell erlebten Situation der Zerrissenheit das Wandlungsmotiv anzusprechen; es ist für den Therapeuten und die Therapeutin wichtig, die mit diesem Motiv verbundene Hoffnung in sich zu spüren und gleichzeitig auch die Emotionen aufzunehmen, die mit diesem Zerstückeltsein einhergehen. Es ist für sie wesentlich, zu wissen, daß man es mit einem Wandlungsmythos, letztlich mit einem Schöpfungsmythos zu tun hat; diese Hoffnung ist dann sozusagen das therapeutische Gefäß, in dem der Ichkomplex sich wieder neu als kohärent erfahren kann.
Fünf Monate nach dem ersten Traum findet eine solche Integration statt; es wird in einem Traum ausgedrückt, daß der Ichkomplex neu erfahrbar wird und damit neue Identität, neues Selbstgefühl. Auch sind die Grenzen, die im ersten Traum nicht mehr vorhanden sind, wieder da:

«Ich war im Traum nackt und sehr schwach in einem Kurbad. Drei Frauen und drei Männer wickeln ein nasses Leintuch um mich. Das gibt sofort sehr schön warm. Ich spüre meine Haut, ich spüre mich wieder, spüre mich lebendig, spüre Grenzen. Ich habe das Gefühl, wieder ein wenig Kraft zu haben.»

Wesentlich scheint mir, daß er seine Haut wieder spürt, sich selber wieder spürt; die Haut ist auch unsere durchlässige Grenze vom Körperselbst aus. Der Träumer ist glücklich über den Traum und sagt, er spüre sich jetzt wieder.

Wenn wir unser Körperselbst, unser Körperich spüren, dann haben wir den Eindruck, mit uns identisch zu sein. Es scheint mir gut, bei Menschen, die fragmentiert sind, zu versuchen, sie ihren Körper wieder spüren zu lassen, wenn das für sie noch möglich ist. Interessant ist ja an diesem Traum, daß der Träumer in einem Kurbad, an einem Ort, wo man sich um seinen Körper sorgt, um sein Körperich auch sorgt, mit diesem nassen Umschlag, dem nassen Leintuch, behandelt wird.

Bevor es Neuroleptika gab, hat man Psychotikern, wenn sie in einem sehr erregten Zustand waren, in solche nassen Leintücher eingepackt. Diese Idee ist von der Universitätsklinik in Genf wieder aufgenommen worden: Menschen, die in einem sehr erregten oder katatonen Zustand sind, werden in ein nasses Leintuch eingepackt, das sehr nah an den Körper herangezogen wird. Darauf reagiert der Körper mit Wärme. Ein Team, das ihn ständig umgibt, betreut dann diesen Menschen in diesem «pack», schafft also eine Situation, in der sehr viel Zuwendung und Vertrauen entstehen kann und für den Patienten auch vom Körper her das Gefühl des Existierens erlebbar wird. Es könnte also eine Situation von Tod und Wiedergeburt sein oder eine Restitution des Ichkomplexes[22].

Der Mann hatte diesen Traum, lange bevor mich jemand auf diese Methode der «packs» aufmerksam gemacht hat. Interessant ist in diesem Zusammenhang auch, daß er von drei Frauen und drei Männern betreut wird, also von der männlichen und der weiblichen Seite aus. Symbolisch ist in diesem

Traum das Thema «Tod und Wiedergeburt» erneut aufgenommen, hier nun besonders die Wiedergeburt des Ichkomplexes dargestellt.
Nachdem der Mann diesen Traum hat, kann er die sogenannte Trauerarbeit leisten, er ist nun fähig, Erinnerungen aus dem gemeinsamen Leben mit seiner Frau und seiner Tochter zuzulassen und Probleme anzugehen, die er im Zusammenleben mit seinen beiden Söhnen erlebt, die auch um Mutter und Schwester trauern.
In der Folge stellt sich heraus, daß dieser Analysand keineswegs über ein schlecht strukturiertes Ich verfügt, seine Ichkohärenz ist durchaus zufriedenstellend. Lediglich der große Verlust, der schockartig über ihn hereingebrochen war, hatte seinen Ichkomplex zur Fragmentierung gebracht.
Es ist typisch, daß Menschen dann, wenn sie einen Menschen verloren haben, der ihnen sehr viel bedeutet, mit einer ganzen oder teilweisen Fragmentierung des Ichkomplexes reagieren. Das ist wenig verwunderlich, wenn man sich klarmacht, daß ein Verlust große Umstellungen in der eigenen Identität bewirkt, daß die Trauerarbeit letztlich zu einer gewandelten Ichidentität führen muß. Ob diese Menschen habituell eher ichstark oder ichschwach sind, kann man in diesen Trauersituationen nicht beurteilen. Man kann es an der Erholungszeit ablesen, die sie brauchen, bis sie wieder über ihre Ichfunktionen verfügen können. Das Wort «Ichstärke» oder «Ichschwäche» ist der populäre Ausdruck für das, was ich bis jetzt gute oder wenig gute Ichkohärenz genannt habe, was immer auch bedeutet, daß der Ichkomplex deutliche Strukturen und klare Ichgrenzen aufweist.
Unter Ichstärke würde man also verstehen, daß es dem Ich möglich ist, konstellierte Komplexe dem Ichkomplex zu verbinden; daß nicht zu viele Abwehrmechanismen eingesetzt werden müssen, wenn z. B. unbekannte Emotionen erlebt werden oder Phantasien auftauchen, die beängstigend sind. Diese Abwehrmechanismen bewirken in der Regel, daß für einen

Moment das psychische Gleichgewicht erreicht ist. Da der Komplex, der integriert werden will, aber verdrängt oder abgespalten ist, ist mit neuen, heftigeren Störungen zu rechnen. Wer also weniger rigoros Abwehrmechanismen einsetzen muß, kann sehr viel leichter den Konflikt, der in jedem Komplex ausgedrückt ist, angehen. So ist es denn möglich, Ichstärke oder Ichschwäche, die ja schwer zu diagnostizieren sind, außer in den Extremfällen, aufgrund der eingesetzten, wahrnehmbaren Abwehrmechanismen zu bestimmen. Es gilt die Regel: Wer verschiedene, modulierte Abwehrmechanismen einsetzen kann, die genetisch spät erworben sind, hat ein stärkeres Ich[23], d.h. also einen kohärenten Ichkomplex mit belastungsfähigen Strukturen.

Die Fähigkeit, konstellierte Komplexe dem Ichkomplex zu integrieren, heißt, daß ein Mensch in der Lage ist, Konflikte auszuhalten, Widersprüche auszuhalten, daß er eine Bereitschaft hat, sich selber immer wieder in Frage zu stellen und neu zu sehen, daß die Entwicklung des Ichkomplexes stattfindet. Auf dem Beziehungssektor meint ein stärkeres Ich die Fähigkeit, auf andere Menschen einzugehen, andere Menschen in ihrer Eigenart lassen zu können, auch wenn sie einem nicht passen, sich emotionell zu «verwickeln», ohne Angst, sich längerfristig zu verlieren. Ichstark sein heißt, sich das Risiko leisten können, einmal das Gesicht zu verlieren, aber auch sich selbst zu verlieren, selbstvergessen in einer Beziehung zu stehen. Ich erwähne aber noch einmal, daß Ichstärke nicht nur etwas Habituelles ist; denn wir sind auch situativ einmal ichstärker oder ichschwächer.

Die Ichschwäche könnte man dann daran ablesen, ob im Gegensatz zur Ichstärke schnell Abwehrmechanismen eingesetzt werden müssen, und zwar vor allem genetisch frühe Abwehrmechanismen: insbesondere Spaltung und Verleugnung. Die beiden Abwehrmechanismen gehören oft zusammen. Die am meisten erlebte Form der Spaltung ist die, daß wir uns selbst für ausschließlich gut, die andern für ausschließlich schlecht erklären. Diese Spaltungsmechanismen weisen darauf hin, daß sehr große Angst vorhanden ist bei schlechter Angsttoleranz und daß diese Angst um jeden Preis verdrängt werden muß. Nur dann, wenn der Ichkomplex belastbar ist, wenn eine Kohärenz des Ichkomplexes vorhanden ist, kann das Unbewußte integriert werden, kann überhaupt so etwas wie ein Individuationsprozeß in Gang kommen. Deshalb ist es so wesentlich, sich Gedanken zu machen über den Ichkomplex und auch darüber, wie man diese Kohärenz in Situationen, wo sie eben nicht vorhanden ist, wiederherstellen kann.

Jung selber erwähnt an vielen Stellen seines Werkes immer wieder, daß die Integration des Unbewußten ins Bewußtsein, der Individuationsprozeß, nur dann möglich sei, wenn das Bewußtsein oder das Ich stark genug ist, wenn also ein tragfähiges Bewußtsein vorhanden ist.

Es ist deshalb von größter Wichtigkeit, wenn die Methode des Individuationsprozesses als therapeutischer Weg sinnreich erscheint, herauszuarbeiten, wie man in Situationen, in denen die Kohärenz des Ichkomplexes nicht gewährleistet ist, diese zunächst wiederherstellt.

Therapeutische Überlegungen zur Wiederherstellung der Kohärenz des Ichkomplexes

Da der Ichkomplex als zentraler Komplex bezeichnet wird, kann die Art, wie mit Komplexen umgegangen wird, zunächst auch auf den Ichkomplex übertragen werden.

Der Komplex muß wahrgenommen werden. Das Selbstgefühl des Menschen, dessen Ichkomplex konstelliert ist, muß wahrgenommen werden. Er muß auch dazu ermuntert werden, die Phantasien, die damit in Zusammenhang stehen, wahrzunehmen und auszudrücken. Das ist in der Regel nicht einfach und erfordert großes Vertrauen zwischen Analysand/Analysandin und Analytiker/Analytikerin. Diese Phantasien sind sehr oft –

wie ich dargestellt habe – Größenphantasien oder Phantasien der Destruktion, für die sich der Analysand und die Analysandin normalerweise schämen. Gelingt es dem Therapeuten bzw. der Therapeutin nicht, die Bedeutsamkeit der Phantasien hervorzuheben, so müssen diese auch wieder verdrängt werden.
Das Wahrnehmen der Gefühle muß sehr oft vom Therapeuten oder von der Therapeutin geleistet werden; aufgenommen werden diese Gefühle nicht nur über die verbalen Äußerungen, die oft tiefere Gefühle mehr maskieren als enthüllen, sondern auch über die Wahrnehmung des Körperausdrucks, der Atmosphäre, die herrscht, oder über die Konzentration des Analytikers/der Analytikerin auf die eigene Psyche, die auf die spezielle Situation antwortet. Für diese Aufnahme- und Einfühlungsfähigkeit ist der Ausdruck «Empathie» geprägt worden, wobei es nicht nur darum geht, eine empathische Atmosphäre zu schaffen, in der diese Menschen sich selber mitteilen können, sondern wirklich darum, als Therapeut/als Therapeutin die Emotionen, von denen man den Eindruck hat, daß sie im Raum stehen, zu formulieren. Diese Situation ist vergleichbar den Situationen bei der Entwicklung des Ichkomplexes, in denen die Beziehungspersonen die ausgedrückten Gefühle des Kleinkindes – durchaus in einer anderen Modalität – aufnehmen, ausdrükken und dem Kind dadurch die Gewißheit geben, daß seine Gefühle verstanden werden können und daß sie in Ordnung sind.
Da in jedem Komplex die Beziehungsmuster der Kindheit abgebildet sind, diese Beziehungsmuster sich deshalb auch sehr leicht wieder auf zwei Personen aufspalten, werden die schwierigsten Zusammenstöße, die das Werden des Ichkomplexes behindert oder verzerrt haben, in der Therapie mit Leichtigkeit konstelliert werden, wie ich es bei der Behandlung der Kompensation durch Grandiosität oder durch idealisierende Elternfiguren usw. schon gezeigt habe. Werden diese Beziehungsmuster emotional erlebt und verstanden – wobei die Situation des damaligen Kindes verstanden werden muß, aber auch die

Situation der Beziehungspersonen –, dann ist es wahrscheinlich, daß neues Erleben und Verhalten möglich wird.
In der Therapie wird nicht einfach die frühe Kindheit wiederholt und repariert. Wesentlich ist es, daß ein Mensch da ist, der sich verläßlich auch auf sehr unangenehme Emotionen einläßt und versucht, diese zu verstehen und den Grund für ihr Vorhandensein auch dem Menschen verständlich zu machen, der sie hat und der sich dafür schämt. Dabei scheint es mir wichtig, daß man sich als Therapeut/als Therapeutin nicht einfach in einer verwöhnenden Rolle findet – im Sinn: dieser Mensch hat es immer so schwer gehabt im Leben, jetzt will ich ihm einmal viel Gutes tun –, sondern daß man einen nährenden Mutterboden herstellt, indem man alle Gefühlsäußerungen sehr ernst nimmt und sie formuliert. Dazu ist eine emotionale Verläßlichkeit vonnöten und nicht unbedingt kontinuierliche Anwesenheit. Zur emotionalen Verläßlichkeit gehört, wie ich meine, daß wir – auch wenn wir als Personen angesprochen werden – zu unseren Gefühlen stehen, daß wir, wenn wir z.B. ärgerlich sind und darauf angesprochen werden, zu diesem Ärgerlichsein stehen und nicht so tun, als wären wir bloß nachdenklich. Das würde bedeuten, daß man diese Menschen auch in ihrem Sozialbezug versichern muß, indem man ihnen bestätigt, die Emotionen, die sie wahrnehmen, seien auch richtig; wenn sie nicht richtig sind, müssen sie auch korrigiert werden. Unter emotionaler Verläßlichkeit verstehe ich weiter, daß der Therapeut/die Therapeutin deutlich deklariert, welche Regeln in dieser Beziehung gelten und daß diese Regeln dann auch eingehalten werden.
Nicht selten stellen Menschen in Situationen, in denen der Ichkomplex fragmentiert ist oder unter großem Druck steht, die Anforderung an den Therapeuten oder die Therapeutin nach fast permanenter Präsenz. Wird diesem Anspruch nachgegeben, wird immer noch mehr Präsenz gefragt. Ich meine nicht, daß der Therapeut oder die Therapeutin – genauso wenig wie eine frühe Beziehungsperson – andauernd anwesend sein muß.

Sie müssen aber, wenn sie anwesend sind, wirklich emotionell auf diesen Menschen eingehen. Wenn die Ichfunktionen nicht mehr funktionsfähig sind, wenn Menschen verwirrt, Erinnerungen getrübt sind, das Denken inkohärent ist, dann wird der Therapeut/die Therapeutin diesen Menschen auch die Ichfunktionen zur Verfügung stellen, wie ich es bei dem Mann mit dem Trauerschock beschrieben habe. Ichfunktionen wird man aber nur so lange zur Verfügung stellen, wie es nötig ist, und auch nur in den Lebensbereichen, in denen es nötig ist.

Mir scheint aber, daß man nicht nur die Ichfunktionen zur Verfügung stellt, sondern auch die Selbstregulation der Psyche. Die Selbstregulation der Psyche ist beim Analysanden dann nicht mehr möglich, wenn der Ichkomplex nicht kohärent oder wenig kohärent ist. In solchen Fällen, meine ich, ist über das gemeinsame Unbewußte, das Analysand und Analytiker miteinander haben, die Möglichkeit gegeben, daß im Analytiker die Gegenregulation der Psyche erlebbar wird und er diese in den analytischen Prozeß einbringen kann.

Ein Beispiel dafür, wie die Analytikerin dem Analysanden ihre Ichfunktionen zur Verfügung stellt. – Während der ersten Sitzung des Analysanden, der Frau und Tochter bei einem Autounfall verloren hatte und der mir sehr verwirrt erschien, sehe ich plötzlich mathematische Formeln vor mir: eine Gleichung mit vielen Unbekannten. Dieses Bild verstehe ich überhaupt nicht, der Mann erscheint mir nicht wie eine Gleichung mit vielen Unbekannten, mit Mathematik habe ich kaum mehr etwas zu tun. Es muß eine Form der Gegenübertragung sein: Mein Unbewußtes hat offenbar etwas von dem Unbewußten des Mannes übernommen, was mir dann zum Bewußtsein kam und was ich dann auch formuliere. Ich sage zu ihm: «Das ist jetzt sehr eigentümlich für mich, ich sehe plötzlich eine Gleichung vor mir mit vielen Unbekannten. Können Sie damit etwas anfangen?» Und er sagt darauf, sehr geordnet: «Wissen Sie, Gleichungen mit vielen Unbekannten, die kann man mit

Leichtigkeit lösen.» Er bittet mich, genauer zu sein und ihm genau zu sagen, wieviel Unbekannte es sind usw., und er macht Lösungsvorschläge. Dann schaut er mich erstaunt an und sagt: «Das geht ja noch. Da bin ich aber froh. Dann bin ich doch nicht verrückt.» Ich konnte nicht wissen, daß er mathematisch interessiert ist; dieses Bild, das in mir aufsteigt, berührt bei ihm aber offensichtlich einen gesunden Ichanteil und gibt ihm das Gefühl zurück, doch auch noch zu funktionieren, ein Gefühl, das in dieser Situation außerordentlich wichtig ist. Ich meine also, daß zwar bei ihm die Selbstregulierung nicht mehr funktioniert hat, statt dessen aber bei mir.

Mir sind auch Träume und Bilder des Analysanden in einer solchen Situation außerordentlich wichtig. Zwar können diese unbewußten Botschaften vom Analysanden in der Regel kaum aufgenommen werden, solange der Ichkomplex nicht eine gewisse Kohärenz aufweist, die Träume und Bilder können aber die analytische Beziehung beleuchten, können Beziehungsmuster abbilden, können Hinweise auf die emotionale Gestimmtheit des Analysanden geben und so auch wieder eine Voraussetzung dafür sein, daß der Analytiker bzw. die Analytikerin diese emotionale Gestimmtheit auch wirklich aufnehmen kann. Es ist sehr ernst zu nehmen, daß Menschen in diesen Situationen Botschaften der Träume zwar hören und sehen – sie haben oft auch sehr bildkräftige und beeindruckende Träume –, aber die Träume verändern ihre Emotionen nicht.

Das gilt nun wiederum nicht durchgängig. Mir scheint es sehr wichtig zu sein, daran zu denken, daß niemand einfach nur eine schlechte Ichkohärenz hat, sondern daß diese auch situativ bedingt sein kann, da es immer auch Situationen gibt, in denen diese Menschen wie Menschen mit einem stärkeren Ich reagieren können. So problematisch es nach meiner Auffassung ist, die schrecklichen Gefühle des Nicht-sein-Dürfens, des Immer-fremd-Seins dieser Menschen nicht aufzunehmen, so problematisch erscheint es mir aber auch, diese Menschen kränker zu machen, als sie sind, oder Seiten an ihnen, mit denen sie z.B. in einer Flucht nach vorn autonome Strukturen entwickeln und nutzen, als krank zu erklären.

Das therapeutische Umgehen mit Menschen, die an einem wenig kohärenten Ichkomplex leiden, oder mit Menschen, die in Situationen sind, in denen die Kohärenz des Ichkomplexes vorübergehend verlorengegangen ist, hat sehr viel damit zu tun, wie man sich die Entwicklung des Ichkomplexes vorstellt. In der Jungschen Psychologie hieße das, dem Menschen erlebbar zu machen, daß hinter seiner Ichentwicklung das Selbst steht: ihm die Ich-Selbst-Achse, wie sie Neumann[24] nennt, bewußtzumachen. Das setzt voraus, daß der Therapeut/die Therapeutin sich nicht als allmächtige Mutter verstehen, ohne die dieser Mensch nun nicht mehr weiterleben kann, sondern daß wir unsere mütterlich-väterlichen Funktionen dazu einsetzen, daß in der therapeutischen Beziehung dieser Mensch sich neu erfahren und auch wieder erleben kann, daß Entwicklungsprozesse stattfinden, die wir als Therapeuten aufnehmen und bestätigen müssen.

Aspekte des Archetyps

Kern der Komplexe sind Archetypen[1]. Deshalb gibt es auch viele typische Komplexe, die geradezu volkstümlich geworden sind, wie etwa der Vaterkomplex, der Mutterkomplex, der Machtkomplex, der Angstkomplex usw.[2] Da Symbole die Verarbeitungsstätten der Komplexe sind, unterscheidet Jung denn auch zwischen Symbolen persönlichen Charakters und Symbolen überpersönlichen Charakters. Persönliche Symbole beziehen ihre Bedeutung vorwiegend aus der Lebensgeschichte des Individuums; überpersönliche Symbole sind Symbole, die typisch menschlich sind, die den Menschen auch eine wesentliche neue Anregung geben und viele Menschen betreffen. In schöpferischen Werken sind überpersönliche Symbole in der Regel angesprochen. Jung sagt denn auch von den Phantasien überpersönlichen Charakters:

«Diese Phantasiebilder haben unzweifelhaft ihre nächsten Analoga in den mythologischen Typen. Es ist darum anzunehmen, daß sie gewissen *kollektiven* (und nicht persönlichen) Strukturelementen der menschlichen Seele überhaupt entsprechen.»[3]

Jung schließt aus den vielen Parallelen mythologischer Motive, die existieren, aus vergleichbaren Motiven der Religionsgeschichte, der Kunst, der Dichtung usw., daß es strukturelle Grundelemente in der Psyche gebe, die er Archetypen nennt. Die Wirkung dieser Archetypen wird z.B. folgendermaßen beschrieben:

«Vom Unbewußten gehen determinierende Wirkungen aus, welche [...] in jedem einzelnen Individuum Ähnlichkeit, ja sogar Gleichheit der Erfahrung sowohl wie der imaginativen Gestaltung gewährleisten. Einer der

Hauptbeweise hierfür ist der sozusagen universale Parallelismus mythologischer Motive, die ich wegen ihrer urbildlichen Natur *Archetypen* genannt habe.»[4]

An anderer Stelle spricht Jung davon, das die Archetypen «pränatal bestimmte Verhaltens- und Funktionsweisen»[5] bewirken. Archetypen greifen «regulierend, modifizierend und motivierend in die Gestaltung der Bewußtseinsinhalte»[6] ein. So kann man zusammenfassend sagen, daß es sich bei den Archetypen um anthropologische Konstanten des Erlebens, des Abbildens, des Verarbeitens und des Verhaltens handelt. Sie sind sozusagen Ausdruck der Menschenart, des Menschen[7].

Die archetypischen Vorstellungen und Erfahrungen, die wir mit unserem Bewußtsein erleben, müssen unterschieden werden vom Archetypus an sich. Archetypische Vorstellungen «sind vielfach variierte Gebilde, welche auf eine an sich *unanschauliche* Grundform zurückweisen. Letztere zeichnet sich durch gewisse Formelemente und durch gewisse prinzipielle Bedeutungen aus, die sich aber nur annähernd erfassen lassen»[8]. Diese archetypischen Vorstellungen sind zudem immer noch vermittelt durch unsere persönlichen Komplexe hindurch, was auch erklärt, weshalb mit dem Typischen in einer archetypischen Situation auch sehr viel Persönliches verwoben ist.

Der Archetypus ist also einerseits ein strukturgebender Faktor im psychischen und im physischen Bereich, d.h. psychische und physische Prozesse bewegen sich innerhalb einer gewissen menschlichen Typik, Menschen haben in bestimmten Situationen vergleichbare Bilder, vergleichbare Emotionen, vergleichbare Triebe. Der an sich unanschaulich bewußtseinstranszendente Archetypus würde sowohl ähnliche Bilder als auch ähnliche instinktive und körperliche Reaktionen hervorbringen. Nun gehört andererseits zum Archetypus auch eine sehr spezielle Dynamik[9]. Diese Dynamik bewirkt, daß etwas von der Potentialität in Aktualität gebracht wird, daß eine Konstellation da ist, daß wir so etwas wie Triebkraft spüren. Von Franz spricht von dieser Dynamis als «bewußtseinstranszendentem, spontanem Bewegungsprinzip»[10]. Von Jung werden für diese Dynamis immer wieder ähnliche Begriffe verwendet, einmal «spontanes Bewegungs- und Tätigkeitsprinzip», auch bewirke diese Dynamis eine freie Bilderzeugung und eine souveräne Manipulation der Bilder[11]. Die Folgerung, die daraus gezogen werden kann, ist die, «daß das Unbewußte nicht nur historische Bedingtheit ist, sondern zugleich den schöpferischen Impuls hervorbringt – ähnlich wie die Natur, die ungeheuer konservativ ist und in ihren Schöpfungsakten ihre eigene historische Bedingtheit wiederaufhebt»[12].

Mit dem Konzept der Archetypen verbunden ist auch das Konzept des kollektiven Unbewußten. Jung unterscheidet das persönliche Unbewußte, dessen Strukturelemente vor allem die gefühlsbetonten Komplexe sind und das aus verdrängten Erfahrungen besteht, aus Erlebnissen, die uns bewußt sein könnten, vom kollektiven Unbewußten und dessen Strukturelementen, den Archetypen. Vom kollektiven Unbewußten sagt Jung: «Es ist [...] in allen Menschen sich selbst identisch und bildet damit eine in jedermann vorhandene, allgemeine seelische Grundlage überpersönlicher Natur.»[13]

Archetypen wären also regulierende modifizierende, motivierende Einflüsse aus dem Unbewußten, die zunächst nicht mit unseren Problemen zu tun haben, wie sie in den Komplexen abgebildet sind. Archetypische Bilder oder überpersönliche Symbole werden deshalb auch als «gesundes Material» angesehen, obwohl krank und gesund im Zusammenhang mit dem Archetypus eigentlich keine Kategorien sind, so wenig wie gut oder böse, weil der Archetypus jenseits von gut und böse oder auch von krank und gesund anzusiedeln ist[14]. Dennoch geschieht es, daß wir durch das Aufnehmen von archetypischen Vorstellungen – wenn das Ich kohärent genug ist – große Wandlungsimpulse erfahren können. Indem man persönliche Probleme auf kollektiv-archetypische Prozesse bezieht – wie sie z. B. in den Märchen abgebildet sind –, wird die Emotion der Hoffnung geweckt, Hoffnung darauf, daß die Probleme bewältigt werden können. Zudem werden auch Phantasien angeregt, meist in Anlehnung an diese archetypischen Symbole, die das Gefühl von mehr Autonomie, mehr Kompetenz in der Lebensbewältigung und mehr Sinnhaftigkeit vermitteln. Für Jung sind archetypische Vorstellungen die zeitüberdauernde, lebensnotwendige Grundausstattung der menschlichen Psyche, ohne die der Mensch nicht überleben könnte.

«Es gibt Probleme, die man mit den eigenen Mitteln [...] nicht lösen kann. Ein solches Eingeständnis hat den Vorteil der Ehrlichkeit, der Wahrheit und der Wirklichkeit, und damit ist der Grund gelegt für eine kompensatorische Reaktion des kollektiven Unbewußten [...] Hat man eine derartige Einstellung, so können hilfreiche Kräfte, die in der tieferen Natur des Menschen schlummern, erwachen und eingreifen, denn die Hilflosigkeit und die Schwäche sind das ewige Erlebnis und die ewige Frage der Menschheit, und darauf gibt es auch eine ewige Antwort, sonst wäre der Mensch schon längst zugrunde gegangen [...] Die nötige und benötigte Reaktion des kollektiven Unbewußten drückt sich in archetypisch geformten Vorstellungen aus.»[15]

Oder an anderer Stelle sagt er:

«Jede Beziehung auf den Archetypus, sei sie erlebt oder bloß gesagt, ist ‹rührend›, das heißt sie wirkt; denn sie löst eine stärkere Stimme in uns aus als die unsrige. Wer mit Urbildern spricht, spricht wie mit tausend Stimmen, er ergreift und überwältigt, zugleich erhebt er das, was er bezeichnet, aus dem Einmaligen und Vergänglichen in die Sphäre des immer Seienden, er erhöht das persönliche Schicksal zum Schicksal der Menschheit, und dadurch löst er auch in uns alle jene hilfreichen Kräfte, die es der Menschheit je und je ermöglicht haben, sich aus aller Fährnis zu retten und auch die längste Nacht zu überdauern.»[16]

Die Wirkung der archetypischen Vorstellungen bringt Jung hier mit der Wirkung der schöpferischen Prozesse in Verbindung. Ich meine allerdings, daß er hier auch ein therapeutisches Ziel angesprochen hat: Der leidende Mensch kann seine Probleme in Zusammenhang bringen mit Problemen, die den Menschen schon immer ausgemacht haben; es weckt vor allem

die Hoffnung, mit den Problemen leben zu können, Leben bewältigen zu können.
In diesen Umschreibungsversuchen von Jung wird auch sehr deutlich, wie eine archetypische Konstellation vom Bewußtsein erlebt wird. Schon von den Komplexen her ist uns vertraut, das sie mit einer großen Emotion ausgestattet sind, archetypische Konstellationen faszinieren in der Regel. Im Zusammenhang mit der großen Emotion, die von archetypischen Konstellationen ausgelöst und an das Bewußtsein herangetragen wird, spricht Jung von «Numinosität». Es sind Bilder, die ergreifen, die packen, die auch zwingend sind. Es sind zwingende Erfahrungen, die den Eindruck von Bedeutsamkeit vermitteln, von persönlichem Gemeintsein durch so etwas wie Schicksal. Ist ein Archetyp konstelliert, dann spüren wir es daran, daß wir von einer sehr starken Emotion ergriffen sind, begleitet von intensiven Phantasien, Visionen, Ideen von einer Utopie – es können auch heftige Sexualphantasien sein –, man kommt von einem Thema nicht weg und versucht nun dieses Bild, diese Bilder, die einen so sehr beschäftigen, zu verstehen, indem man in der Regel nach vergleichbaren Bildern forscht, wie man sie aus der Geschichte der Menschheit schon kennt. Man wendet die Methode der Amplifikation an: Es ist dies ein Versuch, das archetypische Bild, die archetypische Idee, die den Menschen beschäftigt, in einen größeren Sinnzusammenhang hineinzustellen, zu erweitern durch ähnliche Bilder. Dadurch soll der Bedeutungsgehalt eines Bildes sich eher erschließen. Diese Methode ist auch deshalb sinnvoll, weil der Archetypus per se ohnehin unanschaulich ist und weil die archetypischen Vorstellungen sich in vielfacher Weise überlappen und zudem von Komplexen als auch kulturspezifisch überformt sind.
Bei der Amplifikation werden nicht nur die einzelnen Motive betrachtet, sondern die Motive in ihrem typischen Zusammenhang, in ihrem typischen Umfeld. Damit Amplifikation nicht zu dem Schluß führt, daß letztlich alles alles ist und der

Mensch und das Leben und die Welt eine Ganzheit sind – was sie zweifelsohne auch sind –, muß darauf geachtet werden, daß die Motive einen vergleichbaren emotionalen Ausdrucksgehalt haben.
Ein archetypisches Motiv ist z.B. «das göttliche Kind». Es kommt in verschiedenen Mythologien vor, denken wir an Jesus, an Krischna, an Hermes, an Buddha usw. Das «göttliche Kind» wird immer in einer besonderen wunderbaren Geburt geboren, manchmal auch zweimal, oder es gibt eine außergewöhnliche Zeugung (vgl. die jungfräuliche Geburt von Jesus). Das Kind ist dann verlassen und grundsätzlich gefährdet und oft im Widerspiel mit einer dämonischen Kraft, die das Kind auslöschen möchte. Die Bedrohung durch einen Widersacher führt aber dazu, daß das Kind erstarkt und sich in seiner Unbesiegbarkeit als ein Wesen erweist, das die Welt verändern wird.
Das mythologische Motiv des «göttlichen Kindes» samt den dazugehörenden Strukturelementen findet sich in der Religion, der Kunst, der Literatur, in Träumen. Die Phänomenologie ist eine ähnliche, die starke Emotion, die einen ergreift, ebenfalls. Lassen wir uns auf dieses Motiv ein, so bricht auch in uns Hoffnung auf Zukunft hervor, auf Neuwerdung, auf Wachstum in die Selbständigkeit hinein. Wenn das Symbol des «göttlichen Kindes» erfahrbar wird, wenn der Archetypus des «göttlichen Kindes» konstelliert ist, dann ist damit ein Element der möglichen Neugestaltung verbunden, der schöpferischen Veränderung, aber auch der Auseinandersetzung von Neuem und Altem; insgesamt ist es aber ein Symbol für die Erfahrung der Wandlungsmöglichkeit, die letztlich nicht ganz erklärbar ist.
Das Symbol des «göttlichen Kindes» meint einmal das Kind in uns, darüber hinaus aber den immer wieder möglichen Neuanfang allen Lebens. Dieses Motiv des «göttlichen Kindes» samt seinen dazugehörigen Motivstrukturen wird nun auch kulturspezifisch überformt. So ist Jesus sicher ein anderes Kind als

Krischna. Von Krischna erzählt man sich, daß er an kindlichen Streichen teilnahm, etwa den Kühen die Schwänze zusammenband usw. Einmal hatte er Lehm gegessen, seine Spielkameraden verpetzten ihn, und als seine Mutter ihn zur Rede stellte, sagte er, seine Spielkameraden würden lügen. Auf die Aufforderung seiner Mutter hin öffnet er seinen Mund, und da sah sie die ganze Schöpfung: Sonne, Mond, Kontinente, Gebirge, Meere. Von Hermes wird berichtet, daß er als Wickelkind gleich eine ganze Rinderherde stiehlt, etwas, was man sich z. B. von Jesus schlecht vorstellen kann[17].

Das Erleben der archetypischen Konstellation wird aber auch durch unsere Komplexe überformt: Je nachdem, welche Erlebnisse wir mit Kindsein, mit Kindheit verbinden, werden wir diesen Archetypus anders erfahren. Dennoch meine ich, daß auch schwierige Situationen des Kindseins den Hoffnungsaspekt, der in diesem archetypischen Motiv liegt, zwar zu dämpfen, nicht aber zu eliminieren vermögen – und darin zeigt sich eben die andere Dimension des Archetypus. Das wird z. B. deutlich bei Menschen, die an einer Zwangskrankheit leiden: Die Psychodynamik der Zwangsneurose besteht darin, daß eine allmächtige, verbietende Instanz, die in der Nähe eines strafenden Gottes anzusiedeln ist, in Auseinandersetzung ist mit einem Kind, das sich entwickeln möchte, Zukunft haben möchte, leben möchte. Der Zwangskranke identifiziert sich mit der allmächtigen, verbietenden Instanz. Damit versucht er die Folgen der Taten, vor allem die Folgen des Lebens, zu kontrollieren, und damit auch alle schöpferische Wandlung. Bei der Behandlung der Zwangskrankheit wird in der Regel der Archetypus des «göttlichen Kindes» belebt, samt dem Archetypus des Widersachers, der dazu gehört und der in Verbindung gebracht wird mit dieser verbietenden Instanz. In dieser Spannung wird das Motiv des «göttlichen Kindes» dennoch als Hoffnungsträger erlebt.

Blochs Kritik an Jungs Archetypenlehre

Einer der größten Kritiker von Jung war Ernst Bloch. Seine Kritik bezieht sich vor allem auf den Begriff des Archetypus. Bloch hat in seinem Buch «Das Prinzip Hoffnung»[18] Jung geschmäht; er argumentiert ungerecht, herrlich emotional. Bloch hat sich noch zwanzig Jahre nach dem Tod von Jung über den «Häretiker aus Zürich» aufgeregt. So sehr schmäht man nur jemanden, der einem nahesteht.

Die Vorwürfe, die Bloch macht: Der Archetypus sei etwas Erzkonservatives, etwas furchtbar Regressives, die Menschheit könne sich so überhaupt nicht entwickeln, es würden sich keine politischen Veränderungen ergeben. Und er, Bloch, fügt dann bei, Jung habe den Archetypus ganz falsch gesehen; im Archetypus liege die ganze Potenz zur Utopie, da liege die Phantasie für alles, was Zukunft verändern könne. Und er spricht von «archetypisch eingekapselter Hoffnung».

Bloch hat also den einen Aspekt, den man bei Jung selbstverständlich finden kann, herausgepickt, nämlich den, daß Menschen dieselben bleiben – auch über Millionen von Jahren hinweg –, den anderen Aspekt, daß aus diesem seelischen Grund auch der schöpferische Impuls hervorbricht, in der Struktur allerdings bestimmt durch den Archetypus, hat er übersehen bzw. für sich selbst reklamiert.

Jung spricht an verschiedenen Stellen davon, daß das Unbewußte eben nicht nur «historische Bedingtheit ist, sondern zugleich den schöpferischen Impuls hervorbringt»[19]; er spricht weiter davon, daß der schöpferische Prozeß in einer «unbewußten Belebung des Archetypus und in einer Entwicklung und Ausgestaltung desselben bis zum vollendeten Werk» besteht, wobei «die Gestaltung des urtümlichen Bildes [...] gewissermaßen eine Übersetzung in die Sprache der Gegenwart»[20] sei. Es würden gerade jene Archetypen belebt, die dem Zeitgeist am meisten mangeln, und die Archetypen würden dann im Zusammenhang mit diesem Zeitgeist neu interpretiert werden, müßten also dem Zeitgeist Elemente hinzufügen, die vernachlässigt worden sind. Die meines Erachtens unstatthafte Kritik von Bloch ist dennoch wichtig, spricht man doch der Jungschen Psychologie immer eine gewisse politische Relevanz ab. Diese fehlende politische Relevanz, falls sie sich bis jetzt noch nicht gezeigt haben sollte, ist weniger mit dem Begriff des Archetypus in Verbindung zu bringen als mit der Neigung, die Außenwelt, die politische Welt, die politischen Anliegen weniger wichtig zu nehmen als die Innenwelt, nicht ernst zu nehmen, daß der Individuationsprozeß einerseits zwar ein innerer Integrationsvorgang, andererseits aber auch ein äußerer Beziehungsvorgang ist. Gerade wenn es stimmt, daß archetypische Konstellationen nun im Sinne einer sehr großen Selbstregulierung konstelliert werden könnten, dann müßte es z. B. möglich sein, aktuell konstellierte archetypische Bilder verschiedener Menschen zu sammeln, um etwa mit dem Thema «bedrohte Natur» umzugehen. Archetypische Konstellationen ergeben sich nach meiner Erfahrung nur da, wo wir in intensiver Beziehung zu einem Menschen oder zu einer Sache oder zu einer Bedrohung stehen. Archetypen als Strukturelemente des kollektiven Unbewußten, mit Dynamik ausgestattet, werden über die persönlichen Komplexe als Inhalte des persönlichen Unbewußten in Symbolen an unser Bewußtsein herangetragen. Nun stellt sich immer wieder die Frage, ob zwischen persönlichem Unbewußtem und kollektivem Unbewußtem nichts denkbar wäre. Szondi sprach von einem familiären Unbewußten, Erich Fromm postulierte ein gesellschaftliches Unbewußtes; diese Begriffe könnten mit Leichtigkeit auch in die Jungsche Psychologie eingeführt werden, um so mehr als Jung z. B. bei den diagnostischen Assoziationsstudien von sogenannten «Familienkomplexen» spricht, also implizit auch von einem familiären Unbewußten. Ich meine nun, daß es sehr typisch ist, daß es Komplexe gibt, die für eine ganze Gesellschaft zutreffen, zumindest für eine ganze Generation. So hat man dann etwa den Eindruck, daß die

«Achtundsechziger» eine sehr bestimmte kollektive Komplexkonstellation aufgewiesen haben, die sie zu ihren Handlungen motivierte. Oder es ist feststellbar, daß zurzeit viel über den sogenannten Mutterkomplex gearbeitet wird, und das hat nach meiner Erfahrung nicht einfach damit zu tun, daß diese Menschen im wesentlichen schlechte Erfahrungen mit dem Erfahrungsbereich «Mutter» gemacht hätten. Befragt man diese Menschen persönlich, stellt sich oft heraus, daß sie durchaus eine hinreichend gute Mutter gehabt haben. Es wäre also denkbar, daß kollektiv der Komplex, der das Mütterliche betrifft, problematisch ist; und am Kollektiv haben wir alle Anteil.
Wenn wir den Begriff eines gesellschaftlichen Unbewußten einführen wollten, dann nicht nur im Hinblick auf das, was verdrängt worden ist, was schlecht behandelt worden ist, sondern durchaus auch in dem Sinne, daß Neues ans Licht will, daß etwas ins Bewußtsein integriert werden will, im Moment z. B. der positive Aspekt des Mutterarchetypus.

Archetypische Konstellation und Beziehung

Es stellt sich die Frage, wann archetypische Konstellationen erfahrbar werden. Da sie hinter unseren Komplexen stehen, wären sie in allen Situationen, in denen Komplexe konstelliert werden, auch erfahrbar, in diesen Situationen aber eher oft im Hintergrund.
Jung spricht in diesem Zusammenhang häufig vom regulierenden Charakter der Konstellation des Archetypus, Archetypen würden sich dann konstellieren, wenn das Bewußtsein sich zu weit von seinen Grundlagen entfernt hat. Meine Erfahrung ist, daß archetypische Konstellationen sich oft in einer Beziehung ereignen. Auch entwicklungspsychologisch muß man sich bei diesem Konzept vorstellen, daß durch die Beziehung zur Mutter und zum Vater auch der Mutterarchetyp und der Vaterarchetyp belebt werden, eingefärbt wiederum durch die Emo-

tion, in der die Beziehungspersonen vorwiegend erlebt werden. Andererseits ist auch daran zu denken, daß durch die Aktivierung dieser Archetypen persönliche Eltern mit Ansprüchen an Väterliches und an Mütterliches, was es schon immer gegeben hat während des Menschseins, überfrachtet werden.
Es mag spontane archetypische Konstellationen geben, die der schöpferischen Dimension des Archetypus angemessen sind. Sehr oft aber werden diese archetypischen Konstellationen in der Beziehung zu einem anderen Menschen belebt. Dabei braucht es jedesmal eine bestimmte Haltung des Bewußtseins. Diese scheint mir im Menschenbild der Märchen sehr treffend ausgedrückt zu sein. Märchenhelden und Märchenheldinnen tun zunächst immer alles, was in ihrer Kraft steht (nach einigen Fehlversuchen). Sie suchen also mit dem Ichbewußtsein die Schwierigkeiten zu bewältigen, die sich ihnen entgegenstellen, sie übernehmen Verantwortung, soweit es geht. Sie versuchen also, autonom zu handeln. Es kommt dann der Moment, wo sie sich sagen müssen, daß sie nicht mehr weiter wissen, daß sie am Ende sind. In dieser Situation schlafen sie dann oft ein und/oder haben einen Traum (Jorinde und Joringel), oder werden an nächsten Tag von jemandem gefunden, der sie zum Schauplatz des weiteren Geschehens führt. Auch hier ist wieder das Modell des schöpferischen Prozesses sichtbar.
Diese Haltung klingt auch bei Jung an, wenn er sagt, es gebe Probleme, die man mit den eigenen Mitteln nicht lösen könne, und das Eingeständnis dessen biete dann die Bedingung dafür, daß eine kompensatorische Reaktion des kollektiven Unbewußten erfolgen könne[21]. Das ist der Weg, der vorgeschlagen ist: Es sind also zunächst die eigenen Ichaktivitäten auszuschöpfen, und dann ist auf eine gute Idee, auf einen Menschen, der einem weiterhelfen kann, auf eine Emotion, die einen wieder mit Hoffnung erfüllt, zu warten.
Wer primär mit Menschen aufgewachsen ist, die es dem Kind einmal erlaubt haben, sich selber auszuprobieren, die aber auch gesehen haben, wenn die Situation die Kräfte des Kindes

überstieg, und dann Abhilfe geschaffen haben, der kann sehr viel leichter darauf vertrauen, daß immer wieder etwas Gutes in der Welt für sie bereitgestellt ist. Sie meinen sogar, einen Anspruch darauf zu haben, und sehr oft trifft auch ein, was sie erwarten. Für Menschen, die immer schon alles allein machen mußten in ihrem Leben, braucht es viel Vertrauen, die Erfahrung zulassen zu können, daß auch ihnen etwas zufallen kann. Wenn ihnen dann allerdings etwas zufällt und sie es auch bemerken, ist dies für sie ganz wesentlich. Diese Menschen erleben oft zuerst in einer menschlichen Beziehung das grundlegende Vertrauen, das es braucht, um sich archetypischen Bildern zu öffnen.

Beispiel für das Erleben archetypischer Konstellationen. – Eine 18jährige Frau hat in ihrem Leben schlechte Muttererfahrungen gemacht: Ihre leibliche Mutter wollte sie nicht bei sich haben, sie wurde zunächst zur einen Großmutter, dann zur anderen geschickt. Anschließend fand man für sie eine Ersatzmutter. Sie war also von einer Beziehungsperson zur anderen geschoben worden, und als sie schließlich mit sechs Jahren in eine Familie integriert war, in der sie sich wohlfühlte, holte ihre Mutter sie zu sich, weil sie jetzt geheiratet hatte. Es ging dann ein sehr kampfbetontes Leben seinen Gang.

Die Frau kommt mit achtzehn in Therapie, weil sie Angst hat, ihr Kind, das sie unehelich geboren hat, zu mißhandeln. Ihr Lebensgefühl ist: Mich will niemand, jeder schickt mich weg, ich bin nichts, ich kann nichts, ich werde es euch aber zeigen, ich mache euch alle genauso kaputt, wie ihr mich kaputt gemacht habt.

Ihre ersten Träume sind geprägt von Muttergestalten, die sie als Hexen bezeichnet: kraftvolle, hintergründige Gestalten, die sie in Kerker einschließen, die sie mit vergifteter Nahrung füttern usw.

Dieser archetypisch gefärbte Aspekt des Mutterkomplexes «Hexe» wird auf mich übertragen. So sagt sie einmal: «Sie sind die größte Hexe, die es gibt, sie tun jetzt nett mit mir, aber bei

der ersten besten Gelegenheit schicken Sie mich auch weg.»
Mein Verständnis, daß sie mit ihrer Geschichte so denken müsse und so fühlen müsse, hilft wenig.
Wir kämpfen miteinander ungefähr eineinhalb Jahre. Ich habe oft den Impuls, sie wegzuschicken. Mit der Zeit gewöhne ich mich aber an die Art der Kämpfe; wir beginnen schon ein wenig in Freundschaft miteinander zu kämpfen, und das schlägt sich in den Träumen nieder: Es tauchen neue Frauengestalten auf: dicke Mütter mit «richtigen Schürzen» und zusammengebundenen Haaren. Diese kochen mit ihr in einer Küche. Ihr Kommentar: «Was soll ich denn mit diesen antiquierten Dingern in meiner Seele.»
Ich spreche sie auf ihr Gefühl an, das höchst ambivalent ist: Einerseits fühlt sie sich sehr wohl mit diesen mütterlichen Frauen, zum andern hat sie den Eindruck, daß sie ihre ganze Autonomie verlieren könnte. Für mich ist es ein Zeichen, daß der Mutterarchetyp im nährenden und sorgenden Aspekt konstelliert ist, im Gegensatz zum vergiftenden von vorher. Und das würde dann auch bedeuten, daß sie mütterlicher sein könnte zu sich selbst und zu ihrem Kind, daß sie die ganze Welt auch nicht mehr einfach als vergiftende Mutter sehen müßte, sich deshalb weniger wehren müßte und entsprechend weniger Abwehr nötig hätte.
Das ist es, worauf wir im Grunde genommen vertrauen: Wird das problematische Bild, wie es sich im Komplex ausdrückt, erfahren und auch emotional verstanden, dann ist das eigentlich schon eine Erfahrung von Stützendem, Gewährendem, also von positiv Mütterlichem innerhalb einer Beziehung, so daß also der Mutterarchetyp im positiven Aspekt evoziert werden kann.
In den Träumen dieser Frau treten dann die verschiedensten Mutterfiguren auf. Zunächst ist sie selber jeweils in einer Kindposition. In den Träumen löst sie sich von diesen Müttern ab, wird ihnen freundschaftlich verbunden; und äußerlich erlebt sie, daß sie sich zu einer wesentlich mütterlicheren Frau

entwickelt, nicht nur sich selbst gegenüber, sondern auch ihrem Kind gegenüber.
Die Öffnung zu dieser archetypischen Sphäre geschieht nach meiner Erfahrung oft in Beziehungen, in denen Vertrauen möglich ist, in denen auch Vertrauen auf eigene Kräfte belebt werden. Dabei wird bei diesem Beispiel auch deutlich, daß die Gestalten, die belebt werden, immer weniger vom ursprünglichen Komplex geprägt sind, sondern immer mehr allgemein menschlichen Möglichkeiten entsprechen, die diesem Menschen in der alltäglichen Welt dann auch zugänglich und verfügbar sind. Das heißt nun aber nicht, daß damit der ursprüngliche problematische Komplexbereich einfach verschwinden würde, sondern es ist zu diesem komplexhaften Erleben die Erfahrung hinzugekommen, daß es andere dem Komplexhaften entgegengesetzte Erfahrungen auch gibt.
Das Erleben von archetypischen Konstellationen bringt nicht einfach konkrete Lösungen für Probleme mit sich, sondern weit öfter eine Veränderung der emotionalen Grundstimmung, die das Ich dann in eine Lage versetzt, die anstehenden Probleme anzugehen.
Beispiel für die Veränderung der emotionalen Grundstimmung in archetypischen Konstellationen. – Ein 34jähriger Mann hat während zweier Jahre immer wieder längere Phasen der Depression. Im Vordergrund stehen dabei die Symptome der Apathie, er möchte sich kaum mehr bewegen, wird auch sehr dick dabei – was ihn stört –, er spürt in sich eine Leere, und er hat das Gefühl, daß sein Leben austauschbar sei: «Ich bin austauschbar, meine Kinder sind austauschbar, meine Frau ist austauschbar, die Schweiz ist austauschbar, Sie sind austauschbar, alles ist austauschbar.»
Fühlt man sich in dieses Lebensgefühl ein, vermittelt sich Ohnmacht, Unbestimmtheit, Angst. Dieser Mann träumt selten, wenn er träumt, sind es Träume, die eine große Nähe zur Konkretion haben; er träumt z. B., daß er versucht, seine Schuhe zu binden, und es gelingt ihm nicht.

Nach zwei Jahren Therapie, in denen wir immer wieder versuchen, sein Lebensgefühl aufzunehmen, an Übertragung und Gegenübertragung die emotionale Verflochtenheit mit seiner Kindheit herzustellen, in denen wir auch versuchen, sein Unbewußtes zu bewegen durch Imagination usw., bringt er einen Traum, der seine Situation deutlich verändert. Er erzählt den Traum, indem er ihn imaginativ nacherlebt, also in der Gegenwart, und ich will ihn auch hier so anführen:

«Es kommt mir vor, wie wenn mich irgendein Ungeheuer ausspucken würde, vielleicht ein Wal, vielleicht ist es auch so ein ultramodernes Unterseeboot, so eines, das vorne die Leute herausschicken kann. Ich denke, es ist ein Unterseeboot, aber es ist auch ein Wal. Ich werde auf einen Strand geschleudert, es tut sehr weh. Ich muß mich auch beeilen, sonst ziehen mich die Wellen wieder zurück ins Meer. Ich japse nach Luft, bin endlich an Land, ich atme, wie ich noch kaum jemals geatmet habe (und er atmet dann auch ganz tief), ich atme, wie wenn ich neu geboren wäre. So fühle ich mich auch.»

Er sitzt dann nach einem tiefen Seufzer sehr befriedigt in seinem Stuhl und sagt: «Ich atme wieder.»

Zur depressiven Stimmung gehört – von der Körperphänomenologie her –, daß die Menschen nicht richtig atmen, daß sie flach atmen. Deshalb bekommt es einem auch in depressiven Verstimmungen, wenn man etwas tut, was einen außer Atem bringt, weil man dann wenigstens wieder atmet – falls das noch möglich ist. Für den Träumer ist dieses «Ich atme wieder» ausgesprochen wichtig.

Er erzählt dann weiter, daß er hingeknallt wurde, unheimlich hart hingeknallt, und er assoziiert: «Es war, wie wenn jemand sagen würde: ‹Entweder du gehst jetzt ganz kaputt oder du lebst.› Ich spüre mich jetzt aber ganz lebendig, ich atme anders, ich will leben. Ich kann wieder leben.» Das sind die Assoziationen zu seinem Traum, die die emotionale Veränderung ausdrücken.

Hier wird deutlich, daß archetypische Konstellationen über die Symbole an unser Bewußtsein herangetragen werden, hier durch das bekannte Motiv des Verschlungenseins von einem Wal, das modernisiert wird durch das Eingesperrtsein in einem Unterseeboot. Meines Wissens und auch seines Wissens gibt es keine Unterseeboote, die vorne die Menschen ausspucken, wahrscheinlich meint dieses Motiv dann eher Geschosse. Es wird aber deutlich, daß das mythologische Motiv des Wals, die Nachtmeerfahrt, die neue Geburt, geträumt wird, wobei wir von diesem Motiv überhaupt nicht sprechen; denn wichtig ist die Emotion, die er hat, und dieses «Ich bin wiedergeboren»: Beides drückt das Motiv besser aus als jede Erklärung.

Damit ist kein einziges seiner Probleme gelöst. Er geht aber mit einer ganz anderen Einstellung an seine Probleme heran.

Dieser Traum wirkte im Sinne einer großen Befreiung, er atmete in der Folge immer bewußter, er lebte.

Konsequenzen des Konzeptes der Archetypen für den Umgang mit Symbolen

Symbole sind die Verarbeitungsstätte der Komplexe; hinter den Komplexen stehen die Archetypen. Wir haben es entweder mehr mit persönlichen Symbolen zu tun, die eher der Lebensgeschichte verbunden sind, oder mit überpersönlichen Symbolen, bei denen archetypische Inhalte zum Ausdruck kommen. Aber auch die überpersönlichen Symbole werden durch die Komplexe an das Bewußtsein herangetragen. Letztlich steht also hinter dem Symbol der Archetyp, das Hintergründige, auf das das Symbol verweist, ein «archetypisches Bild von schwer zu bestimmendem Charakter»[22].

Hier wird deutlich, daß ein Symbol nie ganz erklärt werden kann, daß in ihm immer noch ein Bedeutungsüberschuß da ist; dieser Bedeutungsüberschuß dürfte die Ursache davon sein, daß immer neue Phantasiebildungen, immer neue schöpferische Impulse möglich sind.

Die Technik des Deutens in der Jungschen Psychologie ent-

spricht diesen strukturellen Zusammenhängen. Ich möchte dies am Beispiel der Trauminterpretation theoretisch exemplifizieren.
Der Traum als symbolische Äußerung wird zunächst als Bilderfolge betrachtet (1. Schritt). Es ist deshalb sinnvoll, wenn der Träumer oder die Träumerin beim Erzählen des Traumes den Traum noch einmal imaginativ nacherlebt[23], und es ist sinnvoll und hilfreich, wenn der Analytiker oder die Analytikerin den Traum auch als Bilderfolge sieht, auch wenn es selbstverständlich ist, daß unsere Bilder nie die Bilder eines anderen Menschen sein können. Das Sehen der Bilderfolge bewirkt, daß wir das Symbol erleben, daß wir die Emotion, die damit verbunden ist, wahrnehmen oder sie im Erleben Schritt um Schritt entbinden.
Fragen, die in diesem Zusammenhang gestellt werden (2. Schritt), sind dann auch, wie die spontane emotionale Reaktion auf den Traum ist, wie man sich fühlt, welche Stimmung sich mitteilt. Auch wird nach Situationen geforscht, die undeutlich sind und darauf hinweisen könnten, daß Verdrängungen stattgefunden haben, die also Hinweise auf verdrängte Komplexe sein könnten. Diesem Erleben des Symbols könnte auch ein Gestalten folgen, das über die Gestaltung in der Imagination hinausgeht, etwa durch Malen.
Zum dritten Schritt der Deutung gehört dann die sogenannte Kontextaufnahme, die aus Information, Assoziation und Amplifikation besteht. Die Information ist der Idee verpflichtet, daß der Mensch, der träumt, sich in einer realen Welt befindet, in der es Probleme zu lösen gibt, und daß er in Beziehungen steht, in denen er ebenfalls mit Problemen konfrontiert wird. Es wird deshalb nach der aktuellen Lebenssituation des Menschen gefragt, danach, welche Probleme zum Zeitpunkt des Traumes besonders brennend waren, es wird nach Informationen über Traumgestalten gefragt – in welchem Zusammenhang man sie schon getroffen hat, was sie bedeuten –, dabei wird die Lebensgeschichte, die Phantasie usw. angesprochen.

Die Assoziationen sind der Idee verbunden, daß Symbole Verarbeitungsstätten der Komplexe sind. Assoziationen müßten uns herausfinden helfen, welche komplexhaften Beziehungsmuster, allenfalls welche Komplexe durch den Traum berührt worden sind. Mit Assoziation meint man das Sammeln von Emotionen, die Traumgestalten, Traumorte, Traumsituationen hervorrufen. Das kann vom Traum selbst her bestimmt sein oder von der Erinnerung, die ausgelöst wird durch den Traum. Oft werden hier auch emotionale Beziehungsmuster assoziiert. Es stellt sich dann die Frage, wo sich der Träumer/die Träumerin auch so verhält wie die Traumgestalten. Allenfalls kann dieses Beziehungsmuster auch in der analytischen Beziehung ausgemacht werden.

Die Amplifikation ist der Idee verpflichtet, daß der Kern des Komplexes ein Archetyp ist. Zur Amplifikation gehören das Beibringen von Traumanalogien aus früheren Träumen, dann auch das Beibringen von verwandten mythologischen Motiven aus Märchen usw. Da der Traum in der Regel einen symbolischen Prozeß abbildet, wird der Prozeß innerhalb des Traumes besonders beachtet. Man beachtet die Ausgangssituation, die Frage, wo das Traumich sich befindet, welche Problemsituation dargestellt wird, dann wird darauf geachtet, wo Überraschendes im Traum geschieht, wo unerwartete Wendungen auftreten, auch, wer sie herbeiführt; wichtig ist das Verhältnis des Traumichs zu den anderen Traumgestalten, analog des Ichkomplexes mit seiner zentralen Stellung im Vergleich zu den anderen Komplexen. Diese Frage gibt auch Antwort darauf, wie das Traumich im Moment in der Welt steht, welche Dynamik in unserer Psyche vor sich geht.

Das Traumende gibt uns dann Auskunft, ob etwas Neues, nicht Gewußtes geschieht, zu welchem Ziel das Symbol führt. Dabei ist dieser finale Aspekt, der Entwicklungsaspekt, der in einem Symbol steht, für die Jungsche Psychologie mehr im Vordergrund als der kausale Aspekt, der nach Prägesituationen fragt. Ich meine, daß das eine nicht ohne das andere sein

kann, daß aber die Entwicklungsdimension, die im Symbol liegt, sehr wesentlich ist. Im Symbol wird nicht nur Erinnerung an den Menschen herangetragen, sondern auch – und das ist sehr wesentlich – Erwartung auf ein Mehr an Leben.
Der Idee, daß der Individuationsprozeß, der ja über Symbole an das Bewußtsein herangetragen wird, einerseits ein Beziehungsvorgang, andererseits ein Integrationsvorgang ist, ist die Deutung auf der Objektstufe und auf der Subjektstufe verpflichtet. Bei der Deutung auf der Objektstufe werden Personen und Situationen mit realen Personen und Situationen in Zusammenhang gebracht. Bei der Deutung auf der Subjektstufe werden Personen und Situationen als eigene Möglichkeit, als Persönlichkeitsaspekte gesehen. Da der Individuationsprozeß in der Regel in der analytischen Beziehung stattfindet, ist eine weitere Frage die, ob das Symbol auf die Beziehung zwischen Analysand bzw. Analysandin und Analytiker bzw. Analytikerin bezogen werden kann.
Wesentlich ist auch die Frage, wie der Körper im Traum erlebt wird, der Körper als Basis des Ichkomplexes.
Abschließend stellen sich weitere Fragen, die sich auf die aktuelle Lebenssituation beziehen: Kann der Prozeß des Traumes auf eine aktuelle Lebenssituation übertragen werden, kann er unserem Wissen über die Situation etwas beifügen, regt er zu neuem Handeln oder zu neuen Haltungen an? Der Traum wäre dann zu verstehen als unbewußte Reaktion auf eine bewußte Situation im Sinne der Selbstregulierung, wobei diese unbewußte Reaktion eine Bestätigung sein kann, ein Aufzeigen eines Gegensatzes, eine Tendenz zur Veränderung vom Unbewußten her: Oder es ist zu fragen, ob der Traum als etwas Fremdes im Leben steht, das fasziniert, Angst auslöst. Hier wäre der Traum verstanden als unbewußter Prozeß, ohne direkte Beziehung zur bewußten Situation, wobei es sich um das Auftauchen alter Erlebnisse, z. B. aus der Kindheit handeln kann oder aber um archetypische Konstellationen oder auch nur einen Hinweis darauf, daß im Moment die Kohärenz

des Ichkomplexes es nicht erlaubt, Kontakt zu unbewußten Konstellationen herzustellen. In diesem Falle bieten sich zur Bearbeitung des Traumes Techniken der Meditation, der Imagination, des Gestaltens ganz allgemein an.

Der Idee, daß Symbole in symbolischen Prozessen an das Bewußtsein herangetragen werden, die unter Umständen über längere Zeit andauern, ist die Beachtung der Traumserie verpflichtet. Die Grundidee dahinter ist, daß das Traumleben kontinuierlich ist, und das wird auch daran sichtbar, daß, je dominierender eine bestimmte Problematik ist, um so leichter der Zusammenhang der Träume untereinander erkennbar wird[24].

Traumserien relativieren unsere Deutungen, sie zeigen jeweils neue Aspekte auf, neue Perspektiven, andere treten in den Hintergrund. An den Traumserien wird sehr eindrücklich sichtbar, wie wenig eindeutig ein Symbol ist, auch wenn es von der emotionalen Mitteilung her eine verhältnismäßige Eindeutigkeit hat.

Der Archetypus des Selbst und der Individuationsprozeß

Der Archetypus, der den Kern des Ichkomplexes bildet, ist das Selbst. Ich will hier einige Umschreibungsversuche des Selbst von Jung noch einmal zitieren: Nach Jung «bezeichnet das Selbst den Gesamtumfang aller psychischen Phänomene im Menschen. Es drückt die Einheit und Ganzheit der Gesamtpersönlichkeit aus»[25]. In seinem letzten Werk, im «Mysterium Coniunctionis», schreibt Jung, das Selbst sei «Grund und Ursprung der individuellen Persönlichkeit» und umfasse diese «in Vergangenheit, Gegenwart und Zukunft»[26]. Im weiteren spricht Jung vom Selbst als einem numinosen apriorischen Gestaltungsprinzip[27], dann auch als von der Energiequelle des Individuums[28], weiter nennt Jung das Selbst auch den «geheimen spiritus rector» unseres Schicksals[29], es ist der «völligste Ausdruck der Schicksalskombination, die man Individuum nennt»[30].

Insofern das Selbst aus bewußten sowie auch aus unbewußten Inhalten besteht – und das Unbewußte ja per Definition nicht bewußt ist –, ist das Selbst nie ganz faßbar, es bleibt, wie jeder Archetypus, auch etwas Geheimnisvolles. Das Selbst kann deshalb auch nicht im Raume eines Ichbewußtseins lokalisiert werden, sondern verhält sich «wie eine den Menschen umgebende Atmosphäre von einer räumlich sowohl wie zeitlich nur unsicher abzugrenzenden Erstreckung»[31].

Wie der Ichkomplex im Selbst gründet, vom Selbst her den Entwicklungsimpuls bezieht – das Selbst als spiritus rector verstanden –, so ist andererseits auch der Ichkomplex notwendig, um das Selbst zu inkarnieren. Das Verhältnis von Ichkomplex und Selbst ist also das einer gegenseitigen Fundierung. Dementsprechend sagt Jung:

«Das Ich lebt in Raum und Zeit und muß deren Gesetzen angepaßt sein, soll es überhaupt existieren. Wird es aber ans Unbewußte dermaßen assimiliert, daß alle Entscheidung bei letzterem liegt, dann ist es erstickt und es ist nichts mehr da, worein das Unbewußte integriert oder worin es realisiert werden könnte. Die Unterscheidung des empirischen Ich vom ‹ewigen› und universalen Menschen ist daher von schlechthin vitaler Bedeutung. […] *Die Integration des Unbewußten ist aber nur möglich, wenn das Ich standhält.*»[32]

In diesem Zitat wird sehr deutlich, daß das Verhältnis von Selbst und Ich das einer gegenseitigen Fundierung ist, hier wird aber auch noch deutlich ausgedrückt, daß der Individuationsprozeß nur dann möglich ist, wenn ein hinreichend kohärenter Ichkomplex vorhanden ist. Zudem finden wir in dieser Definition noch einmal eine neue Definition des Selbst, nämlich die des «ewigen» und universalen Menschen. Individuationsprozeß würde also bedeuten, die Impulse des «ewigen» und universalen Menschen im Ichkomplex so weit zu inkarnieren, als jeweils eine Konstellation vorhanden ist. In diesem Zusammenhang sagt Jung:

«Das Selbst, das sich verwirklichen möchte, greift nach allen Seiten über die Ichpersönlichkeit hinaus; es ist seiner umfassenden Natur gemäß heller und dunkler als diese und stellt demgemäß das Ich vor Probleme, denen es am liebsten ausweichen möchte.»[33]

Und in diesem Zusammenhang erwähnt er dann auch, daß das Selbst nur begrifflich von dem, was man seit jeher «Gott» genannt habe, zu unterscheiden sei, nicht aber praktisch[34].

Als Psychologen machen wir keine Aussagen über Gott, sondern wir sprechen über Gottesbilder, wie sie in der Psyche des Menschen anzutreffen sind, wie sie erlebt und gestaltet werden. Wenn der Archetypus des Selbst konstelliert ist – in Träumen, in Phantasien, in Visionen, in Bildern erlebt wird –, dann ist diese Konstellation mit einer großen Emotion verbunden. Symbole des Selbst sind von einer Aura der Numinosität begleitet. Numinosität nennt man eigentlich die von der Gottheit ausgehende Macht. Jung spricht immer wieder von der Numinosität, und indem er diesen Ausdruck braucht, bringt er implizit zum Ausdruck, daß in der Wirkung dieser Archetypen sich etwas von der Wirkung der alten Götter verbergen könnte. Da der Archetypus des Selbst der zentrale Archetypus ist, ist er nun von einer besonderen Emotion begleitet, einer Emotion der Ergriffenheit, der absoluten Sinnhaftigkeit, verbunden mit einem Lebensgefühl des selbstverständlichen In-sich-Stehens, und darin auch des Verbundenseins mit einem größeren Ganzen. Dieser Archetypus wird immer einmal wieder erlebt und bringt eine unverhoffte Zentrierung der Persönlichkeit. Archetypische Einflüsse dauern aber niemals an.

Phänomenologisch erscheint das Selbst nach Jung in den Symbolen einer übergeordneten Persönlichkeit, etwa als König, Held, Prophet, Heiland[35]. Selbstverständlich müßten diese übergeordneten Persönlichkeiten auch in ihrer weiblichen Form betrachtet werden.

Ich bin dieser Idee gegenüber, daß diese übergeordneten Persönlichkeiten bereits Symbole des Selbst seien, sehr skeptisch. Ich verstehe, daß Jung so argumentiert, weil das Selbst dem

Ich übergeordnet ist. Ich meine aber, daß ein König z.B. durchaus auch eine Ausweitung des Vaterkomplexes ins Archetypische bedeuten kann. Wahrscheinlicher erscheinen mir solche Symbole des Selbst – das ja Einheit und Ganzheit der Persönlichkeit ausdrückt –, wie sie der Kreis, das Viereck, die Quadratur des Kreises, das Kreuz usw. darstellen; überzeugend auch deshalb, weil diese an sich formalen Symbole mit einer unerklärlichen emotionalen Wirkung verbunden sind, insbesondere das Mandala, auf das ich zurückkommen werde. Schon im Kreuz ist das Zusammenbringen der Gegensätze – wie dies im Selbst auch angedeutet ist – ausgedrückt. Das Selbst kann dann auch als geeinte Zweiheit erscheinen: Bekannt dafür ist das Yin-Yang-Zeichen, aber auch das Brüderpaar, das Schwesternpaar oder das gegengeschlechtliche Paar können Selbstsymbole darstellen. Dabei ist das gegengeschlechtliche Paar eines der dynamischsten Selbstsymbole.

Wird das Selbst durch diese Symbole ausgedrückt und erfahrbar, dann bewirkt es eine Zentrierung, ein Zustand des Chaos wird aufgehoben; damit verbunden ist das Erlebnis einer unbezweifelten Identität und der Schicksalhaftigkeit der jeweiligen Lebenssituation, in der dieses Symbol sich konstelliert.

Die Symbole, die ich hier genannt habe, sagen etwas dazu aus, in welcher archetypischen Struktur das Selbst unserem Bewußtsein erscheint. Demgegenüber ist der dynamische Aspekt des Archetypus die Selbstwerdung, Selbstwerdung also gesehen als archetypisches Geschehen. Steht das Thema der Selbstwerdung im Vordergrund, sind es andere Symbole, die das Selbst veranschaulichen (z.B. das Wachstum eines Baumes).

Das Mandala als Symbol

Von den Symbolen, die den strukturellen Aspekt des Archetypus des Selbst ausdrücken, ist das Mandala sicher eines der be-

kanntesten. Jung hat auch immer wieder über dieses Symbol gearbeitet.
«Mandala» bedeutet im Sanskrit «Kreis». Das Wort hat sich zu einem allgemeinen Begriff in Religionswissenschaft und Psychologie entwickelt, in der Psychologie vor allem als Symbol der Ganzheit[36]. In indotibetischen Kulturen sind äußerlich die Mandalas daran zu erkennen, daß einem oder mehreren konzentrischen Kreisen ein Quadrat eingeschrieben ist.

«In der Meditation visualisiert der Yogi das Mandala, erkennt zunächst, daß es wahrhaftig das All ist, und dieses sich in ihm widerspiegelt. [...] So ist das Mandala das Hilfsmittel für die große Verwandlung.»[37]

In der Psychologie werden Kreisdarstellungen mit Betonung eines Zentrums grundsätzlich als Mandala gesehen. Jung sagt vom Mandala, seine Symbolik umfasse alle «konzentrisch angeordneten Figuren, Kreisläufe um ein Zentrum, rund oder im Quadrat, und alle radiären oder kugelförmigen Anordnungen»[38]. Nun spielt die Kreisgestalt ohnehin bei den Menschen eine große Rolle, sie ist von einer «einzigartigen Ganzheit und Geschlossenheit». Ingrid Riedel hat sich diesem Symbol sehr ausführlich gewidmet[39]. Mandalabilder werden erfahrungsgemäß dann vor allem gemalt, wenn Menschen sich in einer inneren Unruhe befinden; das können Kreisbilder sein mit einer sehr einfachen Struktur, es können sehr komplizierte Bilder sein. Der Erlebnisprozeß, der vermittelt wird, ist der, daß es trotz allem Chaos ein Zentrum gibt, auf das man sich immer wieder beziehen kann, daß es eine Ordnung gibt, daß die Möglichkeit der Konzentration vorhanden ist. Betrachten wir aber den Hintergrund der Mandalabilder, dann wäre in jedem dieser Mandalabilder auch ausgedrückt, daß der einzelne auch ins kosmische Leben einbezogen ist.
Das Entstehen solcher Mandalabilder ist Ausdruck eines psychischen Zentrierungsprozesses. Jung selber spricht davon, daß diese Mandalas eine erhebliche therapeutische Wirkung hätten, warnt aber davor, sie zu imitieren, denn davon könne

man sich keine Wirkung versprechen. Wir leben nun in einer Zeit, wo Kurse in Mandalamalen angeboten werden, und mir scheint, daß die rigorose Ablehnung von Jung doch auch zu hinterfragen ist: Wer sich von so einem Kurs angesprochen fühlt, verspürt vielleicht innerlich schon eine Notwendigkeit, sich mit Mandalas auseinanderzusetzen. Das Malen eines Mandala würde also die Kohärenz des Ichkomplexes wiederherstellen, indem die Ich-Selbst-Achse erlebbar wird.

Als Beispiel möchte ich ein klassisches Mandalabild von Jung anführen, und dann eines, das in meiner Praxis entstanden ist. So wie Jung meint, daß der Traum zwischen Analytiker und Analysand geträumt wird[40], so meine ich auch, daß die Gestaltung dieser symbolischen Bilder sich zwischen Analytiker und Analysand ereignet. Jung war begeistert von den klassischen Mandalas, und deshalb sind wohl in seiner Praxis auch diese Mandalas entstanden. Es sind Mandalas, die Jung in seinem Buch «Die Archetypen und das kollektive Unbewußte» unter dem Titel «Zur Empirie des Individuationsprozesses» beschreibt und von einer 55jährigen Frau gezeichnet wurden. Hier liegt ein klassisches Mandala[41] vor (vgl. *Farbbild 12*), aufgebaut auf Kreis und Viereck, wobei das schwarze Viereck wohl das «Geviert des Lebens» darstellt und ausdrückt, was in der konkreten Umwelt erlebt wird; der Kreis symbolisiert dann eher das Umfaßtwerden von der universaleren Persönlichkeit. Es sind noch einmal vier Innenkreise ausgestaltet. Diese Kreise wurden von der Zeichnerin wohl auch mit den vier Ichfunktionen in Zusammenhang gebracht – ich meine, daß es wesentlich mehr als vier Ichfunktionen gibt. Es ist aber auch möglich, daß im grünen Kreis mit dem von Schlangen umwickelten Menschen die Unterwelt, die Triebwelt dargestellt ist, im Menschen, der im gelben Kreis steht mit den Vögeln, die Welt des Geistes, in den Reitern auf Pferd und Elefant im roten und im blauen Kreis der Mensch, der von seinen verschiedenen instinktiven Kräften getragen ist und mit ihnen in Harmonie Leben gestalten kann. All das zusammen wäre ein Bild für die phantasierte gegenwärtige Situation des Ichkomplexes, der vom Selbst geheimnisvollerweise umfangen wird.

Die Idee von der Vereinigung der Gegensätze spielt in diesem Mandala ein große Rolle, auch in der Farbwahl: Das Rot der Blüte steht Schwarz gegenüber; Grün und Rot, Blau und Gelb sind benachbarte Farbkräfte.

Im Individuationsprozeß wird auch häufig das archetypische Motiv des «göttlichen Kindes» erlebt und dargestellt, und dies nicht selten im Zusammenhang mit dem Mandala: Es steht dann z. B. im Mittelpunkt des Mandalas oder wächst aus einem Baum heraus, aus einem goldenen Ei oder einem Blumenkelch. Jung meint in diesem Zusammenhang, daß das Kind die Gestalt vorwegnehme, die aus der Synthese der bewußten und unbewußten Persönlichkeitselemente hervorgehe, daß im Kindmotiv also angezeigt sei, daß jetzt eine Ich-Selbst-Achse dargestellt ist, daß das persönliche Leben anfängt, sich mit dem überpersönlichen zu verwachsen, und von daher wird das Kindmotiv von Jung auch als «Heilbringer» verstanden[42].

Wenn das Selbst verknüpft wird mit dem Symbol des «göttlichen Kindes», auch wenn es in dem Symbol des Mandalas integriert ist, dann meine ich, daß über diesen Zentrierungsversuch, diesen «*Selbstheilungsversuch der Natur, der [...] einem instinktiven Impuls entspringt*»[43] und der im Symbol des Mandalas an das Bewußtsein herangetragen wird, zusätzlich noch etwas Neues wird, eine neue Persönlichkeitsentwicklung angezeigt ist, neue Möglichkeiten auch des Realisierens in der konkreten Welt angesprochen sind. Wird das Selbst im Kreis oder im Quadrat symbolisiert, oder auch als Yin und Yang, dann meine ich, daß sehr viel mehr der formale strukturelle Aspekt des Selbst im Vordergrund steht. Ein Ichkomplex, der wenig Kohärenz hat, bekommt seine Kohärenz durch dieses Ganzheitssymbol zurück, im Sinne einer Selbstheilung. Wird das Mandala kombiniert mit dem Archetypus des «göttlichen Kin-

des», ist darüber hinaus bereits der Prozeß der Selbstwerdung, der dynamische Aspekt des Archetypus, angesprochen.
Bei der Gestaltung des Mandalas wird zumindest in der Ansicht von Jung sehr deutlich, daß die Kohärenz des Ichkomplexes auch spontan wiederhergestellt werden kann durch die Konstellation des Archetypus des Selbst. Allerdings ereignen sich diese Symbole in der Regel doch auch in einer analytischen Beziehung, so daß schwer auszumachen ist, welche Rolle dabei die Beziehung oder aber auch die Selbstregulation der Psyche des Analytikers oder der Analytikerin spielen.
Bei einem Beispiel aus meiner Praxis (vgl. *Farbbild 13*) handelt es sich um eine Zeichnung jener Frau, von der auch die «Kuhbilder» am Anfang dieses Bandes stammen. Wir haben hier ein mandalaähnliches Bild vor uns, wie sie in meiner Praxis recht oft vorkommen.
Es ist ein Mandalabild am Übergang von einer konkreten zu einer symbolischen Darstellung. Die Kuh enthält sozusagen das Mandala in ihrem Bauch; über das Erleben der Kuh – die als ein instinkthaft-erlebbares, nährendes mütterliches Prinzip aufgefaßt werden kann – könnte also das Mandala gefunden werden, der Aspekt der Zentrierung und der Geborgenheit. Die Geborgenheit ist auch ausgedrückt in der Farbigkeit des Mandalas. Aus dem Zentrum des Mandalas heraus wächst ein Kind direkt in die Arme der Frau, die hinter dem Mandala steht. Diese Frau kann als Ich der Malerin gesehen werden, die sich diesem Kind zuwendet. Diese Frau kann auch ein Bild der Analytikerin sein: Dann wäre damit ausgedrückt, daß das Neue werden kann, wenn es die Analytikerin erwartet und auch entgegennimmt.
Hinter der Kuh wächst auch ein neuer Baum – auch er, wie ich noch zeigen werde, ein Symbol für den Individuationsprozeß – im Sinne des Wachsens, des Werdens des Kindes.
An diesem mandalaähnlichen Bild wird auch vermittelt, daß ein Selbstsymbol eng mit Gestaltungen der archetypischen Mutter einhergehen kann.

Dieses Mandalabild zeigt, daß einmal eine Selbstzentrierung stattfindet, daß aber auch die Ich-Selbst-Achse hergestellt ist, daß dieses Selbst sich langsam ins persönliche Leben inkarnieren kann und dieses vermutlich außerordentlich beleben wird.

Der Individuationsprozeß

Die Dynamik, die vom Archetypus des Selbst ausgeht, bewirkt die Selbstwerdung. Das Thema der Selbstwerdung ist ein Menschheitsthema.

«Der Individuationsprozeß hat zwei prinzipielle Aspekte: einerseits ist er ein interner, subjektiver Integrationsvorgang, andererseits aber ein ebenso unerläßlicher, objektiver Beziehungsvorgang.» [44]

Integrationsvorgang meint, daß Symbole, die an unser Bewußtsein herangetragen werden, erlebt, gestaltet, verstanden werden, besonders auch in ihrem emotionalen Ausdrucksgehalt, und dann auch unser Handeln und unsere Haltungen beeinflussen.

Der Individuationsprozeß ist aber auch ein Beziehungsvorgang, denn, so Jung, «die Beziehung zum Selbst ist zugleich die Beziehung zum Mitmenschen, und keiner hat einen Zusammenhang mit diesem, er habe ihn denn zuvor mit sich selbst» [45]. Selbstwerdung darf nicht so gesehen werden, daß sie die Mitwelt ausklammert, sondern Selbstwerdung, Selbstgestaltung ist immer auch Beziehungsgestaltung. Dabei meint Beziehungsgestaltung keineswegs, daß unser Mitmensch «nur» als Projektionsträger oder Projektionsträgerin uns nützlich sein kann. Selbstverständlich finden gerade in Beziehungen sehr viele Projektionen statt, begegnen wir in der Beziehung zu einem anderen Menschen uns sehr oft selbst. Archetypen beleben nicht nur Beziehungen, sondern Beziehungen beleben auch Archetypen. Das gehört nach meiner Vorstellung auch zu einer Ich-Du-Beziehung, die nicht von allzuviel Projektionen verzerrt ist.

Über die Ich-Du-Beziehung hinaus aber geht es um die vielfältigen Möglichkeiten der Beziehung des Individuums zu anderen Menschen, aber letztlich auch zur Welt. So wird sich ein Individuum, das sich auf dem Weg der Individuation befindet, immer in einer Spannung vorfinden zwischen dem, was an Symbolen erlebbar ist, was es als inneren Auftrag empfindet, und seinem Stehen in der Welt. Dabei wird das Erleben von Welt oder das Erleben von Beziehungen auch immer wieder die Sicht unserer Symbole verändern, wahrscheinlich auch die Symbolbildung. Beziehung und Individuation können nicht getrennt werden voneinander.

Da der Individuationsprozeß ein subjektiver Integrationsvorgang und eben auch ein objektiver Beziehungsvorgang ist, sind zwei Verfallsformen möglich.

Es gibt Menschen, die individuieren sozusagen nur innerhalb ihrer Beziehungen; sie können eine ungeheure Hingabe leben, ganz aufgehen für einen anderen Menschen, ihr Ich zurückstellen. Veranschaulichen wir es einmal am gegengeschlechtlichen Paar: Wäre z. B. der konkrete Mann ein Symbol, dann würde man meinen, daß die konkrete Frau ihre Animusseite akzeptiert, pflegt, verwöhnt. Da sie es aber in der Projektion macht – als Beziehungsmuster –, wird man den Eindruck nicht los, daß diese Frau sich selbst sehr viel schuldig bleibt, ihr eigenes Leben verfehlt. Wenn «Frauen zu sehr lieben» heißt, daß der Individuationsimpuls, der Individuationsdrang, der von Jung ja auch als Trieb beschrieben wird, auf die Beziehung projiziert ist, die nur im Beziehungsaspekt gelebt wird; der Integrationsaspekt fehlt. Es fehlt also die Überlegung, was denn dieser Mensch, dem man sich mit so viel Hingabe widmet, im eigenen Leben bedeutet, ob er vielleicht auch Ausdruck für einen intrapsychischen Anteil ist, der dringend benötigt wird, damit das Leben seine Ganzheit hat. Dieser Introspektionsvorgang fehlt dann.

Die andere Verfallsform ist die Individuation im Elfenbeinturm: Der Individuationsprozeß bekommt hier etwas rein Innerliches, alles wird mit sich selbst abgemacht, Anregungen von außen werden aufgenommen, aber nicht zurückgemeldet als Anregungen; Menschen und Beziehungen werden gebraucht, um das innere Leben anzuregen oder zu strukturieren. Ideal wäre, wenn die Spannung zwischen dem internen Integrationsvorgang und den Beziehungsvorgängen erhalten bliebe, wenn eine wechselseitige Belebung von innen nach außen und von außen nach innen möglich sein könnte.

Grundsätzlich ist der Individuationsprozeß ein Prozeß, der nicht vorherzubestimmen ist; das Ziel ist niemandem bekannt, auch nicht dem Analytiker und der Analytikerin. Der Prozeß als solcher hat Wegmarken, die Symbole – die man in Träumen, in Bildern, in Phantasien sehen und auch einmal falsch deuten kann: Es werden dann von den Symbolen weitere Korrekturen angebracht.

Jung beschreibt, daß der Individuationsprozeß in typischen Zügen verlaufe: Zuerst müsse man den Schatten integrieren, dabei bekomme man Probleme mit seiner Persona – dem Bild, wie man sich der Welt zeigen möchte, und in dem ja sehr viele gesellschaftliche Werte und Vorstellungen gebunden sind –, dann gehe es weiter darum, Animus und Anima zu integrieren. Die Auseindersetzung mit Schatten, Persona, Anima und Animus spielt in der Tat eine große Rolle. Die Reihenfolge, die Jung angegeben hat, wird jedoch nicht immer in dieser Form eingehalten: Wenn der Individuationsprozeß seinen Sinn behalten soll, dann muß er wirklich bei jedem individuell sein. Allen Prozessen gemeinsam wäre nur dieser Drang zur Selbstwerdung. Der Drang zur Selbstwerdung ist aber auch ein Drang zur ständigen Grenzüberschreitung: einerseits zur ständigen Grenzüberschreitung des Ichkomplexes, andererseits aber auch zur ständigen Grenzüberschreitung in meiner Beziehung zur Umwelt. Das ist nicht voneinander zu trennen. Individuation meint, daß alle Grenzen, die im Moment gelten und die ich im Moment auch bin, immer wieder in Frage gestellt werden müssen, geopfert werden müssen, überschritten wer-

den müssen. Insofern ist der Individuationsprozeß eine beharrliche Selbstveränderung und auch eine Systemveränderung. Darin wäre der emanzipatorische Aspekt des Individuationskonzeptes zu sehen[46].
Der Individuationsprozeß, der dem dynamischen Aspekt des Archetypus des Selbst entspricht, wird nun symbolisch oft im Wachstumsprozeß dargestellt, vor allem im Wachstum von Bäumen. Bäume scheinen besonders gut als Projektionsträger für den Individuationsprozeß des Menschen geeignet zu sein. So wie wir Menschen aufrecht in der Welt stehen, steht auch der Baum im Raum: Er ist verwurzelter als wir, aber auch wir erinnern uns an Wurzeln; er muß sich aufrichten in die Höhe, wächst bis zu seinem Tod, in seinem Aufrichten muß er stehen, widerstehen, standhalten, wie wir es auch tun. In seiner Krone entfaltet er sich, hat er allenfalls Früchte, ist er fruchtbar, breitet er sich in die Welt aus. Seine Krone ist gleichzeitig auch ein Dach, ist Schutz, gibt den Vögeln Gelegenheit zu verweilen. Der Baum verbindet sich der Erde, der Tiefe, dem Wasser; der Baum verbindet sich dem Himmel. So wie wir Menschen zwischen Oben und Unten stehen, steht auch der Baum zwischen Oben und Unten. Er verändert sich durch Jahreszeiten hindurch. Seine Lebensgeschichte ist an ihm ablesbar.
Im Symbol des Weltenbaums – der oft auch ein Lebensbaum ist, etwa die Weltesche Yggdrasil, ein Symbol des Universums, aber auch der kosmischen Erneuerung – drückt sich sowohl zyklische Wandlung des Lebens aus als auch die Fortdauer des Lebens, das ewige Leben. So werden denn auch in unseren Sprichwörtern Menschen sehr oft mit Bäumen verglichen, aber auch übertragen auf Teile des Baumes finden sich Ausdrücke, wie «Der Apfel fällt nicht weit vom Stamm» oder «Der ist aus gutem Holz geschnitzt» oder eben «nicht aus gutem Holz» usw. Koch sagt als Einleitung zu seinem bekannten Baumtest: «Das Wachstum der Seele läßt sich im Wachstum eines Baumes abbilden.»[47] Von Franz erklärt im Buch «Der Mensch und seine Symbole»[48] – ein Versuch, die Jungsche Psychologie ver-

ständlich darzustellen – den Individuationsprozeß am Wachstum eines Föhrensamens, der irgendwann zu einer Föhre wird. Dabei fällt der Samen zu einer bestimmten Zeit an einen bestimmten Ort. Ob er keimt oder ob er nicht keimt, das ist die erste Frage. Keimt er, dann hat er es mit bestimmten Witterungsumständen zu tun – vergleichbar den Lebensumständen, in die ein Kind hineingeboren wird. Diese Föhre wächst langsam heran. Es wäre ziemlich sinnlos, von einer Föhre ein Leben lang zu wünschen, eine Eiche geworden zu sein, was, übertragen auf menschliches Leben, durchaus vorkommt. Zum Individuationsprozeß jedoch gehört, sich einverstanden zu erklären mit dem, was man ist (nicht aber in dem Sinne, daß man nichts verändern will), sich einverstanden erklären mit gewissen Grundbedingungen, die nicht wegzudiskutieren sind. Gerade indem man diese Grundbedingungen akzeptiert, kann man beharrlich Grenzüberschreitung üben.
Ein Baum wird auch Verletzungen haben, und gerade diese Verletzungen machen seine Individualität aus.
Ich möchte an einigen Bildern nun zeigen, daß und auf welche Weise der Baum ein Projektionsträger im Individuationsprozeß des Menschen sein kann. Gleichzeitig möchte ich mit dieser Serie auch zum Ausdruck bringen, daß vergleichbare Gestaltungen durch verschiedene Zeiten hindurch immer wieder als Symbole erlebt und geschaffen werden. Ich möchte also zeigen, wie ein mehr kollektives Symbol in seinem kollektiven Aspekt zwar sichtbar, aber auch persönlich überformt wird. Dabei wird auch deutlich werden, was die Entwicklungspsychologie vollkommen klargemacht hat, daß der Archetypus des Selbst im dynamischen Aspekt sehr selten in seiner reinen Form erlebbar ist, sondern verbunden ist mit anderen Archetypen, besonders mit dem Archetypus der Mutter.
Das erste Bild, «Merkurius als Jungfrau (Pandora) und ‹arbor philosophica›», stammt aus dem Jahre 1588 und wurde Jungs Arbeit über «Die Erlösungsvorstellung in der Alchemie» entnommen[49].

Merkurius gilt als ein Symbol für die Dynamik des Archetypus. Er ist es, der alles von der Potentialität in die Aktualität bringt, der Wandlung bewirkt. Merkurius ist hier als Jungfrau gezeigt, in einem Baum. Die Alchemisten haben den Wandlungsprozeß oft auf den Baum projiziert: der Baum als Symbol

der Ganzheit im Aspekt des Werdens, des Wachsens, wie es im Baum ausgedrückt ist.
Auf dieser Abbildung spielt die Spannung zwischen den Gegensätzen, aber auch die Verbindung der Gegensätze eine große Rolle, ein Hinweis darauf – wenn wir es vom Individuationsprozeß her sehen –, daß Individuation sich im wesentlichen vollzieht über dem Aushalten von gegensätzlichen Spannungen und im Bemühen um deren Integration. Dabei ist schon in der Bezeichnung «Merkurius als Jungfrau» eine wesentliche Gegensatzvereinigung angesprochen. Das Bild zeigt nach Jung auch Anzeichen einer Mariadarstellung.
Aus der ägyptischen Mythologie kennen wir die Muttergöttinnen Isis, Nut und Hathor auch als Baumgöttinnen; sie spenden das Wasser der Unsterblichkeit, garantieren also den Fortgang des Lebens. Die griechische Mythologie kennt dann eher Baumnymphen, die keltische Mythologie Feenbäume, in denen die Erneuerungskräfte der Natur mit dem Eros in Verbindung gebracht werden.
Das zweite und das folgende Bild stammen aus Jungs Aufsatz «Der philosophische Baum» in den «Studien über alchemistische Vorstellungen»[50]. Die im Baum verborgene Gestalt erwacht und tritt zur Hälfte aus dem Stamm heraus (vgl. Bild auf S. 148). Die Schlange in der Baumkrone nähert sich dem Ohr der Erwachten, Vogel, Löwe, Lämmchen und Schwein lassen Assoziationen an die Paradiesesszene wach werden, wobei gerade das Schwein das Paradies bereichern könnte.
Der Baum, in seiner Verbindung zum Lebensbaum, hat natürlich auch Beziehungen zu den Paradiesesbäumen, zu den Bäumen des Lebens und des Todes oder auch zum Baum der Erkenntnis.
Gedeutet hat Jung, daß hier eine selbständige Eva langsam sichtbar wird. Er hat diese Darstellung als eine Station auf dem Wege zur Individuation dieser Frau bezeichnet, und zwar wäre es die Situation, in der der Ichkomplex der Frau sichtbar wird. Sie tritt sozusagen aus dem Mutterbaum heraus als eige-

ne Gestalt, bleibt aber mit der Natur in Beziehung, einer eigenwilligen Natur, bedenken wir die Symbolik von Vogel, Löwe, Lämmchen und Schwein.

Der Baum, der in seinem Wachstum eine Situation des Individuationsprozesses darstellt, ist gleichzeitig auch ein Muttersymbol, besonders der Stammbereich. Man bekommt hier den Eindruck, daß der Stamm so etwas ist wie eine Mutter, die das Kind jetzt entläßt.

Zu diesem Thema sind auch Märchen anzuführen, z. B. das Grimmsche Märchen «Die Alte im Wald».

Aus der ägyptischen Mythologie wissen wir, daß die Todesgöttin Nut als Baum die Toten wieder zurücknimmt in den Baum, damit sie neu geboren werden können – und auch unsere Särge nennen wir noch Totenbäume.

Im Bild auf S. 149 wird noch deutlicher ausgedrückt, wie eine menschliche Gestalt aus dem Baum herauswächst und zudem die Sonne trägt. In der ägyptischen Mythologie gibt es dazu

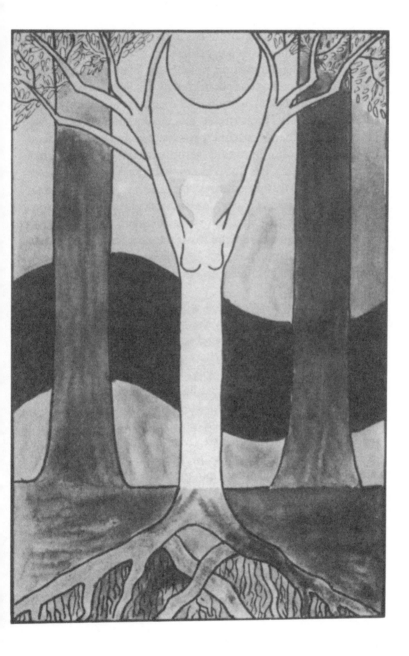

Parallelen: Nut, als eine ältere Form der Hathor, ist auch eine Himmelsgöttin, die die Sonne gebiert. Die Idee, daß der Wachstumsprozeß des Menschen im Baum abgebildet werden kann, aber auch daß das Werden der individuellen Persönlichkeit als ein Heraustreten aus dem Baum, vielleicht auch als Heraustreten aus einem kollektiven Individuationsprozeß der Menschheit gesehen werden kann, ist deutlich über die Kulturen hinaus vertreten. Hier zeigt sich auch die Verschränkung des Individuationsprozesses mit gewissen Symbolen des Mutterarchetyps: der Baum, gesehen in einer mütterlichen Funktion, der den individuellen Menschen ins Leben hinaus entläßt und ihn wahrscheinlich auch wieder in den Tod zurücknimmt. Solche Darstellungen sind nicht nur interkulturell vorzufinden – man könnte sie beliebig ergänzen –, sondern sind auch über die Zeit hinweg immer wieder zu beobachten.

Weitere Bilder zum Archetyp des Baumes stammen wieder aus der heutigen therapeutischen Praxis. *Farbbild 14* ist von einer 28jährigen Frau, die es während einer suizidalen Phase malte. Die Frauengestalt, die sich hier zeigt als Baum – der recht zerzaust wirkt, so daß man den Eindruck bekommt, daß das Leben mit dieser Frau recht ungnädig umgegangen ist –, fasse ich eher als Selbstfigur auf, sozusagen eine Kompensation zum Ichkomplex aus dem Unbewußten. Diese Frau hat das dritte Auge – das Auge der Weisheit –, ist gefaßt im Kummer und gründet im Wasser. Ohne auf die Einzelheiten des Bildes eingehen zu wollen, vermittelt mir das Bild den Eindruck, daß über alle Zufälligkeiten und Mißlichkeiten hinweg eine weibliche Identität doch erlebbar ist, eine Identität, die einen Entwicklungsprozeß möglich macht. Das Bild könnte der Malerin sagen, daß sie doch für das Leben bestimmt ist.

Beim *Farbbild 15* wächst der Baum aus der Frau heraus, bei der vor allem die Kopfzone betont ist; während der Kopf schläft – die Kontrolle vom Ichkomplex also aufgegeben ist –, kann der Baum weiter wachsen, der Individuationsprozeß vor-

angehen. Der Standpunkt der bewußten Kontrolle ist aufgegeben, ein Wachsen in einen größeren Zusammenhang hinein setzt ein.
Wir haben oft deutliche Ideen, wie Leben zu sein habe, und weil es dieser Idee nicht entspricht, sind wir nicht einverstanden damit, sehen auch das, was eigentlich ist, nicht. Es könnte sein, daß hier der Zustand erreicht ist, wo der Ichkomplex aus eigenem Antrieb und Willen heraus aufgibt und nun gestaltet werden kann, was aus den Wurzeln zum Licht drängt. Bedenken wir, daß das Ich und das Selbst sich gegenseitig fundieren, der Ichkomplex also das Selbst in die Welt inkarnieren muß, dann heißt das, daß vom Selbst die Anregung, die Lebensimpulse kommen, wenn ein Fluß zwischen dem Ich und dem Selbst stattfindet. Versteift sich nun der Ichkomplex auf etwas, setzen wir zu viel Abwehrmechanismen ein gegen das, was uns aus dem Unbewußten entgegenkommt – und diese Abwehrmechanismen setzen wir ein, weil die Autonomie des Bewußtseins für uns ein Wert ist und auch sehr wichtig ist –, dann kann unter Umständen die kompensatorische Funktion des Unbewußten nicht mehr stattfinden. Erst in Situationen, wo das Ich (der Ichkomplex) keinen Ausweg mehr weiß, wenn es uns also sehr schlecht geht, sind wir offen für etwas, was aus dem Unbewußten kommt. Es ist eine Situation von Tod und Wiedergeburt. Diese Situation ist in der Therapie sehr häufig anzutreffen. Es ist eine Situation, in der Analysand oder Analysandin und Therapeut oder Therapeutin eine Reaktion des Unbewußten erwarten, sei es als Traum, als neues Lebensgefühl oder aber auch als Gegenübertragungsgefühl des Analytikers oder der Analytikerin.
Das *Farbbild 16* ist das Bild eines 23jährigen Mannes, der von Geburt an stark gehbehindert ist. Er suchte Therapie auf, weil er den Eindruck hatte, mit dieser Behinderung nicht zurechtzukommen. Diese Bäume sind Darstellungen eines Traumsymbols.
Seine Aussage: «Das sind schöne Bäume, gerade weil sie so

verkrüppelt sind.» Es sind schöne Bäume, obwohl sie so verkrüppelt sind. Er kann sich selber wahrnehmen, wie er ist, sich akzeptieren in seinem ganzen Selbstsein. Ich frage nach, ob es Weidenbäume seien, und er sagt: «Ja, aber zusätzlich sind sie verkrüppelt. Genauso müssen sie sein.» In dieser Bekräftigung wird deutlich, wie wichtig es für ihn ist, daß die Schwierigkeit nicht verleugnet wird. In diesen Bäumen ist Selbstdarstellung, aber auch Selbstakzeptanz ausgedrückt, die auch einen Horizont von einem lichteren Lebensgefühl ermöglichen. Daß es zwei Bäume sind, kann auf den analytischen Prozeß verweisen, es kann aber auch die Situation dargestellt sein, in der er sich selbst ansehen kann, wie er ist, und so auch akzeptieren kann.

Zum Abschluß soll noch ein Baum von einer 28jährigen Frau vorgestellt werden; es ist ein frühes Bild jener Frau, von der die Vaterkomplexdarstellungen gemalt waren (vgl. *Farbbild 17*). Auf diesem Bild ist die Vision ihres zukünftigen Lebens abgebildet – auch das gehört zum Individuationsprozeß –, die Vision der Familie. Sie hat zu diesem Zeitpunkt noch keine Kinder, ist aber schwanger.

Betrachtet man das Nest, das im Baum zwischen Ästen eingeklemmt ist, dann bekommt man den Eindruck, daß dieses Nest noch wenig Grundlage hat und recht gefährlich da oben schwebt. Die Partie des Baumes, in der das Vogelnest angesiedelt ist, gleicht auch dem Uterus. Diese Frau hatte kurz darauf eine Fehlgeburt zu verzeichnen, hat später aber drei Kindern das Leben geschenkt.

Im Symbol des Baumes können verschiedene Aspekte des Individuationsprozesses symbolisiert werden. Es kann das aktuelle Selbstbild dargestellt werden, die Verbindung zum Mutterkomplex und zum Mutterarchetypus, das Stadium des Herausgelöstseins des Ichs aus diesem Mutterkomplex und aus dem Mutterarchetypus. Kollektiv gesehen bedeutet das eine Standortbestimmung, wie weit wir überhaupt Einzelmenschen geworden sind oder wie weit wir im kollektiven Lebensprozeß enthalten sind.

Im Baum kann auch der Individuationsprozeß als Vision, als Utopie aufscheinen.
Am Archetypus des Selbst, dem zentralsten Archetypus, habe ich gezeigt, daß ein Archetypus sich symbolisch in seinem strukturellen Aspekt manifestieren kann – wenn also das Selbst als Quadratur des Kreises erscheint, als Mandala oder als Yin-Yang-Symbol – oder in seinem dynamischen Aspekt, wie in der Projektion des Individuationsprozesses auf den Baum. Ob ein Symbol eher in seinem strukturellen oder in seinem dynamischen Aspekt erscheint, hat Einfluß auf die therapeutische Situation, auf die Entwicklungsmöglichkeit, die im Moment ansteht. Träumen wir etwa von einem Mandala, werden wir sehr ergriffen sein von diesem Symbol, uns geordneter fühlen als zuvor, von daher auch mehr Lebensenergie spüren. Wir werden dieses Mandala vielleicht malen, wir werden uns interessieren für Mandalas.
Ist der strukturelle Aspekt des Archetypus im Vordergrund, ist es nicht die Zeit, etwas in der Außenwelt zu verändern. Kommt eher der dynamische Aspekt des Symbols zum Tragen, in Träumen, in der Übertragung, in Phantasien, dann ist es Zeit, etwas zu realisieren, dann muß das, was innen ist, auch hinausgetragen werden, muß das, was integriert wird, auch in die Beziehung hineingetragen werden.
Nun ist es natürlich auch möglich, daß der strukturelle und der dynamische Aspekt im gleichen Symbol an das Bewußtsein herangetragen werden, etwa dann, wenn im Zentrum eines Mandalas sich ein Kind befindet. Dem entspräche dann eine Situation, wo sowohl Erleben des Ordnenden, Erleben dessen, daß man in eine kosmische Ordnung eingebunden ist, sowie auch Aktualisieren von neuen Möglichkeiten zusammenfallen.

Anmerkungen zur Synchronizität

Im Zusammenhang mit den Archetypen werden Ausdrücke gebraucht wie «Archetypen sind konstelliert», «Archetypen konstellieren»; damit ist gemeint, daß ein bestimmter Archetypus für unser Leben bedeutsam geworden ist, durch Träume, durch Komplexkonstellationen erlebbar wird, daß er unser Interesse, unsere Beziehungen steuert und vielleicht auch die Materie in einem gewissen Grad beeinflußt.

Bei archetypischen Konstellationen haben wir es immer mit Energiefeldern zu tun, die sich in der Emotion ausdrücken; wir haben es aber auch immer mit Bedeutungsfeldern zu tun, die damit verbunden sind.

Betrachten wir in der Erinnerung wichtige Lebenssituationen, dann fällt zumeist auf, daß da «alles zusammengepaßt hat», daß gewisse Ereignisse, die man sich erhofft hat, gar nicht eintreten konnten, weil die ganze Konstellation nicht dazu angetan war, weil das Leben unter anderen Vorzeichen stand.

Man hat das Gefühl, ein Feld von Ereignissen und Erlebnissen beschreiben zu können, das in sich stimmig ist. Auch wenn man als Therapeut oder Therapeutin bei Lebensprozessen mit dabei sein darf, die einen anderen Menschen betreffen, ist es faszinierend, wie deutlich das Leben jeweils unter einem Thema steht, z. B. unter dem Thema «Aufbruch», und wie schwierig es für den Menschen in dieser Situation wird, wenn er sich diesem Thema entgegenstellt.

Konstellationen können auch anders erlebt werden: Da muß ein Mensch zu einem Anlaß, zu dem er absolut nicht hingehen möchte; er muß aber hingehen, und es gibt nicht genug gute Gründe, um abzusagen. Die Situation ist hoch ambivalent, emotionell geladen. Der Mensch setzt sich in sein Auto, das Auto springt nicht an. Größere Aufregung! Ein Freund kommt vorbei, schaut auch unter die geöffnete Motorhaube, der Schaden wird nicht gefunden, man muß absagen: halb froh, halb mit schlechtem Gewissen. Und um die Situation ganz auf die

Spitze zu treiben, kommt dann noch jemand vorbei, schaut sich den Motor auch an und fragt: «Habt ihr denn nicht gemerkt, daß hier ein Stecker nicht richtig eingesteckt ist?» Eine schlüssige kausale Erklärung gibt es für diesen Zusammenhang kaum: Es geht darum, daß zwei Dinge zusammengetroffen sind, deren Zusammentreffen kausal nicht erklärbar ist. Warum sollte ein Auto wissen, daß der Mensch jetzt gerade nicht fahren möchte, und ihm dann auch noch den Gefallen tun, im richtigen Augenblick nicht zu funktionieren?

Es zeigt sich hier ein Bereich, der schwierig zu erfassen und zu beurteilen ist: Es geht um synchronistische Phänomene.

Unter Synchronizität versteht Jung die zeitliche Koinzidenz von zwei oder mehreren nicht kausal aufeinander bezogenen Ereignissen mit vergleichbarem Sinngehalt. Ich zitiere:

«Das Synchronizitätsphänomen besteht [...] aus zwei Faktoren: 1. *Ein unbewußtes Bild kommt direkt* (wörtlich) *oder indirekt* (symbolisiert oder angedeutet) *zum Bewußtsein als Traum, Einfall oder Ahnung.* 2. *Mit diesem Inhalt koinzidiert ein objektiver Tatbestand.*»[51]

Im Falle des Autos, das nicht anspringt, wäre das unbewußte Bild der Wunsch, sich nicht dieser Erfahrung auszusetzen, der zum Bewußtsein kommt und auch wieder verdrängt wird (was dann die Ambivalenz bewirkt), der objektive Tatbestand wäre das Auto, das nicht anspringt.

Von Synchronizität spricht Jung auch dann, wenn vergleichbare Träume an verschiedenen Orten von verschiedenen Personen geträumt werden.

Von Synchronizität und nicht einfach von Synchronismus spricht er deshalb, weil die Situationen sich sowohl gleichzeitig ereignen als auch durch einen gleichen Sinngehalt ausgezeichnet sind. Jung postuliert also neben dem kausalen Angeordnetsein auch eine akausale Ordnung.

Beispiel für Synchronizität. – Ein 28jähriger Mann ist sehr besorgt, weil er sich um eine Stelle beworben hat, die er sehr gerne haben möchte. Er hat aber bis jetzt keine Reaktion bekommen. Als auch sonst eher ängstlicher Mann fühlt er sich sehr gespannt, von dieser Frage ganz besetzt. Er träumt:

«Ich bin mit dem Direktor der neuen Firma am Telefon. Gleichzeitig sehe ich ihn auch. Irgendwie ist auch ein anderer Direktor dabei, der am Telefon sagt: ‹Ich wäre glücklich, wenn Sie diesen Posten übernehmen könnten.› Ich sage: ‹Ich übernehme diese Stelle gerne.› Ich wache glücklich auf.»

Mit diesem Traum, den er in der Nacht geträumt hat, kommt er morgens um acht in die Analyse und erzählt ihn. Wir versuchen diesen Traum zu verstehen; der Analysand ist sehr glücklich. Ich überlege mir, ob dieser Traum etwa ein Wunscherfüllungstraum ist, eine Art Kompensation, eine Selbstregulierung im Sinne der Angstbeschwichtigung. Auch überlege ich, daß in diesem Fall, träfe allenfalls das Gegenteil der Traumnachricht ein, die Folge eine sehr große narzißtische Kränkung wäre. Mir wird bei diesen Überlegungen deutlich, daß es wichtig ist, wie dieser Traum gedeutet wird. Nehme ich seine emotionale Stimmung auf, sage ich indirekt, daß es sich bei diesem Traum um einen Wahrtraum handelt, und bekommt er dann die Stelle nicht, bricht eine Welt zusammen. Ich lege mich zunächst nicht fest und versuche herauszufinden, wer denn der andere Direktor sein könne. Er weiß nichts von ihm, und wir überlegen, ob der Traum in einem Zusammenhang mit verschiedenen Aspekten seines Autoritätskomplexes, der im Moment auch eine große Rolle spielt, stehen könne, in dem Sinn, daß es für ihn wohl auch noch ein Bedürfnis wäre, vor einer noch höheren Autorität als dem Direktor akzeptiert zu werden. Wir assoziieren und sammeln Einfälle. Unsere Arbeit wird gestört durch einen Anruf der Frau des Analysanden, die mitteilt, sie sei soeben aus dem Geschäft angerufen worden, er solle zurückrufen. Selbstverständlich erfaßt ihn eine sehr große Nervosität. Er geht zum Telefon, kann nicht mehr warten – mir ist das auch recht, weil ich dann allenfalls mit der Situation umgehen kann –: Am Telefon ist der Direktor, mit dem er bis jetzt immer verhandelt hatte und der im Traum auch vorkam, und sagt: «Ich wäre glücklich, wenn Sie diesen Posten übernehmen könnten», und fügt dann bei, er sage dies auch im Namen seines Vaters.

Der Analysand wußte bis jetzt nicht, daß der Vater des Direktors auch in der Firma arbeitet.

Das ist ein synchronistisches Ereignis. Die Stelle war für den Mann sehr wichtig, und es handelte sich um eine sehr wesentliche Entscheidung in seinem Leben, die anstand.

Synchronizität wird in der Regel dann erlebt, wenn eine ausgesprochen emotionell betonte Lebenssituation zu bestehen ist, also z. B. in Umbruchssituationen, wenn neue archetypische Konstellationen in unserem Leben sich bemerkbar machen. Synchronizitätserlebnisse ereignen sich oft im Zusammenhang mit Tod.

Beispiel für ein synchronistisches Ereignis im Zusammenhang mit Tod. – Ein Bruder und eine Schwester träumen beide in derselben Nacht. Der Bruder träumt:

«Der Vater verabschiedet sich lachend. Ich rufe ihm noch nach, er solle etwas nicht vergessen – Vater vergißt in der Regel immer etwas –, und der Vater sagt im Traum: ‹Vergessen gibt es für mich nicht mehr.›»

Dann erwacht der Träumer sehr irritiert. Der Mann, der wenig von Träumen hält, ist beunruhigt über diesen Traum, ruft mitten in der Nacht seine Schwester an, die 300 Kilometer entfernt wohnt. Sie sagt als erstes am Telefon: «Das ist gut, daß du anrufst. Ich denke, wir müssen sofort zu unserem Vater. Ich habe geträumt: Er liegt im Bett, und ich kann ihn nicht mehr wecken. Ich bin ganz beunruhigt.»

Die beiden sind dann auch zum Vater gefahren. Der Vater starb eine Woche später.

Solche Erzählungen hört man immer wieder. Man hat in der Regel die Tendenz, sie abzuwehren und abzuwerten, in dem Sinne, daß die Menschen sich das hinterher zusammenphanta-

siert hätten. Die Ereignisse finden aber doch statt und bedürfen einer Erklärung.
Bei der Synchronizität würden also die archetypischen Strukturen nicht nur die eigene Psyche und den Körper konstellieren, sondern auch die materielle Umwelt bis zu einem gewissen Grad.
Diese Auffassung von Synchronizität wird Jung immer wieder angelastet, zum Vorwurf gemacht. Sie hat aber eine lange philosophische Tradition; Jung hat es in die Psychologie hereingebracht. Ich kann diese Tradition hier nicht umfassend belegen, aber ich möchte doch ein paar Fixpunkte nennen.
Das chinesische Denken kannte und kennt das Denken in Synchronizitäten. Für uns westliche Menschen zählen eher Einzelheiten. Dem östlichen Geist ergänzen Einzelheiten eigentlich ein Gesamtbild. Ein sehr altes chinesisches Orakelbuch, das I Ging, hat mit Synchronizität zu tun: Mit der Art, wie wir in einer bestimmten emotionellen Situation mit unseren Händen Münzen werfen oder Schafgarbenstengel aussortieren, korrespondiert unsere innere Befindlichkeit. Auch fragt das chinesische Denken – und dafür ist das I Ging beispielhaft – nicht danach, was jetzt gerade zu tun ist, sondern danach, in welchem Lebenszusammenhang unser Tun steht. Je nachdem, in welchem Lebenszusammenhang es steht, wird unser Handeln anders beurteilt. Chinesisches Denken fragt also, welche archetypische Struktur im Moment wirkt und wie man seine Lebensentscheidungen treffen kann, damit man dem Sinne dieser archetypischen Struktur entsprechend lebt und nicht dagegen. Das ist auch der Grund, weshalb wir in therapeutischen Prozessen uns bewußt werden wollen über die konstellierten archetypischen Strukturen, so daß wir mit dem Strom des Lebens gehen können und nicht dagegen. Die Erfahrung zeigt aber, daß in der Regel – außer in deutlichen Krisen- und Umbruchssituationen – viele verschiedenartige Archetypen gleichzeitig wirken, also daß es nicht so einfach ist, sich dem Strom des Lebens anzupassen.

Beispiel für die gleichzeitige Wirkung verschiedenartiger Archetypen. – Eine 53jährige Frau hat gerade ihr erstes Enkelkind bekommen, auf das sie sich sehr gefreut hat. Sie selber, bereits in der Menopause, interessiert sich für das, was in den Wechseljahren eigentlich geschieht. Zudem hat sie eine sehr alte Mutter, der es schlecht geht und die nach menschlichem Ermessen kurz vor dem Sterben steht. Sie ist plötzlich sehr angesprochen vom archetypischen Bild der alten Weisen, sucht Märchen, in denen die alte Weise vorkommt, sucht Literatur zu diesem Thema, beklagt sich darüber, daß alte Menschen bloß alt, aber keine alten Weisen seien.

Die archetypische Struktur, die hier belebt ist, zeigt sich im Motiv der Großmutter und der alten Weisen.

Diese Frau will nun aber auch zwei Studien abschliessen, und zwar rasch, weil sie den Eindruck hat, die Zeit des Studierens sei jetzt vorbei, es sei etwas anderes dran. Das stimmt von der archetypischen Konstellation her: Es ist etwas anderes dran!

Sie sucht nun die Beratung auf, weil sie zum ersten Mal in ihrem Leben Arbeitsstörungen hat, nicht für die Prüfung lernen kann; sie ist ganz empört, konnte sie doch ein ganzes Leben lang immer lernen, wenn sie lernen wollte, und jetzt ist das plötzlich für sie ein Problem.

Wenn wir im Sinne von archetypischen Feldern denken, dann wird deutlich, daß sie sich zu etwas zwingen will, was nicht der archetypischen Struktur entspricht, die im Moment belebt ist; Prüfungen zu absolvieren stehen eher im Archetypus des Helden/der Heldin, da muß man kämpfen. Wahrscheinlich ist auch der Archetypus des Tricksters beteiligt. In Spezialfällen könnte eine Prüfung vielleicht auch unter dem Archetypus der alten Weisen oder des alten Weisen stehen, weniger aber das Sich-Vorbereiten auf Prüfungen.

Ich mache ihr diese Zusammenhänge klar. Es wird uns beiden deutlich, daß es zwar vernünftig sei, Prüfungen abzuschließen, dies aber nicht im Sinne ihres Entwicklungsprozesses stünde. Sie entscheidet sich dann dafür, nur ein Studienfach abzuschließen und in Betracht zu ziehen, daß sie nicht ihre vollen Kräfte in den Abschluß investieren konnte. Das heißt natürlich nicht, daß man mit 53 keine Prüfungen mehr machen kann; auch mit 53 kann der Archetypus des Helden/der Heldin konstelliert sein, aber es ist eben auch möglich, daß eine ganz andere Konstellation vorliegt. Und diese Konstellationen gehen in etwa mit den Lebensübergängen einher, wie ich sie an der Entwicklung des Ichkomplexes global darzustellen versuchte.

Der Individuationsprozeß des einzelnen folgt aber nicht einfach einer kollektiven Typik. Es gibt durchaus Menschen, bei denen der Archetypus des Helden zwischen 65 und 75 konstelliert ist.

Nicht nur im alten China dachte man in Synchronizitäten. Ungefähr 300 v. Chr. sprach Hippokrates von der Sympathie aller Dinge; er sprach davon, daß alle Dinge zusammen ein Ganzes machen und daß die Reaktion eines Teils auf das Ganze einwirkt. Er formulierte also die Grundlagen der modernen Systemtheorie. Plotin hat diesen Gedanken wieder aufgenommen, und Avicenna, der von 980 bis etwa 1040 lebte und die Grundlagen des medizinischen Unterrichts geschrieben hat, prägte den Satz, daß die menschliche Seele eine gewisse Kraft habe, auch die materiellen Dinge zu verändern, und zwar dann, wenn sie in einem großen Exzeß von Liebe oder Haß, von heftigen Emotionen also, erfaßt ist. Hier wird auch sehr deutlich, warum Synchronizität mit Argusaugen beobachtet wird; denn wenn wir in einem Exzeß von Liebe oder Haß oder etwas ähnlichem sogar die Dinge verändern können, dann ist das magisch.

Die Synchronizitätsidee könnte also auch erklären, warum magische Praktiken möglich sind. In der Alchemie wurde ähnlich gedacht, und das ist auch einer der Gründe, warum Jung alchemistische Texte beizieht, um seine Idee zu erklären. Synchronistisches Denken beruht auf der Annahme, daß Psyche und Materie eben nicht nicht vergleichbar sind, sondern vielleicht

sogar Eigenschaften ein und desselben Seienden. Capra sagt dazu in seinem Buch «Wendezeit» relativ trocken, Synchronizität meine die akausalen Zusammenhänge zwischen symbolischen Bildern der Psyche und Ereignissen der äußeren Wirklichkeit. Es gehe also um eine akausale Geordnetheit von Geist und Materie, die heute, dreissig Jahre nachdem Jung diese postuliert hatte, durch mehrere Entwicklungen in der Physik bestätigt zu sein schiene. Physiker unterscheiden zwischen kausalen und akausalen Ordnungen, oder sie nennen sie auch lokale und nichtlokale Ordnungen. «Gleichzeitig werden in zunehmendem Maße Materiestrukturen und Geistesstrukturen als gegenseitige Spiegelbilder erkannt.»[52] Auch Capra ist es nicht bewußt, daß dieses Denken in Synchronizitäten ein altes Denken ist, das Jung wieder aufgenommen hat.
Wohl der bekannteste Vorläufer von Jung ist in diesem Zusammenhang Leibniz (1646–1716) mit seiner prästabilierten Harmonie. Er setzt sich mit Geulincx auseinander, der postuliert hatte, daß die Welt des Geistes und die Welt des Körpers vollkommen voneinander getrennt seien, wie zwei Uhren, die gelegentlich von Gott verbunden würden. Deshalb gilt er als ein Vertreter des Okkasionalismus. Leibniz wendet dagegen ein, daß beide Uhren von Anfang an ihren Gang gehen, aber mit so großer Kunst und Geschicklichkeit gefertigt seien, daß man ihrer Übereinstimmung sicher sein könne – das ist das Gesetz der prästabilierten Harmonie: Körper und Seele folgten jedes ihren eigenen Gesetzen, stimmten aber doch miteinander überein, weil sie Repräsentationen des einen Universums seien. Die Seele repräsentiert das Universum wie auch der Körper.
Bei Leibniz wäre also das Erlebnis der Synchronizität immer möglich. Jung postuliert es nur in Ausnahmefällen, eben dann, wenn eine besondere archetypische Konstellation erlebbar ist. Mir leuchtet das wenig ein, und zwar deshalb, weil Archetypen in einem gewissen Sinne immer konstelliert sind. Natürlich gibt es Situationen im Zusammenhang mit Tod, mit Liebe, mit

Umbrüchen usw., in denen die archetypischen Konstellationen wesentlich deutlicher erlebbar sind als in Zeiten größerer Ruhe und wo sich auch die Synchronizitätserlebnisse häufen. Ich meine jedoch, daß sie uns nur auffallen, wenn es sich um Extremsituationen handelt. Eine Konsequenz des Jungschen Denkens wäre es, neben der kausalen Ordnung, die es durchaus gibt, eine Ordnung des akausalen zu postulieren.
Was bedeutet das synchronistische Denken für die Jungsche Psychologie? Einmal gibt es die Erklärung ab für parapsychologische Ereignisse, die sich in Zeiten großer Emotionen abspielen können. Dann erklärt es, wie Orakelmethoden, wie z. B. das Tarot oder das I Ging, funktionieren: weshalb diese gezogenen Karten oder die ausgelegten Schafgarbenstengel etwas mit uns zu tun haben und insofern auch die geeigneten Projektionsflächen für unsere unbewußten Konstellationen sind. In der Therapie steht der Gedanke der Synchronizität hinter dem Deuten auf der Subjekt- und Objektstufe, vor allem auch hinter der symbolisierenden Haltung. Der Mann, der mit seinem Auto in einen Stau kam, hätte kausal denken können: Zu diesem Zeitpunkt fahren viele Autos an die gleiche Stelle, also ist die Wahrscheinlichkeit, daß ein Stau eintreten wird, relativ groß. Er kann aber auch synchronistisch denken und sich fragen, was das für ihn bedeutet. Beide Fragestellungen haben ihre Berechtigung.
Ein Mann, dem am gleichen Tag die dritte Schreibmaschine kaputtgegangen ist, ist mit dieser dritten nicht mehr zum Schreibmaschinenhändler gegangen, sondern hat sich hingesetzt und sich gefragt, was denn an diesem Tag mit seinem Schreiben nicht stimmen könnte. Das synchronistische Denken ist ein Ganzheitsdenken. Die Welt, wie wir sie wahrnehmen, wäre dann auch symbolisch für unser Innenleben; so werden dann Sprüche, wie sie manchmal an Betonwänden erscheinen, verständlich: «Verbetonierte Seelen vertragen verbetonierte Umwelt.» Das synchronistische Denken würde auch gewisse Gegenübertragungsphänomene erklären, würde erklä-

ren, weshalb in gewissen Situationen der Analytiker/die Analytikerin plötzlich mit Bauchweh reagiert. Selbstverständlich wissen wir alle, daß es eine der möglichen Gegenübertragungsreaktionen ist, daß wir Phänomene in unserem Körper wahrnehmen. Die Idee der Synchronizität hätte eine Erklärung dafür.
Kritisch wird es im Bereich der Synchronizität immer dann, wenn es in den Bereich der handfesten Materie übergeht, obwohl der Körper ja eigentlich auch schon handfeste Materie ist.
Ich habe seit 18 Jahren eine Praxis, und einmal ist meine Heizung kaputtgegangen in dieser Zeit. Die Heizung versagte genau zu dem Zeitpunkt ihren Dienst, als ein Mann, der signifikant häufiger als andere Menschen von Eisbären und Eis träumt, in der Behandlungsstunde saß; darüber hinaus trug er auch noch einen Namen, der in irgendeiner Form mit «kalt» zu tun hatte. Aber auch wenn man sich eine solche Situation erklären könnte im Sinne der Synchronizität, ist es doch nicht einfach, den Sinn, der dahinter steht oder stehen soll, herauszufinden.

Synchronizität und Psychosomatik

Am wesentlichsten scheint mir das Synchronizitätsdenken im Zusammenhang mit einer umfassend psychosomatischen Betrachtungsweise zu sein.
Von Uexküll hat im Zusammenhang mit Psychosomatik ein bio-psycho-soziales Modell beschrieben[53]. Damit meint er, daß Körper, Psyche und Umwelt zusammenhängen, in einem dynamischen Gleichgewicht stehen. Dieses dynamische Gleichgewicht kann immer wieder einmal gestört werden, Krankheit, auf welcher Ebene auch immer, wäre dann ein dynamisches Ungleichgewicht. Die Störung wäre eine Veränderung in diesem selbstorganisierten System, das eben Körper, Psyche und Umwelt umfaßt, und die Störung könnte sich immer auf allen

verschiedenen Ebenen zeigen: im Körper, in der Psyche, in der Umwelt. Bricht innerlich z. B. etwas Neues auf, so können wir körperlich krank werden, oder wir können eine Depression bekommen, oder wir können uns z. B. in unverantwortlicher Weise vor der Umwelt zurückziehen, oder wir können die Umwelt zerstören. Es verhält sich also nicht so, wie man lange gedacht und gesagt hat: «Weil ich (z. B.) psychisch etwas nicht zulasse, werde ich körperlich krank», eine Vorstellung, die der Psyche ja auch eine ungerechtfertigte Vorrangstellung gibt; sondern Krankheit gehört zum Menschen, und sie kann sich sowohl auf der psychischen, auf der körperlichen als auch auf der sozialen Ebene äußern. Diese Idee revidiert die Schuldidee: Nicht weil wir etwas falsch gemacht haben, werden wir krank, sondern wir können krank werden, wenn Leben in neue Situationen hineinkommt.

Auch die synchronistische Denkweise als Ganze relativiert unsere Vorstellung vom Schuldigwerden und Schuldigsein – eine Schuldidee, die ja sehr deutlich dem Denken der Kausalität verpflichtet ist –: Nicht weil ich etwas getan oder unterlassen habe, passiert dies oder jenes, sondern ich stehe in einem Lebenszusammenhang, wo sich Veränderungen ereignen, mit denen ich besser oder schlechter umgehen kann. Natürlich hält unser alltägliches Denken mit diesen Modellen nicht Schritt. Dieses Denken war allerdings in der Jungschen Psychologie von Anfang an auszumachen, auch wenn Jung im Hinblick auf die Wechselbeziehung von Körper und Seele nicht von Synchronizität gesprochen hat. Er sagte aber, daß die Symbolbildung oft mit psychogenen körperlichen Symptomen verbunden sei[54]. Was Jung vielleicht weniger im Blick hatte, war, daß Symbolbildung auch oft mit Zusammenstößen in der Außenwelt zu tun hat, mit Zerstörung von Gegenständen oder mit besonderem Schaffen von neuen Gegenständen. Insofern wäre jedes Symptom auch ein Symbol; aber auch unser Umgang mit den Dingen, das, was uns im Umgang mit den Dingen widerfährt, wäre als Symbol zu verstehen.

Grundsätzlich könnte man die psychosomatische Sichtweise der Jungschen Psychologie auch aus der Theorie der Komplexe erschließen. Ein wesentlicher Aspekt der Komplexe ist ja die Emotion, und Emotionen erleben wir körperlich, und sie wirken auch auf unseren Körper. Nur meine ich, daß man Archetypus und Komplex allenfalls theoretisch auseinanderdividieren kann; in der aktuellen Lebenssituation wirken sie ineinander, und so meine ich, daß die Idee der Synchronizität eine weitere psychosomatische Erklärungsmöglichkeit über die theoretische Erklärung der Komplexe und ihrer emotionalen Wirkungen hinaus bietet.

Wichtig an diesem neuen psychosomatischen Denken ist – bei von Uexküll etwa oder bei Overbeck[55] oder eben implizit im Denken Jungs –, daß wir im Zusammenhang gerade mit körperlicher Krankheit von der damit fast unvermeidbaren Schuldzuweisung wegkommen. Dies geschieht schon da und dort. Doch noch immer gilt für viele Menschen: «Der Tod ist der Sünde Sold.» Krankheit hat demnach im allgemeinen Empfinden immer etwas Unanständiges an sich und ist wesentlich mit der Idee verbunden, man habe etwas falsch gemacht, wenn man krank wird. Würden wir synchronistisch denken und nicht nur kausal – und das wäre Denken nach dem neuen psychosomatischen Parameter –, dann träte das Denken in Kategorien der Schuld in den Hintergrund: Krankheit wäre dann vielmehr der Ausdruck dafür, daß etwas Neues ins Leben eingebrochen ist, was im Augenblick nur mit einer Krankheit zu bewältigen ist. Krankheit wäre, so gesehen, der Versuch, mit dem Schicksal umzugehen.

Nun ist es aber gerade nicht so, daß dieser neue psychosomatische Parameter das Schuldbewußtsein von den Menschen genommen hätte, im Gegenteil: Das neue Modell wird zwar als zutreffend anerkannt, trotzdem bleibt man dem kausalen Denken verhaftet. Dazu geht es jetzt nicht mehr nur um das, was früher den psychosomatischen Krankheiten zugezählt wurde, also den psychosomatischen Krankheiten im engeren Sinn, wie

Asthma bronchiale oder das Magengeschwür: Jetzt werden alle Krankheiten unter diesem Aspekt gesehen – Menschen brauchen jetzt für jeden Schnupfen eine Erklärung, müssen wissen, was sie falsch gemacht haben. Hier wird also in einem System, das in sich nicht allein kausal angelegt ist, weiter nur kausal gedacht.

Was aber im Zusammenhang mit den Schuldgefühlen bleiben kann, das ist die Verantwortlichkeit. Wir müssen verantwortlich mit uns und unserem Leben umgehen, gleichgültig ob sich ein Konflikt psychisch, physisch, sozial oder im Umgang mit der Umwelt zeigt. Die Schuldgefühle würden uns darauf hinweisen, daß wir uns verantwortlich mit der jeweiligen Lebenssituation auseinanderzusetzen haben, und weniger darauf, was wir wieder falsch gemacht haben und warum. Hinter diesem Fragen steckt nämlich letztlich die Idee, daß man dann, wenn man immer alles richtig machen würde, ein Leben ohne Krankheit und ohne Tod leben könnte. Nähmen wir den Synchronizitätsgedanken ernst, dann würden wir immer in Umbruchsituationen mit einem dynamischen Ungleichgewicht rechnen – Umbruchsituationen würden wir unter Umständen auch erst an diesem dynamischen Ungleichgewicht erkennen –, und die Krankheit, die eintritt, wäre dann die Aufgabe, die wir zu lösen oder mit der wir zu leben hätten. Die Frage wäre dann also: «Wie gehe ich damit um, wie lebe ich damit?», ungeachtet auf welcher Ebene sich die Krankheit manifestiert. Dieses Denken impliziert, daß keine Ebene, auf der sich ein Konflikt zeigen kann, bedeutsamer ist als eine andere. Das mag theoretisch einleuchten, in der Praxis reagieren wir dann doch anders. So wird man – kommt man von der Psychotherapie her, die ja doch eine Therapieform mit einem emanzipatorischen Anspruch ist und ihren Sinn darin sieht, daß Menschen bewußter und autonomer werden – Schwierigkeiten mit der Vorstellung haben, daß es Menschen gibt, die ihre Probleme in einer bestimmten Entwicklungssituation mit einer körperlichen Krankheit abmachen: sich z.B. zurückziehen, sich pflegen –

was ja durchaus sehr sinnvoll ist – und dann wieder weiterleben wie bisher. Mir scheint, daß hier der Anspruch der Psychotherapie auf Emanzipation um jeden Preis eingeschränkt werden muß; es muß akzeptiert werden, daß gewisse Veränderungen unbewußt verlaufen und auch nicht bewußtgemacht werden.

Noch problematischer wird es dann bei der Chronifizierung von Krankheit, die ja sehr viel Not mit sich bringen kann. Auch wenn die Aufklärung und das Bewußtmachen von Konflikthintergründen nötig und sinnvoll ist, so meine ich doch, daß es Chronifizierungen von Krankheiten gibt und daß es wahrscheinlich an der Zeit ist, das Menschenbild, den Menschen etwas realistischer zu sehen, ohne den Anspruch auf Wandlung aufzugeben.

Auch dann, wenn es uns gelingt, keine der Ebenen, auf denen sich Konflikte zeigen können, als bedeutender anzusehen, bleibt trotzdem die Frage, warum es Menschen gibt, die ihre Konflikte eher psychisch austragen – zwar mit körperlichen Begleitsymptomen, vielleicht sogar mit sozialen Auffälligkeiten in einem bestimmten Verhalten der Umwelt gegenüber –, andere vorwiegend körperlich. Es gibt sehr viele Erklärungen dafür, und die Literatur über psychosomatische Krankheiten ist groß. Overbeck deutet das Überwiegen körperlicher Krankheiten sehr pragmatisch: körperliche Krankheiten seien akzeptierter in unserer Welt als psychische, man bekomme die notwendige Zuwendung und lasse diese auch eher zu[56]. Overbeck erklärt damit jedoch nicht, warum ein Mensch eher psychisch und nicht körperlich erkrankt, sondern lediglich, weshalb wir in einer Bevölkerung eine Überzahl an körperlich Kranken gegenüber psychisch Erkrankten vorfinden.

Eine andere Deutung ist die, daß wir den Körper und das körperliche Funktionieren im Alltagsleben gerne verdrängen, wir desomatisieren eigentlich. Wenn wir eine Emotion haben, handeln wir selten ganz spontan aus dieser Emotion heraus – was ein Kind noch tut –, sondern wir kontrollieren die Emotion

und überlegen uns, wie die Situation aussieht, was zu tun ist; wir handeln also nicht einfach, sondern wir versuchen zu verhandeln. Wenn nun der Körper durch Krankheit besetzt ist, dann wäre das eigentlich eine Rückkehr von zu viel Verhandeln zum Handeln. Hinter der körperlichen Krankheit könnte die Aufforderung stehen, mit dem Körper wieder identischer zu werden; denn jede Krankheit hat zunächst einmal den Sinn, daß wir uns unserem Körper wieder vermehrt zuwenden.
Argumentiert man von der Jungschen Psychologie her, dann wäre immer dann, wenn ein Komplex «anspringt», eine körperliche Reaktionsweise damit verbunden. Wenn der Körper die Basis des Ichkomplexes ist, hieße das, daß in Situationen, in denen der Ichkomplex nicht mehr kohärent ist, eher mit einer körperlichen Krankheit zu rechnen ist. Argumentieren wir weniger mit der Komplextheorie, sondern von der Idee der Synchronizität her, dann hieße es, daß jederzeit der Körper auch mitreagiert. Die Frage, ob wir körperliche Auffälligkeit, psychische Auffälligkeit oder soziale Auffälligkeit zeigen, hätte dann wesentlich mehr damit zu tun, was wir im Laufe unseres Lebens gelernt haben. Man kann lernen, daß man Konflikte über Krankheit lösen kann. Wenn bei jedem Konflikt jemand in der Familie Kopfweh bekommen hat, dann ist es naheliegend, sich später bei einem Krach auch einmal Kopfweh zuzulegen und sich so der Situation zu entziehen.
Es gibt viele spannende Theorien zu diesem Themenkreis, die aufzeigen, aus welch verschiedenen Perspektiven man das Problem ansehen kann. Auch wird deutlich, wie sehr versucht wird, auch neue Sichtweisen auf das Problem hin zu entwikkeln, wie schwierig es aber auch ist, diese Gleichwertigkeit von Psyche, Körper, Sozietät und Umwelt zu verstehen. Das gilt auch für die Jungsche Psychologie: Diese Verschränkung der unterschiedlichen Erlebens- und Reaktionsebenen wäre ja in der Synchronizitätsidee durchaus ausgedrückt; aber letztlich hat dann auch in der Jungschen Psychologie doch das Psychische oder sogar das Geistige den Vorrang, letztlich wird dann

doch gefragt, welche geistige Idee steckt hinter dem ganzen Ereignisfeld. Ich meine, man müßte das Ereignisfeld in allen seinen Komponenten mindestens so ernst nehmen wie die Idee dahinter. Der Idealismus spielt immer noch eine recht große Rolle in der Psychotherapie. Der Versuch, das Leben ganzheitlich zu sehen, wie es im Symbolbegriff des Selbst von Jung angelegt wäre, wie es auch in der Synchronizitätsidee zum Ausdruck kommt, wie er von verschiedenen anderen Psychotherapieformen auch propagiert wird, ist da, kämpft aber heftig mit altvertrauten Vorstellungen.

In der Therapie mit Menschen, die ihre Konflikte eher auf der körperlichen Ebene erleben, oder, anders ausgedrückt, sie dort am deutlichsten erleben, wird es zunächst wichtig sein, ein Klima zu schaffen, das den Charakter von Zuwendung hat; d. h., man versucht, über die Zuwendung, die in einer analytischen Situation Voraussetzung ist, Bilder von Entspannung und von Gehaltensein zu evozieren[57]. Grundsätzlich wird zunächst wenig mit Konfrontation gearbeitet, sondern mehr mit Unterstützung, mit Eingehen auf die Problematik. Es empfiehlt sich in dieser Phase auch, Methoden der Gestaltung einzusetzen. Hier hat die Imagination ihren Platz, auch wenn es sehr schwierig ist zu imaginieren. Es können auch, falls der Therapeut/die Therapeutin es kann, «weiche» Atemtherapiemethoden eingesetzt werden[58]. Die Idee wäre, den Menschen wieder an die Bilder heranzuführen, die körperlichen Symptome in Bilder umsetzen zu lassen, und letztlich diese Bilder dann in eine Sprache zu überführen.

Symptome sind nach Jungscher Ansicht auch Symbole, und das sind die Symbole, die diese Menschen uns dann bringen. Auch wenn diese Symbole so außerordentlich körperlich sind, sind es doch Symbole. Diese Menschen haben nicht weniger Phantasie als andere, allerdings kreisen die Phantasien fast ausschließlich um den Körper, um das körperliche Wohlbefinden. Da der Psychotherapie rasch der Vorwurf gemacht wird, sie greife nicht, wissen die Menschen dann nicht so recht,

ob sie mit ihrer Krankheit nicht doch eher zum Arzt gehören, der sie in die Psychotherapie geschickt hat, als in die Psychotherapie. Es geht darum, die Symbole aufzunehmen, die von den Menschen, die zu uns in Therapie kommen, angeboten werden, und hier sind es Symptome. Es wird immer wieder die mangelnde Symbolisierungsfähigkeit der sogenannten «Psychosomatiker» erwähnt; das ist richtig, wenn man unter Symbolisierungsfähigkeit nur die abstrakte Symbolisierungsfähigkeit versteht. Anerkennt man auch die Symptome als Symbole, dann ist es deutlich, daß sie durchaus symbolisieren können.
Auch der Vorwurf, «Psychosomatiker» hätten weniger Gefühle als andere Menschen, seien praktisch phantasielos und hätten ein oberflächliches Denken[59], scheint mir ungerechtfertigt. Menschen, die ihre Konflikte eher über den Körper «abwickeln», können durchaus gefühlvoll sein, haben aber Schwierigkeiten, dies zu formulieren.
Wenn es das Therapieziel ist, vom Symptom zu einem Symbol und dann zur sprachlichen Formulierung und zur Deutung des Symbols zu kommen, dann heißt das im Grunde genommen nur, daß wir es mit einer sehr unbewußten Form des Symbols und der Symbolbildung zu tun haben, wenn es sich im Körperlichen ausdrückt.
Auch wenn wir das Symptom als Symbol betrachten, empfehlen sich die gleichen Schritte des Umgangs damit wie beim Symbol: Das Symptom muß zunächst wahrgenommen werden, auch emotional wahrgenommen werden, dann gehen wir über zur Gestaltung und zur Deutung.
Beispiel und Bilder zur Symbolbildung bei psychosomatischer Störung. – Ein 32jähriger Mann geht während einer laufenden Therapie zum Hausarzt, weil er verschiedene funktionelle Beschwerden hat, ein psychovegetatives Allgemeinsyndrom: Sein Kreislauf funktioniert nicht zufriedenstellend, er hat Schmerzen im Unterbauch. Da die Untersuchungen keinen somatischen Befund ergeben, sollen die Symptome von uns in der

Psychotherapie angegangen werden. Diese Beschwerden beschreibt der Analysand sehr sachlich.
In einer Stunde berichtet er mir, er habe akute Schmerzen im Unterbauch, es sei ein diffuses Stechen, er habe auch Krämpfe, ein bißchen Durchfall; aber vor allem dieses geheimnisvolle Stechen sei sehr unangenehm. Zunächst frage ich ihn, ob etwas Spezielles vorgefallen sei, spreche die wichtigsten Lebensbereiche an. Es ist nichts Spezielles vorgefallen. Der Mann ist verheiratet, hat ein Kind, an dem er sehr hängt. Er hat eine gute Stelle und bringt überdurchschnittliche Leistungen. Weder in seiner Familie noch in seinen Beziehungen noch am Arbeitsplatz also ist etwas Spezielles vorgefallen. Ich gebe ihm Malzeug und frage, ob er seinen Schmerz malen könne.
Meine Idee ist, aus dem Symptom ein Symbol zu machen, indem er es gestalten soll. In der Regel meint man, daß diese Beschwerden im Unterbauch mit Geben, mit Ausscheiden oder eben Zurückhalten zu tun haben, im weiteren Sinne mit Trennungsprozessen. Aber das ist nur ein genereller Hinweis, er trifft die einzelnen Situationen in der Regel zu wenig[60].
Der Analysand malt ein erstes Bild und sagt dazu: «Das ist ein grüner Mann auf einem Obelisken» (vgl. *Farbbild 18*). Dann schweigt er. Ich frage mich, ob er im Moment eine Größenidee hat: Auf einem Obelisken zu sitzen, würde bedeuten, sehr hoch oben zu sein, über allem zu thronen. Weiter fällt auf, daß der Oberkörper grün ist, der Unterkörper kaum vorhanden, den Bauch gibt es eigentlich nicht, den Unterbauch, die Genitalien, schon gar nicht. Der schwarze Keil geht fast bis zum Hals und scheint ihn aufzuspießen. Er ist nicht auf dem Boden, er thront.
Wir schauen das Bild längere Zeit zusammen an und tauschen unsere Einfälle dazu aus, dann sagt der Mann: «Ich bin unfähig zum Handeln hier oben.» Damit korrespondiert, daß keine Hände und keine Füße gemalt sind.
Nun erschöpft sich die Bedeutung der Hände natürlich nicht im Handeln, Hände sind ja auch Organe der Beziehung, mit

den Händen spüren wir, welche Beziehungen wir zu anderen Menschen haben, wir spüren Zuneigung, Abneigung; mit den Händen drücken wir Zärtlichkeit aus; mit den Händen können wir einen sehr basalen emotionalen Kontakt herstellen. Wenn wir Hände nur als Symbol des Handelns sehen, sind wir schon unserer Ideologie der Machbarkeit zum Opfer gefallen.
Der Maler kann sich nicht festhalten, kann wahrscheinlich auch keine Kontaktgefühle mitteilen. Interessant ist die Farbwahl: die Farbe Grün – es ist ein sehr dunkles Grün – bringen wir eher mit der Ruhe des Waldes in Verbindung, mit dem vegetativen Leben, und es stellt sich die Frage, ob damit ausgedrückt ist, daß er in seinem Vegetativum betroffen ist.
Der schwarze Keil von unten bedroht. Schwarz ist eine Farbe, die mit Nacht, mit Dunkel, mit etwas Bösem in Verbindung gebracht werden kann, auch mit etwas Hemmendem, allenfalls auch mit einem Anfangsstadium. Man könnte sagen, daß er sehr aktiv und aggressiv – auch im Dreieck ausgedrückt – bedroht wird durch etwas, was aus der Nacht, aus der Dunkelheit, aus dem Unbewußten kommt.
Schwarz – so sagt er – sei für ihn die Farbe des Todes. Mit diesen Unterbauchbeschwerden ist also Todesangst verbunden. Todesangst zu haben, heißt nicht nur, daß man Angst hat zu sterben, es kann auch heißen, daß man Angst davor hat zu leben. Auf jeden Fall ist in dieser Zeichnung mit ausgedrückt, daß es bei seinem Schmerz um ein Thema geht, das mit Leben und Tod zu tun hat. Schwarz kann die Farbe des Todes sein, und die Unterweltsgöttinnen pflegen in Schwarz zu erscheinen.
Das männliche Dreieck geht nun mit einer unheimlichen Kraft nach oben, einen Keil in sein Leben hineinbohrend. Er sagt, es sei ein Schmerz, der ihn außer Funktion setze, und die Fragestellung ist natürlich, woher diese Dynamik kommt, die dem Analysanden das Gefühl gibt, aufgespießt zu sein.
Der Analysand macht den Vorschlag, er möchte den Schmerz noch anders darstellen (vgl. *Farbbild 19*). Der grüne Mensch ist

wieder irgendwo auf dem Blatt, ohne Unterlage. Er hat kein Bett, er hat auch keinen Boden, keine Ruhestätte. Das ist eigentümlich: Wenn man schon Schmerzen hat, müßte man zumindest eine Matratze haben. Er selber wundert sich über seine Zeichnung und sagt: «Ich bestehe ja nur aus Füßen, Beinen und Armen», wobei interessant ist, daß die Füße gerade nicht dargestellt sind.
Der Schmerz ist jetzt in einem dunklen Rot gemalt, das ein wenig mit Braun vermischt ist.
Ich spüre sehr viel Angst in mir, wenn ich diese Zeichnung anschaue, und ich frage ihn, ob in dieser Zeichnung auch Angst ausgedrückt sei. Er meint darauf, «nein», das könne er nicht sehen, sondern einfach die Arme.
Diese Schmerzzeichen sind im Grunde genommen eine Möglichkeit, ihn zu erden.
Ich phantasiere weiter und sage, man könnte auf dieser Zeichnung doch Spinnenbeine sehen oder sonst Beine von einem Tier. Er meint, das wär's nicht.
Wir sind daraufhin beide unbefriedigt, und deshalb bitte ich ihn, mit diesen roten «Armen und Beinen» ein Bild zu gestalten (vgl. *Farbbild 20*).
Auffallend war schon im vorigen Bild, daß der Schmerz schon nicht mehr schwarz, sondern rot gezeichnet war. Nun ist natürlich Rot die Farbe des Leidens, aber bei einem stechenden Schmerz würde man eigentlich eher ein stechendes Rot erwarten. Beim Rot hier handelt es sich um ein abgestandenes Rot, schon eher um ein Menstruationsblut-Rot. Es ist auch die Farbe der alles verschlingenden Kali, der indischen Muttergöttin.
In diesem dritten Bild, bei dieser Krake, ist nun das Schwarz im Rot enthalten, und zwar im Mund. Der Analysand sagt dazu: «So etwas wie dieses Vieh sitzt in meinem Darm...», und ich füge an: «...und macht Angst.»
Er: «Ja, es ist wahnsinnig gefräßig.»
Ich sage nur: «Die hat sechs Tentakeln.»

Er: «Ich denke aber nicht an Sex, sondern ich denke an Krebs.» Und dann korrigiert er sich und sagt: «Aber das ist natürlich kein Krebs, sondern das ist wirklich eine Krake, auch wenn sie nur sechs Tentakeln hat.»
Es ist nicht zufällig, daß das Thema der Sexualität hier angeschnitten wird, ist doch schon im ersten Bild sichtbar, daß die Sexualorgane und die Ausscheidungsorgane von diesem Keil mitbetroffen sind. Zunächst wird hier jedoch keine Sexualangst deutlich, sondern eine Krebsangst, die Angst, an Krebs sterben zu können.
Die Kraken als Tiere, die im Meer unter Steinen leben, gelten an sich als unterirdische Monster; aber eigentlich müßten sie schwarz sein. Diese Monster spritzen dann mit Tinte herum, sie vernebeln ihre Umwelt. Sie sind symbolisch in der Nähe von Mächten des Dunkels, auch nicht sehr weit entfernt von Spinnen anzusiedeln. Weil diese Krake aber nicht einfach schwarz ist, sondern dunkelrot, meine ich, daß das, was den Analysanden ängstigt, durchaus auch mit Leben zu tun hat. Besonders ängstigend wirkt natürlich dieser zahnbestückte Mund. Er läßt einen an eine vagina dentata denken, an eine Vagina, die die Männer verschluckt und kastriert. Verbunden mit diesem Mund wird die Krake zu einem Symbol der Angst vor dem Eingefangenwerden, vor dem Eingesperrt-, Verschluckt-, Depotenziertwerden. Im Grunde könnte man sagen, daß sich hier die Todesmutter konstelliert hat. Im Analysanden könnte dies als aggressive Tendenz oder als Furcht vorhanden sein, Opfer einer Aggression zu werden. Er bildet sich aber nicht als gefangen ab, er fühlt sich bedroht, er ängstigt sich, d.h. also, er widerstrebt dem Gefangenwerden. Dies meint, er ist mit seinem Ichkomplex in einer Position, in der er zwar spürt, daß etwas Verschlingendes auf ihn zukommt, gegen das er sich aber noch wehren kann.
Deutlich wird, daß seine Autonomie in irgendeiner Form aufgekündigt, bedroht ist. Theoretisch heißt das, daß er von einer Regression bedroht ist, daß er seine Selbständigkeit verlieren

könnte. Der Mutterarchetyp, allenfalls auch der Mutterkomplex im verschlingenden Aspekt, aber auch im sexuellen Aspekt, ist konstelliert. Es ist denkbar, daß er gegen diese Bedrohung mit einer Kompensation reagiert – das wäre im ersten Bild ausgedrückt – in Form eines gewissen männlichen Protestes, dem allerdings der Boden fehlt. Ein Protest, ohne daß man seine Füße auf dem Boden hat, wird leicht bodenlos, inflationär.

Wenn ich sage, daß der Mutterarchetyp im verschlingenden Aspekt konstelliert ist, dann hat das wenig mit seiner realen Mutter zu tun. Im Bereich der Psychotherapie werden hier immer Dinge miteinander vermischt: Wir haben Phantasien von unseren Müttern, und wir haben Erlebnisse mit unseren Müttern. Und die Erlebnisse mit unseren Müttern und die Phantasien von ihnen sind nicht dieselben. Deshalb meine ich, ist die Idee des Archetypus so wichtig, weil in diesem Zusammenhang deutlich wird, daß unsere Phantasien über unsere Mütter sehr viel mit unseren Urängsten im Zusammenhang mit Mütterlichem und mit Ursehnsüchten, Urbedürfnissen und nicht erfüllten Urbedürfnissen nach Mütterlichem zu tun haben. So ist es auch in diesem Fall nicht statthaft zu sagen, daß seine Mutter nun einfach eine verschlingende Mutter ist und daß er diese jetzt auf die Therapeutin projiziert. Es ist denkbar, daß das stimmen könnte, aber es ist nicht sehr wahrscheinlich.

Aufgrund der Therapie können wir letztlich nicht sagen, wie die Eltern wirklich waren. Wir reden über Bilder von Menschen, über Phantasien, und ich stelle fest, daß wir dann in Gefahr sind, plötzlich Aussagen über die realen Eltern oder die realen Mütter und Väter zu machen, wenn wir hilflos werden in der Therapie. Dann erfolgt die Schuldzuschreibung an die Mütter, die ja wesentlich interessanter für jedwede Schuldzuschreibung sind als die Väter.

Bei dem Analysanden hat sich der Mutterarchetypus im verschlingenden, bedrohlichen, nichtmenschlichen Aspekt konstelliert, d.h. daß die Beziehung zwischen dem Ich und dem

Unbewußten nun in eine Phase eingetreten ist, in der das Ich viel von seiner Autonomie verliert, der Analysand unbewußter wird; und vor dieser Phase hat er sehr Angst.

Obwohl mir klar ist, daß diese Angst eigentlich eine sprachlose Angst ist, wie wir sie auch atmosphärisch aufgenommen haben, versuche ich doch, diese Angst auf der konkreten Lebensebene anzusprechen. Ich frage ihn, ob er im Moment etwas als so bedrohlich, so verschlingend erlebe; er kommt dann auf die Arbeit, die fehlende Freizeit, den Streß, die Anforderungen seiner Frau zu sprechen: Quintessenz der Einfälle ist, daß er sich auffressen läßt.

Nehmen wir das Synchronizitätskonzept ernst, oder denken wir auch sonst ganzheitlich psychosomatisch, dann hat diese Krankheit etwas zu tun mit der sozialen Umgebung, von der er den Eindruck hat, sie fresse ihn auf. Auffressen läßt man sich in der Regel, wenn man den Mitmenschen kein Nein entgegensetzen kann, sich wenig abgrenzen kann, weil man Angst hat, die Liebe der Mitmenschen zu verlieren und sich dann von ihnen getrennt zu fühlen. Dadurch verliert man die Autonomie, die angezeigt wäre. Man wird schuldig an der Lebensaufgabe, man selbst sein zu müssen.

Die Krake wird vom Maler dann immer mehr auf wichtige Beziehungspersonen projiziert, die ihn «auffressen» wollen, von denen er sich auch entwertet fühlt. Da diese Krake aber sein Bild ist, muß sie auch einem eigenen psychischen Inhalt und dem damit verbundenen Verhalten entsprechen. Es gelingt dem Analysanden, sich imaginativ mit der Krake zu identifizieren: mit der Gier zu fressen, haben zu wollen und zu zerstören. Statt sich abgrenzen zu können, muß er – in Identifikation mit der Krake – zerstören. Gerade das tut er aber als Mensch nicht: Diese zerstörerischen Impulse sind zunächst unbewußt und wenden sich gegen ihn selbst in den somatischen Beschwerden. Durch das gemalte Bild wird ihm bewußt, daß er Lust hätte zu zerstören, daß er das aber – auch aus moralischen Gründen – nicht darf und will.

Die Bilderfolge zeigt, daß eine psychische Konstellation vorliegt, in der der negativ wirkende, verschlingende Mutterarchetyp konstelliert ist, wobei sich sehr viel Angst entwickelt, entsprechend auch viel Aggression notwendig ist, um dieser Angst begegnen zu können.

Ich erkläre ihm, daß er in der Identifikation mit der Krake eine deutliche Aggression entwickelt habe, und daß gerade diese Aggression jetzt absolut notwendig sei, damit er eben nicht verschluckt würde von allen Seiten. Ich bitte ihn dann, sich Entspannungsbilder vorzustellen[61]. Entspannungsbilder haben die Funktion, den Imaginierenden das Erlebnis zu vermitteln, daß es auch etwas gibt im Leben, was sie hält, wo sie sich geborgen fühlen können. Diese Entspannungsbilder sind besonders dort wesentlich, wo die Auseinandersetzung mit Destruktivem ansteht. Vor allem das Entspannungsbild des Wohlbefindens, des sich auch Wohlfühlens im Körper ist für Menschen, die auf Konflikte mit körperlichen Beschwerden reagieren, unabdingbar.

Nachdem ich Entspannungsbilder mit ihm geübt habe und er sich wohler fühlt, sage ich ihm, wir hätten jetzt noch drei Konfliktbereiche anzugehen. Das Imaginieren der Entspannungsbilder ermöglicht es ihm zu regredieren, er kann spüren, daß er aufgehoben, geschützt ist in einem tragenden Mutterbereich. Dadurch gewinnt sein Ichkomplex an Kohärenz, so daß ich ihn nun darauf ansprechen kann, daß wir Konflikte zu lösen haben. Ich drücke damit auch aus, daß ich an die Konfliktfähigkeit seines Ichkomplexes glaube, ich spreche ihn auf seiner Autonomieebene an. Hauptproblem ist die Verunsicherung in seinen Beziehungen. Ein Beziehungsmuster bildet sich in der Identifikation mit der Krake ab: Fühlt er sich in Frage gestellt durch ihm nahestehende Menschen, dann muß er diese auch in Frage stellen, sie zerstören. Das pflegt er mit zynischen Bemerkungen über sie zu tun.

Der andere Konfliktbereich ist der Konfliktbereich «Beruf» und der dritte ist die Frage, inwiefern er auch mich in der Therapie als überfordernd und depotenzierend erlebt. Diese Themen beschäftigen uns etwa drei Wochen lang, dann sind diese Schmerzattacken im Bauch vorbei; dabei ist nie deutlich auszumachen, ob sie dank der Psychotherapie oder trotz der Psychotherapie vorbeigegangen sind.

Mit Symptomen kann so gearbeitet werden, daß sie durch Gestaltung zu Symbolen werden, die, werden sie emotionell erfahren, sowohl den Blick auf Konflikte als auch auf Handlungsstrategien im Alltag freigeben.

Übertragung-Gegenübertragung und neue Symbolbildung

In einer therapeutischen Behandlung nach C.G. Jung ist es wichtig, das Unbewußte und seine Symbole zu beleben, so daß der Mensch schöpferisch mit den Problemen und der eigenen Wesensart umgehen kann.
In Situationen, in denen der Ichkomplex nicht hinreichend kohärent ist, muß diese Kohärenz zunächst ermöglicht werden.
Symbole werden in einer therapeutischen Beziehung dann belebt, wenn der Analytiker[1] der Gesamtpersönlichkeit des Analysanden Interesse entgegenbringt, seiner Eigenart, den Möglichkeiten und den Verhinderungen. Dieses Interesse belebt in der Regel das Unbewußte und bewirkt, daß Symbole wahrgenommen werden und ihnen eine Bedeutung beigemessen wird. Diese Symbole müssen dann auch gestaltet und gedeutet werden.
Das Therapieziel ist, Entwicklungsimpulse, die sich in der eigenen Psyche regen, aufzunehmen. Damit gewinnen Menschen mehr Kompetenz im Umgang mit sich selbst und anderen: Sie verstehen sich selbst besser, auch ihre abgründigen Seiten, deren Projektionen in der Folge leichter erkannt werden können. Autonomer, beziehungsfähiger und immer authentischer zu werden, ist das umfassende Ziel.
Das Beleben des Unbewußten findet in der analytischen Beziehung statt, in einer Ich-Du-Beziehung, in einer Situation also, wo immer schon der eine Mensch vom andern lernen kann, in einer konzentrierten Begegnung, wo neue Seiten in uns belebt und erschlossen werden können. Diese analytische Beziehung unterscheidet sich von alltäglichen Beziehungen dadurch, daß

dem Phänomen von Übertragung und Gegenübertragung große Aufmerksamkeit zugewendet wird.

Jung hat sich bereits 1946 in seiner Arbeit über «Die Psychologie der Übertragung» eingehend mit Übertragung und Gegenübertragung auseinandergesetzt – den Terminus «Gegenübertragung» hatte er im übrigen schon 1929 in die therapeutische Diskussion eingebracht – und hat damit die meines Erachtens kompletteste Übertragungs-, Gegenübertragungs- und Beziehungstheorie publiziert.

Mein Übertragungs-Gegenübertragungs-Schema (vgl. Diagramm) lehnt sich an das von Jung an, der es allerdings an einem alchemistischen Text exemplifizierte[2].

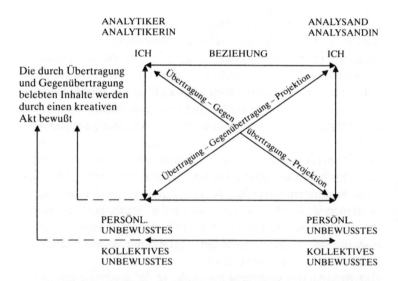

Zwischen dem Ich des Analytikers und dem Ich des Analysanden findet eine Beziehung statt. Unter Beziehung verstehe ich in einer analytischen Situation die ganzen Bereiche der Begegnung, in der ich als Analytiker als reale Person wahrgenommen werde und auch als solche in Kontakt trete mit dem Analysanden[3]. Unter Übertragung versteht man die Verzerrung von Wahrnehmungen in Beziehungen; dabei werden frühere Beziehungsmuster (Komplexe) auf den Analytiker oder auf die Beziehung zwischen dem Analysanden und dem Analytiker übertragen. Die Übertragung ist in der Regel ein Kompromiß zwischen dem ursprünglichen Komplexinhalt und der Abwehr. Übertragen werden nicht nur Komplexinhalte und Beziehungsmuster, sondern auch archetypische Bilder.

Unter Gegenübertragung verstehe ich die gefühlsmäßige Reaktion des Analytikers auf den Analysanden, insbesondere auf diese Übertragungssituationen. Zwischen dem Unbewußten des Analytikers und dem Unbewußten des Analysanden scheint eine geheimnisvolle Beziehung oder eine Fusion zu existieren. Dieses gemeinsame Unbewußte ist in der analytischen Beziehung als Atmosphäre der Beziehung spürbar. Sie dürfte auch Grund dafür sein, daß eine psychische «Ansteckung» möglich ist, indem der Analytiker z.B. die nicht wahrgenommene und nicht ausgedrückte Angst des Analysanden körperlich spürt. Diese unbewußte Beziehung ist Voraussetzung für das, was wir Gegenübertragung nennen und im besten Fall Grundlage für die Möglichkeit des Analysanden, an der Selbstregulierung des Analytikers teilzuhaben, wenn diese beim Analytiker funktioniert. Diese unbewußten Vorgänge, vielleicht sogar diese unbewußte Identität der beiden, ermöglichen es, daß archetypische Konstellationen und Komplexkonstellationen durch das Bewußtsein des Analytikers in seiner Psyche wahrgenommen werden können, daß er für diese emotionalen Schwingungen ein Bild findet – sei es ein archetypisches, sei es ein persönliches –, so daß in einem schöpferischen Akt des Analytikers eine wesentliche symbolische Situation bewußt werden kann. In diesen Situationen fühlt sich der Analysand verstanden, d.h., eine wichtige emotionelle Erfahrung ist also bestätigt, in einer Art verstanden und auch zurückgemeldet worden, daß sie wesentlich zum Selbstverständnis des Analysanden, aber auch zum Verständnis seiner Situation bei-

tragen kann. Insbesondere hat er dann auch den Eindruck, verstanden werden zu können.
Wesentlich zur Gegenübertragung gehört, daß ein Bild, eine Erinnerung, ein Märchen, eine Emotion, ein Einfall des Analytikers nicht aus dem Fluß des Geschehens zwischen Analytiker und Analysand zunächst zu erklären, nicht logische Konsequenz der Kommunikation sind, sondern scheinbar quer stehen zu dem, was auf der bewußten Ebene geschieht. Eine weitere typische Möglichkeit der Gegenübertragungen sind Gefühle und Reaktionsweisen, die im Analytiker herausgefordert werden und die der ursprünglichen Interaktion des Analysanden zu Beziehungspersonen ähnlich sind. Aus dieser Art der Gegenübertragung kann man dann diagnostische Hinweise auf problematische Beziehungsmuster erhalten; nicht selten sind das auch Übertragungs-Gegenübertragungs-Situationen, die kollusiv aufgespalten sind, d.h., einer spielt die eine Rolle, der andere die Gegenrolle, und man kann dieses Rollenverhalten – obwohl man einsieht, daß es ein Rollenverhalten ist – nicht aufgeben. Diese spezielle Situation von Übertragung und Gegenübertragung hängt damit zusammen, daß in den Komplexen schwierige Beziehungsmuster unserer Kindheit sich abbilden, die sich sehr leicht wieder auf zwei Menschen polar aufspalten.
Es gibt auch eine Art der illusionären Gegenübertragung, bei der der Analytiker Dinge beim Analysanden sieht, die kaum vorhanden sind, oder nicht in der Bedeutung, die er ihnen beimißt. In diesem Fall spreche ich von Übertragung, und zwar von Übertragung des Therapeuten auf den Analysanden.
Auch die Gegenübertragungen des Analytikers sind ein Kompromiß zwischen den Bildern, den Emotionen, die uns einfallen, und unseren Abwehrvorgängen. Fallen uns z.B. sehr aggressive Bilder ein, dann werden wir diese schlecht mit unserem Selbstbild vereinen können, also wehren wir sie auch ab. Das gleiche gilt für Bilder sexuellen Inhalts.

Umschlagspunkte in der Analyse

Von Umschlagspunkten spreche ich, wenn eine neue Symbolbildung möglich ist, wenn Symbole auftreten, die bisher nicht erfahrbar waren und die einen Zugang zu anderen Emotionen als bisher, damit auch zu neuen Verhaltensweisen, Einsichten und Hoffnungen ermöglichen. Dieses Auftreten von neuen Symbolen in der Analyse – oft nach einer längern «Plätscherzeit» – hängt mit besonderen Situationen von Übertragung und Gegenübertragung zusammen, die näheres Verstehen ermöglichen. Der theoretische Schlüssel zum Verständnis dieses Zusammenhangs ist im Begriff des Komplexes verborgen.

In der Phantasietätigkeit phantasiert sich ein Komplex aus, er kann zum Umschlagspunkt von Gebundenheit zu Freiheit werden. In dieser Phantasie liegt auch die Energie, die zur Weiterentwicklung des Individuums benötigt wird. Solange diese Komplexe unbewußt sind – emotional unverstanden –, sind sie in Übertragung-Gegenübertragung erfahrbar, und zwar oft auch im Sinne einer kollusiven Übertragung-Gegenübertragung, wie ich später an einem Beispiel zeigen werde.

An drei Beispielen aus der therapeutischen Arbeit möchte ich solche Verdichtungssituationen beschreiben, die Umschlagspunkte in der Analyse sind, wo Symbole deutlich als Brennpunkt der Entwicklung erfahrbar werden, wo sichtbar wird, daß sich an ihnen Erinnerung und Erwartung konstelliert. Dabei möchte ich zeigen, daß das Beachten von Übertragung-Gegenübertragung und das Beleben der Symbole keineswegs konkurrierende Verfahren sind, sondern einander bedingen.

Erlebtes Verstandenwerden in der therapeutischen Beziehung
als Voraussetzung für die Symbolbildung

Ein 63jähriger Mann ist vorzeitig pensioniert worden wegen einer Umstrukturierung in seiner Firma, als diese Firma durch eine junge Generation übernommen wurde. Er hatte die Stelle eines Abteilungsleiters inne. Ihm blieb die Wahl, sich umschulen zu lassen, oder in Pension zu gehen. Da er sich nicht *für* etwas entscheiden konnte, wurde irgendwann allgemein angenommen, er lasse sich pensionieren.

Es fallen zwei sehr entscheidende Kränkungen auf: Die Sohngeneration macht Veränderungen, die ihm, dem Vater, keinen Platz mehr lassen, und, da er sich offenbar nicht entscheiden kann (er fühlt sich sehr blockiert), wird er auch nicht gefragt; es wird gehandelt. Indirekt gibt man ihm damit zu verstehen, daß seine Mitarbeit nicht mehr sehr wichtig sei.

Pensioniert nun, sitzt er zu Hause herum, liest Zeitung, ist müde, ohne jede Energie; seine Frau beharrt darauf, ihm müsse etwas fehlen. Die Beziehung zwischen den beiden wird immer gespannter, es gibt immer mehr Streitereien, für die er sich eigentlich auch zu lustlos fühlt. Nicht einmal die Großkinder interessieren ihn mehr. Er sagt von sich, er habe keine Interessen, fühle sich leer, habe Schlafstörungen, habe kein sexuelles Interesse mehr, er fühle sich alles in allem ausgestoßen, nutzlos, und das bereits seit vier Monaten. Pensioniert ist er seit sechs Monaten. Er reagiert also mit einer depressiven Verstimmung auf die Pensionierung. Dazu kommt, daß er sich selbst zusätzlich unter Druck setzt: Jetzt hätte er doch endlich Zeit, alles zu tun, was er sich früher einmal vorgenommen habe zu tun: Jetzt könnte er die Dias ordnen, jetzt könnte er alte Zeitungsausschnitte lesen und ordnen... Aber jetzt, wo er Zeit habe, habe er keine Energie.

Zum Therapieverlauf: Erste Begegnung: Mir gegenüber sitzt ein sehr höflicher Mann. Er sagt, daß es ihm nicht gut gehe, erzählt die Geschichte seiner Pensionierung und daß er damit eben nicht zurechtkomme.

Das Therapieziel ist deutlich formuliert: Er möchte mit seiner Pensionierung zurechtkommen.

In seiner Erzählung ist er sehr knapp, er wiederholt nur immer wieder, daß es ihm nicht gut gehe. Auf meine Frage, ob er sich von seiner Firma schlecht behandelt fühle, schaut er mich erstaunt an: «Schon, ja...», aber es sei doch eigentlich verständlich von der Firma aus. Ich spüre eine Leere, die sich ausbreitet, und ich wehre diese Leere in mir ab, ich will mich nicht entleeren lassen. Dieses Gefühl der Leere, das vermutlich sehr viel mit der abgewehrten Kränkung, der Enttäuschung zu tun hat – Hinweis darauf, daß er vielleicht besser mit einer Depression leben kann als mit einer großen Wut –, spreche ich in dieser Situation nicht an, auch weil mir bisher nicht deutlich ist, wie kohärent sein Ichkomplex ist. Ich nehme diese Gefühle der Gegenübertragung in mir wahr. Im Gespräch einigen wir uns auf das Therapieziel, mit der durch die Pensionierung verursachten Kränkung zurechtzukommen.

Ich erkläre ihm, es sei mir wichtig, wenn er Träume beibringen könne, daß ich auch mit Phantasien arbeitete, mit Bildern, damit wir seine Situation nicht nur vom Bewußtsein her durchleuchten, sondern auch von seinem Unbewußten, von seiner Psyche Hinweise bekommen könnten, wie sein Leben weitergehen solle.

Grundthema einer Depression ist die Notwendigkeit, man selbst zu sein; was das heißt, kann nur aus der eigenen Psyche an das Bewußtsein herangetragen werden – allenfalls durch die Vermittlung eines Therapeuten oder einer Therapeutin.

In den nächsten Begegnungen sprechen wir von der Lebensgeschichte: Er ist an dem Ort, an dem er jetzt noch lebt, aufgewachsen, ist einziger Sohn nach drei Töchtern. Sein Vater arbeitete schon in derselben Firma wie er, zuletzt in der gleichen Position. Die Familie, aus der er stammt, schildert er als ganz normale Familie, mit einer guten Mutter. Er sei aufgewachsen wie alle anderen auch: gehorchen, arbeiten, Pflicht erfüllen. Das sei es etwa gewesen. Er habe dann eine Lehre in *der Firma* gemacht und sei mit der üblichen Geschwindigkeit aufgestiegen. Mit 26 Jahren habe er geheiratet, er habe eine gute Frau, drei Kinder, zwei Söhne und eine Tochter: Keines der Kinder arbeite in der Firma, und das sei wohl auch gut so, wie die Sa-

chen liegen. Er hat bereits Enkelkinder, an denen er normalerweise Freude hat, aber jetzt eben nicht.
Während er mir diese Informationen gibt, knapp und klar, habe ich zwar das Gefühl, eine Information zu bekommen, aber nicht wirklich Kontakt zu ihm als Menschen. Deshalb schließe ich daraus, daß er wohl auch wenig Kontakt zu sich selbst hat. Das bleibt so während einiger Wochen; ich sehe ihn zweimal wöchentlich. Er erzählt mir von seinen Problemen, er erzählt mir auch einiges aus seiner Lebensgeschichte, aber ich spüre ihn kaum.
Wenn es nun darum geht, einen anderen Menschen zu verstehen, ihm emotional auch eine Bestätigung zu geben, dann ist es natürlich auch eine sehr wichtige Voraussetzung, daß wir diesen Menschen spüren können. Menschen, die sich selber gut spüren, können auch von andern leicht gespürt werden. Bei Menschen, denen das schwerfällt, braucht es oft einen langen Prozeß bis dahin.
Am ehesten spüre ich ihn, wenn er jammert, wenn er sagt, er könne nicht schlafen, wie das denn nur werden solle, falls die Therapie auch nichts nütze. Ich spüre ein wenig seine Angst, die Therapie könne nichts nützen, aber mehr noch die Angst, diese Angst anzusprechen. Ich gebe ihm zu verstehen, daß ich seine Angst gut verstehen könne, frage ihn auch, ob er nicht manchmal dächte, die Therapie könnte etwas schneller vorangehen. Darauf erwidert er: «Ich denke schon, daß Sie ihr Bestes tun.»
Angesichts dieser Situation überlege ich mir wieder einmal, was ich denn noch tun könne in dieser Situation. Auch ich bin etwas verzweifelt, nehme meine Verzweiflung auf und wahr, und dann taucht in meiner Vorstellung ein Bild auf: Ich sehe mich plötzlich als Rettungsschwimmerin. Ich bin unter Wasser, sehe zwar den Ertrinkenden – meinen Analysanden – immer irgendwo, aber ich kann ihn nicht packen, weil ja die Abstände unter Wasser anders sind. Mir selber geht langsam aber sicher die Luft aus. Beim realen Rettungsschwimmen würde

man in einem solchen Fall noch einmal ausatmen, noch einmal zupacken, dann aber an die Oberfläche zurückkommen, um zunächst sich selber zu retten.

Diese Gegenübertragungsreaktion in der 32. Stunde, etwa ein halbes Jahr nach Beginn der Therapie, ist für mich sehr wichtig. Natürlich habe ich die Tendenz, verschiedene Verfahren einzusetzen, aktiv zu werden, der verständlichen Ungeduld des Patienten zu entsprechen, obwohl ich weiß, daß das nicht der Weg ist, der zum Ziel führt. Alle meine Aktivität wäre zum Scheitern verurteilt, weil es ja nicht um meine Aktivität, sondern um seine geht, deshalb ist das Bild mit dem Rettungsschwimmen sehr hilfreich. Ausatmen, noch einmal zupacken würde heißen, doch noch einmal versuchen, ihn zu spüren; auf jeden Fall aber wird man keine neuen Schwimmstile bei einem, der unter Wasser ist, anwenden.

Ich habe dieses Gegenübertragungsbild für mich wahrgenommen, für mich auch mich entschlossen, nicht mehr lange zuzuwarten. In die nächste, die 33. Stunde, bringt er mir einen kleinen Traum: «Ich sehe eine Wiese. Das Gras wurde zu lange nicht geschnitten.» Ich bitte ihn, den Traum sich noch einmal vorzustellen, und er sagt, das Gras sei halt geknickt, vertrampelt, man habe es lange nicht geschnitten; die Ernte sei nicht eingebracht worden. Während er das sagt, spüre ich etwas Empörung heraus. Wir einigen uns darauf, daß es sehr schade sei, daß die Ernte nicht eingebracht ist; er kann eine Verbindung des Traumes zu seinem Leben nicht herstellen.

Das Symbol, das sich hier anbietet, wird noch ganz konkret gesehen. Er erwähnt, dieser Traum erinnere ihn an die jungen Leute heute; die seien doch einfach nicht mehr sorgsam. Gras sei doch etwas wert, es sei bei uns wie in den Alpen: Da würden alle auswandern, und nur noch die Greise blieben zurück.

In der Projektion ist eindeutig etwas Wut auf die jungen Leute zu spüren, und ich frage mich, ob da vielleicht auch etwas Wut auf seinen jungen Chef mit angesprochen sei. Ich überlege mir allerdings auch, ob diese Wut auch eine Wut auf mich sein könne. Um das abzuklären, frage ich ihn, was es für ihn bedeute, daß ich zwanzig Jahre jünger sei als er. Da schaut er mich freundlich an – als würde er das erstemal sehen, wie alt ich bin – und sagt, über mein Alter habe er noch nicht nachgedacht. Ihn ärgerten auch nicht generell die jungen Leute, ihn ärgerten die Leute, die so verantwortungslos handelten. Ich bemerke dann, sein neuer Chef sei ja auch jung gewesen. «Jung schon, aber nicht verantwortungslos», das könne man ihm auch wieder nicht nachsagen. Ich lenke ihn dann bewußt etwas von diesem Komplexthema ab und frage ihn, ob er denn seine Ernte eingebracht habe. Daraufhin lächelt er verschmitzt und sagt: «Ja, schon», er habe sein Scherflein schon auf dem trockenen, allerdings bei dem heutigen Verfall des Geldes sei das natürlich immer noch eine höchst zwiespältige Angelegenheit. Und dann spricht er lange darüber, wie man verarmen kann in der heutigen Welt, wie sehr er in Gefahr ist zu verarmen, und dann schaut er mich an und sagt: «Und für Ihre Generation ist es noch viel schlimmer, kein Mensch mehr wird Rente bezahlen für euch...» usw.

Ich spreche ihn darauf an, daß es doch schwierig sein müsse, wenn die jungen Leute einem von einem Tag auf den anderen bedeuteten, daß man eigentlich nicht mehr gebraucht werde. Ich bitte ihn noch einmal – wir haben das schon verschiedentlich durchbesprochen – zu sagen, was ihm seine Arbeit gegeben habe, alle die Jahre hindurch. Ich versuche, auf eine Art Trauerarbeit zu machen.

Von der Arbeit sagt er, sie habe ihm wenig gebracht, jeder Mensch müsse arbeiten, man habe dafür seinen Lohn; er habe manchmal ein gutes Gefühl gehabt, wenn alles geklappt habe, aber eigentlich habe es nie so geklappt, wie es hätte klappen können. Es setzt eine andauernde subtile Entwertung seiner Arbeit und seiner Persönlichkeit ein im Sinne von: Es war zwar schon alles recht, aber eigentlich hätte alles viel besser sein können, und das wäre ja wohl der eigentliche Grund gewesen, weshalb man ihn nicht mehr habe umschulen wollen. Er war selber schuld! Wie er sich selbst so entwertet, spüre ich den dringenden Impuls, ihm die andere Hälfte seiner Weltsicht anzubieten, weiß aber, daß dies wohl kontraproduktiv sein würde. Ich fühle Ohnmacht, Wut, und ich spüre, daß ich innerlich daran bin, den Analysanden zu entwerten. Ich ertappe mich dabei, wie ich mir überlege, unter welchen Umständen eine Analyse eigentlich möglich ist und unter welchen Umständen nicht. Ich werde also in der Gegenübertragung sehr aggressiv, spüre meine Entwertungstendenz und versuche, diese Entwertungstendenz auch in ihm anzusprechen, indem ich ihm sage, für mich sei es undenkbar, es ein Leben lang auszuhalten, zu arbeiten und dabei immer das Gefühl zu haben, es sei eigentlich nicht gut. Er schaut mich daraufhin wiederum freundlich an und sagt: «Das geht doch den meisten Menschen so, daß sie nicht zufrieden sind mit der Arbeit», und ich habe wiederum das Gefühl, ihn überhaupt nicht zu verstehen, aber auch, überhaupt nicht verstanden zu werden. Ich frage mich dann auch, ob ich ihm hätte direkter mitteilen sollen, daß ich langsam keinen Atem mehr hätte.

Er erzählt dann, gut an der Arbeit sei gewesen, daß das Leben seinen geregelten Gang gegangen sei, es habe immer alles seine Ordnung gehabt, in der er sich geborgen gefühlt habe. Diese Ordnung habe er eben nun nicht mehr. Und wenn er wieder eine solche Ordnung hätte, würde es ihm sicher gleich wieder sehr viel besser gehen.

Ich frage: «Sie meinen, wenn ich Ihnen genau sagen würde, was Sie tun müßten, würde es Ihnen besser gehen?»

Er: «Wir kämen vielleicht besser vorwärts. Sie wissen doch bestimmt, was ich machen müßte.»

Ich: «Dann ist es also die reine Boshaftigkeit, wenn ich es Ihnen nicht sage.»

Er: «Das kann ich mir auch wieder fast nicht denken.»

Zumindest spüre ich eine Aggression in der Übertragung, aber auch die Forderung, ihm mehr Struktur zu geben für das alltägliche äußere Leben. In der Therapie selber gebe ich ihm

recht viel Struktur und weise ihn im übrigen immer wieder darauf hin, daß die neue Ordnung aus seiner Psyche kommen müsse, daß er sich in einer Umbruchsituation befinde, daß es wenig Sinn habe, wenn er das tue, was ich für richtig halte.
Ich weiß natürlich, warum ich so zurückhaltend bin: Einmal hatte er mir erzählt, er lese viele Zeitungen. Das sei allerdings auch nicht erbauend. Er gehe dann noch eine zusätzliche Zeitung kaufen am Kiosk, aber eigentlich bringe das dann auch nicht wesentlich mehr. Zudem habe er meistens schon wieder vergessen, was er gelesen habe. Ich hatte dazu gesagt, ich hoffte, daß er wenigstens die Zeitung nicht am nächstgelegenen Kiosk kaufe, ein bißchen Bewegung sei sicher ganz gut für ihn, am besten kaufe er sie bei jenem Kiosk, der am Ende des Schwimmbades liege, dann komme er jedesmal am Schwimmbad vorbei und könne so auch noch eine Runde schwimmen. In der Folge hatte er mir jede Stunde einen Zettel mitgebracht, auf dem geschrieben stand, wieviel Kilometer er zu Fuß und wie viele er zu Wasser zurückgelegt hatte.
Ich bin also wohl zu Recht sehr vorsichtig im Aussprechen von Verhaltensmaßregeln. Er hätte wohl in kurzer Zeit alles getan, was ich von ihm gefordert hätte. Nur hätte ihn das sich selbst auch nicht nähergebracht, sondern allenfalls den depressiven Zirkel verstärkt.
Nachdem wir einige Wochen darüber zu sprechen versuchen, was ihm seine Arbeit gegeben hatte, kommt er einmal in die Stunde und sagt, er habe mit seiner Frau darüber gesprochen, was ihm die Arbeit bedeutet habe, und sie habe ihm gesagt, er sei als arbeitender Mensch sehr zufrieden gewesen, stolz darauf, nützlich zu sein. Er habe sich auch menschlich um seine Untergebenen gekümmert, diese in schwierigen Situationen sogar bei sich zu Hause aufgenommen; er sei ausgesprochen stolz darauf gewesen, daß seine Abteilung so gut funktionierte. Er erzählt dies wie eine auswendig gelernte Hausaufgabe, als gehe es überhaupt nicht um ihn. Ich formuliere diesen meinen Eindruck. Er sagt darauf, er wisse es jetzt auch wieder, daß er

13

19/20

eigentlich stolz gewesen sei, aber er habe es wirklich nicht gewußt, als wir miteinander darüber gesprochen hatten; und er wisse es auch bloß. Jetzt komme er sich auch noch undankbar vor. Ich gebe ihm den Hinweis, er habe nun eine Orientierung von seiner Frau bekommen, das sei zwar Information, aber er fühle sich nicht besser verstanden. Und er: «Nein», er fühle sich überhaupt nicht besser verstanden, sondern er fühle sich nur undankbar. Ich hingegen habe allerdings das erstemal das Gefühl, ihn wirklich gespürt zu haben, und zwar als Schulkind, das Schulaufgaben heruntersagt, ohne sich wirklich dahinterzustellen, einfach brav und folgsam, weil man es gefragt hat. Ich erzähle ihm, daß ich ihn so jetzt gespürt hätte. Daraufhin schaut er mich sehr interessiert an und sagt kurz: «Ja», so habe er sich auch gefühlt. Offenbar fühlt er sich verstanden, denn er bringt von sich aus das Thema «Schulaufgaben» am Ende der Stunde noch einmal auf und sagt, das mit den Schulaufgaben sei wichtig. Es komme ihm vor, als habe er oft Schulaufgaben gemacht: in der Schule, später hätten ihm die Eltern gesagt, was er zu sagen habe, dann seine Frau. Es sei ja ganz angenehm, aber er habe nie gesagt, was er selbst sagen wollte.

In der Nacht nach diesem Gespräch – acht Monate nach Beginn unserer Analyse, nach 54 Stunden – hat er den ersten wichtigen Traum, wie er es nennt[4].

«Es ist eine große Fahrerei im Traum. Zuerst sitze ich in der Eisenbahn, die Welt flitzt an mir vorbei. Ich lese Zeitung, bin dann plötzlich beunruhigt, weil ich nicht mehr weiß, wie ich ans Ziel komme. Ich weiß auch nicht mehr recht, wo denn das Ziel überhaupt ist. Ich steige bei der nächsten Station aus: Ich bin erleichtert, die Gegend stimmt ungefähr. Ich warte auf einen Bus, fahre wieder mit dem Bus lang in einer Stadt herum, in der ich mich eigentlich auskennen sollte, aber mich doch auch nicht auskenne. Plötzlich bin ich in meinem Auto. Ich habe jetzt auch einen Stadtplan und suche gezielt meinen Weg. Es ist jetzt viel einfacher, weil ich fast überall hindurchfahren kann, wo ich will – außer da, wo Einbahnstraßen sind. Einmal fahre ich auch durch eine Einbahnstraße. Dieser Verstoß gegen die Straßenverkehrsordnung scheint mir gerechtfertigt, es kommt nämlich darauf an, daß ich möglichst rasch jemandem ein wichtiges Medikament bringe. Dann wird der Weg immer schmaler – in der Mitte einer Holzbrücke, die über einen Bach geht, wage ich nicht mehr weiterzufahren. Ich weiß auch nicht, wie ich zurückfahren soll. Ich bin dann aber plötzlich zu Fuß unterwegs, das geht langsam, aber jetzt kann ich wirklich überall hingehen, wo es mir richtig erscheint. Ich werde wach, bevor ich das Ziel erreicht habe.»

Auf die Frage, mit welchen Gefühlen er erwacht sei, antwortet der Träumer: Er habe das gute Gefühl gehabt, kurz vor dem Ziel zu sein. Es wäre schön gewesen, wenn er das Ziel erreicht hätte, aber so bleibe der Traum geheimnisvoller.
Ich lasse den Träumer sich entspannen und bitte ihn, die Wege, die er zurückgelegt hat, noch einmal an seinem inneren Auge vorbeiziehen zu lassen und sich dabei zu spüren. Bei diesem Nacherleben in der Vorstellung wird ihm deutlich, wie sehr es ihn beunruhigt hatte, daß er sein Ziel nicht mehr kannte. Die Spannung zwischen der Gewißheit, daß er ein Ziel erreichen muß, und der Ungewißheit, ob dieses Ziel schon benannt ist, erlebt er noch einmal sehr intensiv. Die Frage nach einem Ziel in seinem Leben beschäftigt ihn in der Folge sehr, besonders die Frage, ob jedem Menschenleben von irgendwoher doch ein Ziel gesetzt sein könne.
Fühlt sich jemand orientierungslos und leer, dann ist es eine wesentliche Erfahrung, wenn der Traum das Thema des Ziels und damit einer Gerichtetheit aufbringt, einer Gerichtetheit, die Energie verlangt und Spürsinn für die Wege, die beschritten werden müssen. Durch diesen Traum und in diesem Traum wurde ein neues Lebensgefühl an den Träumer herangetragen; auch wenn sich das Gefühl der mühsamen Orientierung nicht verleugnen läßt, ist es immerhin eine Orientierung.
Eine deutliche Veränderung im Verhalten des Traumichs wird erlebbar, als er in seinem Auto sitzt, selber das Steuer in die Hand nimmt und darüber hinaus auch noch einen Stadtplan hat, an dem er sich orientieren kann. Er erlebt mit großer Erleichterung, daß er jetzt fast überall durchfahren kann.
Als der Träumer diesen Traum in der Phantasie noch einmal

nacherlebt, betont er, wie angenehm es sei, doch einen Stadtplan zu haben, die volle Orientierung wieder zu haben. Er erinnert sich dann, wie er in seinem Leben oft die Orientierung verloren hat, dann seine Frau schalt, weil sie eigentlich zuständig sei für «das Lesen des Stadtplans». Ihm fällt ein, daß er der Frau nicht die Verantwortung geben kann, weil sie ja gar nicht im Auto ist; und dieses Detail scheint ihm plötzlich sehr bedeutsam. Es wird ihm schlagartig bewußt, daß er von jedermann und besonders von seiner Frau erwartet, daß sie ihm Pläne machen, daß sie ihm Ziele vorschlagen. Daß sie es jetzt nicht tut, nicht einmal daran denkt, es für ihn zu tun, erfüllt ihn mit Wut. Der Traum gibt allerdings dem Träumer zu verstehen, daß diese Wegsuche seine Sache ist, für die er auch voll die Verantwortung übernehmen muß. Inwieweit hier die Wut, die er auf seine Frau hat, mir gilt, lassen wir in diesem Moment unangesprochen.

Der Verstoß gegen die Verkehrsordnung ist es, was er zunächst verantworten muß. Er betont, daß es gerechtfertigt sei, wegen eines höheren Gesetzes – Rettung eines Menschenlebens – ein untergeordnetes Gesetz – Einhaltung der Straßenordnung – zu verletzen. Damit drückt er aus, was vorderhand das Ziel ist: Erhaltung eines Menschenlebens. Er überlegt sich dennoch, mit welcher Buße er zu rechnen habe, erzählt, wie schade es sei, wenn er eine Buße bekomme, sei er doch so viele Jahre ohne Buße gefahren; diese Überlegungen machen deutlich, wie wesentlich das Erreichen des Ziels im Traum ist: daß er, der sich sonst so stur an die Regeln im Straßenverkehr hält, diese sogar übertritt und in Kauf nimmt, mit den Ordnungshütern «zusammenzustoßen». Beim Autofahren – im Unterschied zu den anderen Verkehrsmitteln, die er benutzt – wird das Übernehmen der eigenen Verantwortung deutlich, aber auch im Übertreten der für ihn sonst gültigen und akzeptierten Ordnung. Diese Spannung formuliert er: «Wenn ich individuelle Wege gehe, dann werde ich vielleicht in Konflikt geraten mit gültigen Vorschriften.» Auf die Frage, ob er sich denn eine solche Situation vorstellen könne, fällt ihm ein, er könnte sich noch einmal verlieben. Er verwirft dann diese Möglichkeit rasch wieder wegen der Komplikationen; aber immerhin ist eine Sehnsucht angesprochen.

Der Träumer fährt den Weg aus, soweit es möglich ist; mitten auf einer Brücke aber wagt er nicht mehr weiterzufahren. Im Nacherleben des Traumes schildert er das Gefühl, das ihn auf dieser Brücke befiel. Ihn habe plötzlich der Mut verlassen, das Geländer sei so bedrohlich nahegekommen, vielleicht hätte er ja weiterfahren können, aber er habe sich an Situationen erinnert, wo er sich zwar noch einen Weg ertrotzt, dann aber größte Mühe gehabt habe, diesen Weg auch wieder zurück zu wagen.

Bedenkt man die Traumsituation, dann scheint es auch nicht wesentlich besser zu sein, mitten auf einer Brücke das Auto abzustellen, ganz abgesehen davon, daß es unklar ist, wie in dieser Situation die Türen geöffnet werden sollten, denn die Brücke scheint ein Geländer zu haben. Der Traum zeigt also einen Menschen, der auch bei beengten Möglichkeiten ausschöpft, was auszuschöpfen ist, den aber plötzlich der Mut verläßt. Beachtet man das Ende des Traums, dann wird wesentlich, daß er jetzt zu Fuß geht, langsam, aber wirklich den eigenen Weg. Das Aussteigen aus dem Auto erscheint im Bezug auf die Freiheitsgrade im Wählen des eigenen Weges, im Sinne der autonomen Entscheidungen als vorläufiges Ziel des Traumes, auch wenn es langsam geht und, wie der Träumer anmerkt, auch wenn er sehr viel leichter ermüden wird. Diese entscheidende Veränderung des Mittels der Fortbewegung auf dem Weg zu seinem Ziel – und das ist wohl auch der Lebensweg – findet auf der Brücke statt. Diese Brücke wird dem Träumer im Nacherleben des Traumes sehr wichtig als Übergang, als Verbindung; er stellt fest, daß es eine Brücke gibt über dem Abgrund, vor dem er sich so sehr fürchtet. Aber diese Brücke zwingt ihn, aus dem Auto auszusteigen. Das ist wohl gerade die Brücke: sich auf seine individuelle Kraft und auf seine individuelle mögli-

che Geschwindigkeit zu besinnen. Jetzt kann er nicht mehr schnell sein Ziel erreichen wollen, sondern muß sich Schritt um Schritt seinem Ziel nähern. Und das wäre vielleicht die Rettung eines Menschenlebens, wie der Traum es ausdrückt.
Dieser Traum war als Erlebnis für den Analysanden und als Wendepunkt im analytischen Prozeß ganz wichtig. Der Träumer hatte den Eindruck, er habe eine wichtige Botschaft an ihn aus ihm selbst bekommen. Zudem vermittelte ihm der Traum das Gefühl, daß er autonom sein könne und auch autonom sein dürfe. Die Faszination, ein Ziel vor sich zu haben, und die Angst, dieses Ziel doch zu verpassen, waren beide spürbar. Durch den Traum wurden sein Phantasieleben sehr belebt und sein Selbstbewußtsein gestärkt. Der Traum brachte ihn dazu, aus seiner Lebenssituation ganz andere Geschichten zu erinnern, viel emotionaler, als er sie bis jetzt erinnert hatte, insbesondere im Zusammenhang mit seiner Frau, die er immer dazu gebracht hatte, das Leben für ihn zu organisieren, und die er dann dafür schalt. Die Übertragung dieser Situation auf mich konnte jetzt auch angesprochen werden. Dann aber weckte der Traum auch Themen, die die Zukunft betreffen, Themen der Erwartung und der Hoffnung, des Bezogenseins auf eine neue Zielvorstellung hin. Er brachte eine große Belebung.
Auch für mich ist eine Veränderung spürbar. Ich sehe plötzlich auch ein Ziel. Das gibt mir eine Entlastung, auch wenn immer wieder die Leere erlebbar ist. Ich habe das Gefühl – um im Bild vom Rettungsschwimmen zu bleiben –, daß der Mann jetzt über Wasser ist, selbständig aktiv auf ein Ziel zuschwimmen kann und nur ab und zu einmal wieder untertaucht. Im Zusammenhang mit der Freude über seine Autonomie fällt dem Analysanden plötzlich ein, daß es psychisch ja sehr günstig war, daß er den Umschulungslehrgang ausgeschlagen habe; da habe er sich ja das erstemal entzogen. Er habe sich zwar nicht direkt geweigert, das wäre ja noch besser gewesen, aber immerhin, er habe sich doch entzogen.
Dieser Traum war so etwas wie ein Initialtraum in eine zwar

nicht traumreiche, aber immerhin traumbegleitete Analysezeit. Die Wut auf die vorzeitige Pensionierung, die Aufarbeitung der Kränkung leistete er nach zwei Jahren Therapie. An diesem Beispiel wird meines Erachtens sehr deutlich, daß erst dann, wenn man einen Analysanden wirklich spürt und man dieses Spüren auch vermitteln kann, ein symbolischer Prozeß einsetzen kann, der weiterführt. Allerdings braucht es in gewissen Situationen lange, bis man einen Menschen wirklich spürt.

Kollusive Übertragung-Gegenübertragung und Symbolbildung

Kollusive Übertragung-Gegenübertragung[5] meint, daß das Verhalten des Analytikers/der Analytikerin in einer meist polarisierenden Weise vom Verhalten des Analysanden/der Analysandin bestimmt wird. Auch wenn der Analytiker/die Analytikerin sich dieses Prozesses bewußt wird, kann das Verhalten zunächst nicht verändert werden. Ein Beziehungsmuster wiederholt sich stereotyp. Der Grund dafür wird deutlich, wenn wir eine wesentliche Komplexdefinition von Jung beiziehen:

«Er [der Komplex] geht offenbar hervor aus dem Zusammenstoß einer Anpassungsforderung mit der besonderen und hinsichtlich der Forderung ungeeigneten Beschaffenheit des Individuums. So wird uns der Komplex zum diagnostisch wertvollen Symptom einer individuellen Disposition.»[6]

Bedenken wir, daß die Anpassungsforderung, von der Jung hier spricht, meistens von Menschen ausgeht, von nahestehenden Beziehungspersonen, dann haben wir nicht nur einen Hinweis auf eine individuelle Disposition, sondern in den Komplexen sind die Beziehungsgeschichten unserer Kindheit und unseres späteren Lebens abgebildet samt den damit verbundenen Affekten und den stereotypen Verhaltensweisen.
Da sich in den kindlichen Beziehungsgeschichten oft zwei

Personen gegenüberstehen – eine Beziehungsperson und das Kind –, kann sich der Komplex in der analytischen Beziehung aufspalten. Der Analytiker oder die Analytikerin verhält sich dann wie eine Beziehungsperson der Kindheit, der Analysand oder die Analysandin wie eben das zugehörige Kind in einer bestimmten komplexhaften Situation oder auch umgekehrt. Diese Situationen sind in der Analyse «komplexhaft», sie laufen stereotyp ab, sind emotional betont, bringen keine Lösung. Sie werden abgewehrt, vom Analytiker und vom Analysanden, besonders auch deshalb, weil sich beide unter einem Zwang fühlen. Beide sind in einer kollusiven Übertragungs-Gegenübertragungs-Situation gefangen.

Als These möchte ich in diesem Zusammenhang formulieren: Erst wenn diese Komplexkonstellation als kindliche Beziehungssituation verstanden wird, samt den damit verbundenen Affekten, und die daran beteiligten Beziehungspersonen als innere Gestalten des Analysanden/der Analysandin erlebt werden können – oft erst vermittelt durch das Erleben des Analytikers –, dann können neue Symbolbildungen erfolgen, dann kann der Komplex sich «ausphantasieren».

Der in Übertragung und Gegenübertragung gebundene Komplex kann natürlich auch als Symbolbildung aufgefaßt werden: die analytische Situation als Symbol. Aber auch diese muß emotional verstanden werden, sonst bleibt die Energie des Komplexes nicht selten in einem etwas kindlichen Übertragungs-Gegenübertragungs-Gerangel gebunden.

Diese kollusiven Übertragungen und Gegenübertragungen müssen wahrgenommen werden. Sie werden uns oft erst nach einigen Verwicklungen bewußt. Wenn sie wirklich verstanden werden, d. h. dem Analysanden Verständnis für sich und seine Lebensgeschichte bringen, aber auch dem Analytiker sein Verhalten in dieser speziellen Situation verständlich wird, können neue Symbolbildungen erfahrbar werden. Um sich selber in diesen Situationen aber zu verstehen, ist sehr viel Empathie, viel Einfühlung nötig.

Ich werde meine These am Beispiel eines therapeutischen Verlaufs zeigen. Ich versuche, diesen Verlauf so genau wie möglich zu beschreiben. Vorauszuschicken ist ein Exkurs über Schuldgefühle.

Gedanken zum Thema «Schuldgefühle». – Schuldgefühle sind quälende, peinigende Gefühle, Gefühle, etwas versäumt zu haben, was zumindest peinlich ist. Schuldgefühle sind immer vermischt mit Scham und Angst, bestraft zu werden. Menschen haben oft erst dann Schuldgefühle, wenn sie erwischt werden. Solange man sie nicht erwischt, können sie ihr Verfehlen noch einigermaßen mit sich selbst abmachen. Schuldgefühle bringen Menschen dazu, etwas wieder «gut» zu machen. Nur ist dies nicht immer möglich. Die Schuldgefühle, diese quälenden, peinigenden Gefühle, die uns so uneins sein lassen mit uns selbst, zeigen an, daß wir etwas schuldig geblieben sind, das wir nicht hätten schuldig bleiben sollen. Wir haben einen Wert nicht erfüllt. Im Schuldgefühl drückt sich auch die Trauer darüber aus, daß wir eben doch nicht so ideal sind, wie wir gedacht haben, oder auch der Ärger darüber, daß wir nicht so gut sein können, wie wir eigentlich sein möchten.

Wenn wir Schuldgefühle haben, sind wir mit uns zerfallen, sind zerrissen, d.h. wir leiden in einem geringeren oder in einem größeren Ausmaß an einem Identitätsproblem. Die Angst, die mit unserem Zerfallensein mit uns selbst korrespondiert und die unsere Identität zusätzlich bedroht, wird abgewehrt. Wir beginnen uns zu rechtfertigen, suchen Sündenböcke usw. Man könnte nun Schuldgefühle auch akzeptieren, und tun wir das, dann bekommen wir ein menschengerechteres Bild von uns selbst, ein Bild von einem Menschen, der auch etwas schuldig bleiben kann, schuldig bleiben muß.

Die intrapsychische Dynamik. – Wenn wir von Schuldgefühlen zerrissen sind, dann tobt ein Kampf in unserer Seele: Wir greifen uns selbst an und sind gleichzeitig Opfer unseres Angriffs.

Es besteht ein Konflikt zwischen Angreifer und Opfer; Angreifer: «Warum hast du bloß nicht...?», «Immer machst du...» Opfer: «Ich bin ein so schrecklicher Mensch!», «Ich darf gar nicht mehr weiterleben...» usw. Die Emotion, die zum Aggressor, zum Angreifer intrapsychisch gehört, ist die Aggression, und hinter der Aggression steckt oft die abgewehrte Angst. Die Emotion, die zum Opfer gehört, ist die Angst, und Angst verwandelt sich ja auch leicht in Aggression. In den Schuldgefühlen sind also sowohl Aggression als auch Angst einmal zunächst gebunden. Wir selber haben Angst und sind gleichzeitig wütend, und diese Dynamik bewirkt das Gefühl der Zerrissenheit in uns, den Verlust des guten Selbstwertgefühls. Mit einem so unguten Gefühl müssen wir irgendwie zurechtkommen, und da setzen wir dann Abwehrmechanismen ein, die man natürlich auch Bewältigungsmechanismen nennen könnte. Ich nenne hier einige typische:
- Verharmlosung: «So schlimm ist es doch gar nicht...»
- Rechtfertigung: «Ich mußte doch bloß...», «Ich mußte doch, weil...» Wir wissen, daß das Rechtfertigen sehr leicht in einen Rechtfertigungszirkel ausartet. Man rechtfertigt sich dann, daß man sich rechtfertigt, und diese Rechtfertigung eskaliert, weil man sich damit ja auch anklagt, gemäß dem französischen Sprichwort: «Qui s'excuse, s'accuse», «Wer sich entschuldigt, klagt sich an». Der Rechtfertigungszirkel kann verstanden werden als Abwehr der Schuld. Man kann im Sich-Rechtfertigen aber auch den Versuch sehen, mit sich selbst empathisch zu sein. Wenn wir so sehr von Schuldgefühlen zerfressen sind, können wir zunächst in keiner Weise empathisch mit uns selbst umgehen, wir können uns nicht mehr verstehen, wir können überhaupt nicht mehr liebevoll auf uns selbst reagieren, sondern nur noch destruktiv. Aber der Versuch, empathisch durch Rechtfertigen mit sich umzugehen, gelingt oft nicht so recht. Dann greifen wir zu weiteren Bewältigungsmechanismen.
- Die Suche von Sündenböcken: Im alten Juda hat man einem

Ziegenbock die ganzen Sünden der Gemeinschaft aufgeladen und ihn dann in die Wüste geschickt, und damit waren die Sünden auch aus dem Blickfeld verschwunden. Man findet also einen, der an allem schuld ist, dem man alle Schuld anhängt, ein Bild für die Projektion. Und dann schickt man ihn in die Wüste; er wird abgesondert, abgespalten. Das ist ein recht alltägliches Verhaltensmuster: Wir suchen einen Schuldigen, einen Sündenbock, und finden den auch, denn ständig macht ja wieder jemand ein bißchen etwas falsch! Auf diesen Sündenbock kann man dann alle eigene Schuld abladen und sich selber dabei entlasten. Der Sündenbock wird entwertet, man selbst idealisiert; schwierig wird es für uns erst, wenn wir solche Sündenböcke dringend zu einem anderen Zweck gebrauchen. Können Schuldgefühle auch mit dem Einsatz von Sündenböcken nicht bewältigt werden, dann können weitere Bewältigungsmechanismen auftreten.

– Todeswünsche gegen sich selbst: Schuldgefühle können so weit gehen, daß man Todeswünsche gegen sich selbst hat, daß also dieser Aggressor in einem sagt: «Du bist nicht einmal wert, zu leben!» Diese Todeswünsche können sich auch als Todesangst äussern, etwa in Phantasien, man könnte z.B. an einem Unglück umkommen, irgend jemand könnte einen bedrohen. Dahinter steht die Überzeugung, so schuldig zu sein, daß man nur noch von irgendeiner anonymen Macht zerstört werden kann. Eine totale Identifikation mit dem Opfer findet hier statt. Der Aggressor wird hinausprojiziert.

Im Hinblick auf die erwähnten Bewältigungsmechanismen wird deutlich, daß in diesem inneren Konflikt, in dem Aggressor gegen Opfer steht und in dem man gleichzeitig beides ist – Aggressor und Opfer –, man einmal mehr Aggressor sein kann, ein andermal mehr Opfer.

Nun könnte man jedoch die Schuld auch zugeben. Schuld zugeben ist meistens weniger gefährlich, als wir annehmen. Wir Menschen haben gerne schuldige Menschen. Unschuldsengel gehen uns meistens doch recht auf die Nerven. Beteuert einer ständig seine ganze Unschuld, sucht man geradezu nach schwarzen Flecken. Man hält diese Unschuldsengel auch deshalb nicht aus, weil sie so deutlich die anderen zu Schuldigen machen.

Schuld und Verantwortung. – Man braucht das Wort «Schuld» in zwei Bedeutungen: Von Schuld sprechen wir, wenn wir eine Verantwortung übernehmen. «Ich bin schuld daran, daß das und dies in die Wege geleitet worden ist.» Und wir sprechen auch von Schuld, wenn wir eine Verantwortung verfehlen. Dann leiden wir unter Schuldgefühlen. Schuld hat immer damit zu tun, daß wir einen Ich-Entschluß gegen eine Norm, gegen ein Gesetz setzen, wobei diese Norm eine innere Norm sein kann – das innere Gesetz – oder eine äußere Norm – die äußeren Gesetze. Da wir als Persönlichkeiten nie ganz mit den äußeren Normen und Gesetzen und auch nie ganz mit den inneren Gesetzen übereinstimmen, ist es unvermeidbar, daß wir schuldig werden. Infolgedessen ist es auch unvermeidbar, daß wir mit Schuldgefühlen umgehen, und der Sinn der Schuldgefühle wäre, daß sie uns darauf aufmerksam machen, daß wir etwas in unsere Verantwortung nehmen müssen.
Schuldgefühle sind Gefühle, die in die Vergangenheit gehen. Sie zeigen an, daß etwas verfehlt worden ist, sie sollten aber auch gleichzeitig die Weichen für die Zukunft stellen, mit der Aufforderung zu bedenken, was in die Verantwortung genommen werden muß. Wiedergutmachen ist auch zukunftsbetont; wiedergutmachen kann man manchmal eine Schuld nicht mehr an dem Menschen, an dem man sie begangen hat, falls man die Schuld an einem Menschen begangen hat, sondern man kann sie an anderen Menschen wiedergutmachen, indem man diese Schuldgefühle wahrgenommen und in die Verantwortung genommen hat.

Die Rolle der Empathie. – Es wäre wichtig, mit sich selbst empathisch umzugehen, wenn wir uns von Schuldgefühlen zerrissen fühlen. Diese empathische Einstellung findet man dann leichter, wenn man sich fragt, wie denn etwas gekommen ist. Wir haben die Tendenz, einander die Schuld gegenseitig zuzuweisen. Das ist ein recht unproduktives Spiel, das allerdings Ewigkeiten dauern kann. Gelingt es zu fragen, wie es denn überhaupt zu dieser Situation gekommen ist, wie wir aufeinander gewirkt haben, daß es so weit kommen mußte oder kam, dann ist die Möglichkeit gegeben, daß wir mitfühlender mit uns und auch mit einem Partner oder einer Partnerin umgehen. Voraussetzung dafür ist die Akzeptanz, daß wir als Menschen immer einander etwas schuldig bleiben, daß wir immer schuldig werden, und das heißt ja nicht weniger, als daß wir unsere Endlichkeit akzeptieren und im Rahmen dieser Endlichkeit trotzdem alles in Verantwortung nehmen, was wir in Verantwortung nehmen können. Wir bleiben auch nicht nur anderen Menschen etwas schuldig, sondern oft uns selbst.

Unproduktives Umgehen mit Schuldgefühlen. – Man kann ein Versäumnis – und oft ist es ja ein geringfügiges Versäumnis – sehr unproduktiv lange beklagen. Man klagt dann um etwas, was man einmal verfehlt hat, vielleicht vor fünf Jahren oder auch vor ein paar Wochen, und zwar intensiv. Diese Form, sich zu den Schuldgefühlen zu bekennen, ist nicht empathisch, sondern blockiert das Leben. Man spricht sich schuldig in einer Situation, in der man vielleicht gar nicht so sehr schuldig wurde, und damit verstellt man sich den Blick darauf, wo man wirklich schuldig ist, immer wieder schuldig wird, wo man wirklich etwas in die Verantwortung nehmen müßte. In diesem Sichbeklagen über irgendein Versäumnis ist sowohl die Aggression gebunden, die ja immer in den Schuldgefühlen auch ist und uns die Möglichkeit gäbe zu handeln, als auch die Angst, die uns die Möglichkeit zum Verständnis unserer selbst gibt. Diese Blockade hindert den Menschen daran, sich weiter ins Leben zu verwickeln, denn je mehr man sich ins Leben verwickelt, um so mehr ist man auch schuld, ist schuld daran, daß

Dinge geschehen, wie man auch schuld daran sein kann, daß
Dinge versäumt werden oder daß etwas, was man in die Welt
gesetzt hat, einen Gang nimmt, den man eigentlich so nicht
plante.
Das unproduktive Schuldgefühl verstellt uns die Sicht darauf,
wo wir wirklich schuldig sind, und ist zugleich auch Ausdruck
einer Angst vor dem Schuldigwerden.

Ausschnitte aus einem Therapieverlauf. – Eine Frau, 52jährig,
hat ihren Mann bei einem Autounfall verloren, und zwar einen
Tag nachdem sie rechtliche Schritte zu einer Scheidung in die
Wege geleitet und dies ihrem Mann auch mitgeteilt hatte. Dies
geschah nach 28 Jahren Ehe; die beiden hatten drei Kinder,
alle über 20 Jahre alt.
Die Frau kommt in Therapie drei Wochen nach dem Tod ihres
Mannes, sie kann es einfach nicht aushalten. Sie findet keine
anderen Worte, sagt immer wieder einmal: «Ich bin nicht
schuld, ich bin nicht schuld!» Die Analysandin ist eine mittelgroße
Frau, hager, mit eher harten Gesichtszügen. Sie trägt
Trauerkleidung, wirkt sichtlich verstört. Ich finde sie sympathisch,
ich möchte ihr helfen. Von Anfang an ist es sehr deutlich,
daß Schuldgefühle eine große Rolle spielen, beteuert sie
doch ständig ihre Unschuld. Für die Scheidung mußte diese
Frau die Geschichte ihrer Beziehung zuhanden des Gerichts
schreiben. Diese Blätter gibt sie mir gleich zu Beginn unseres
Gesprächs zu lesen. Normalerweise tue ich das nicht, aber wie
unter einem Zwang nehme ich diese Blätter und beginne zu lesen.
In dieser Darstellung nun wurde ihr Mann zum Sündenbock
erkoren, und zwar dermaßen zum alleinigen und ausschließlichen
Sündenbock, daß mein psychisches Bedürfnis
nach Symmetrie empfindlich gestört wird. In mir gibt es eine
Reaktion, ich will protestieren, diese Einseitigkeit nicht akzeptieren,
spüre Aggressionen gegen diese Frau, die ich nicht verstehe.
Ich habe in meiner Phantasie die Tendenz, sie gleich
auch zum Sündenbock zu machen, ich werde also zu einem Ag-

gressor; ich empfinde mich ausstoßend, überlege mir, ob ich überhaupt mit dieser Frau arbeiten will. Ich finde mich widerwärtig, daß ich solche Gefühle dieser Frau gegenüber habe, die in einer so schrecklichen Lebenssituation ist. Ich verstehe mich aber auch ein wenig. All diese Gefühle spielen sich in mir ab, ich nehme sie zur Kenntnis, sage aber nichts zur Frau. Als ich aufschaue, sagt sie von sich aus, sie würde jetzt die Geschichte anders schreiben. Seit der Mann tot sei, erlebe sie ihn nicht mehr so ausschließlich als Sündenbock. Sündenböcke sind jetzt, wie es sich im nachhinein herausstellt, die Kollegen, die Herkunftsfamilie des Mannes, die Arbeitsstelle.

Daß das Thema der Schuld so sehr ins Zentrum gerückt wird, weist darauf hin, daß diese Frau in ihrem Trauerprozeß wohl am meisten mit Schuldgefühlen zu kämpfen hat, daß die Schuldgefühle ihr Hauptproblem sein werden. Es kann aber auch schon darauf hindeuten, daß Schuldgefühle zu haben schon immer eines ihrer Probleme war. Verluste aktivieren unsere Hauptprobleme.

Als sie sich beim Erzählen so richtig klar darüber wird, daß am Tod des Mannes die Kollegen schuld sind, die ihn wieder einmal mehr zum Trinken und gleichzeitig zum Autofahren verleitet hatten, daß letztlich natürlich seine Herkunftsfamilie schuld ist – sie hatte aus ihm einen Weichling gemacht –, dann aber auch die Arbeitsstelle mit ihren immensen Anforderungen, geht es ihr etwas besser. Der Abwehrmechanismus der Projektion hilft ihr, die eigenen Schuldgefühle zu vermeiden.

Ich bitte sie dann, ihre Geschichte mit ihrem Mann zu erzählen. «Als die Mutter meines Mannes gestorben war, brauchte er eine neue Frau.» Sie war im richtigen Alter, war ohne Freund, er umwarb sie, war etwas melancholisch – was ihr damals ganz gut gefiel –, sie habe ihn aber nicht wirklich geliebt. «Aber nicht wahr, diese wahnsinnige Liebe erlebt man ja nur in Kitschromanen.» Ich möchte etwas entgegnen, kann aber nichts sagen. Ich habe den Eindruck, in einem «fatalen Wir» vereinnahmt zu werden. Sie hatte das Gefühlt, eine gute Tat zu

vollbringen, wenn sie diesen etwas orientierungslos gewordenen jungen Mann heiratete. Zudem war er umgänglich, anständig, arbeitsam. Das fanden auch alle anderen Leute.
Es folgt eine längere Rechtfertigungsgeschichte, weshalb sie diesen Mann doch geheiratet hatte, obwohl sie ihn eigentlich nicht wirklich liebte. An Information kommt nichts Neues dazu. Sie rechtfertigt sich nur immer wieder, warum sie ihn geheiratet habe, sie merkt dann selber, daß sie sich rechtfertigt; und dann setzt der Rechtfertigungszirkel ein: «Es tönt jetzt alles, als wenn ich mich entschuldigen müßte. Das muß ich natürlich nicht. Das habe ich nicht nötig. Denn es ging ganz gut mit unserem Anfang. Er war bloß so weich, so verwöhnt, er brauchte mich als Mutter. Wenn Probleme auftauchten, bekam er Bauchweh, wie die kleinen Kinder.» Weiter fällt ihr ein, daß er sehr eifersüchtig gewesen war auf die Kinder – sie hatten sehr bald drei kleine Kinder –, und sie erzählt eine Episode: «Die Kinder schrien, ich bat ihn, mir doch zu helfen, er schaute mich nur melancholisch an und sagte: ‹Und ich, wo bleibe ich?›» Sie habe ihn dann unflätig beschimpft, einmal sogar geboxt; und wörtlich: «Nicht wahr, so etwas bringt uns Frauen zur Weißglut!?» Ich fühle mich hineingenommen in den Ausdruck «wir Frauen», der heißen kann: Wir beiden sind die Unschuldigen, die anderen sind die Schuldigen. Oder: Wir beiden sind als Frauen unschuldige Opfer, auch wenn wir aggressiv oder destruktiv angreifen. Hier macht sich die Spaltung Aggressor–Opfer bemerkbar. Ich habe das Gefühl, daß sie über mich verfügt mit raschem Griff, ich kann nicht dazwischen, fühle mich sehr schnell als Opfer, aber nicht wie üblicherweise bei Trauerprozessen ausgeliefert dem Tod, wissend, daß es kein Kraut gegen den Tod gibt, sondern ein Opfer ihrer Machenschaften. Ich überlege mir, ob sich so, wie ich jetzt, ihr Mann gefühlt haben könnte. Aber ich kann (darf?) diesen Eindruck nicht formulieren. Ich nehme einfach einmal wahr, was da vor sich geht. Da ich nicht dazwischenkomme, nehme ich an, daß es sich hier um eine kollusive Übertragung und Gegen-

übertragung handelt, wobei die Frau die Rolle der Angreifenden spielt, ich werde das Opfer. Würde ich die Deutungen formulieren, so würde sie zum Opfer. Solange sie den Opferpart an mich delegieren kann, muß sie den Kampf Aggressor-Opfer nicht aushalten, also die Zerrissenheit nicht aushalten.
Zudem ist zu bedenken, daß sich in unserer Beziehung ein Beziehungsmuster abbildet, wie es ihr vermutlich vertraut ist. Daß ich dieses Beziehungsmuster nicht ansprechen kann, weist, so meine ich, darauf hin, daß das Ansprechen zu viel Angst in ihr auslösen und zu sehr ihre Abwehr der Schuldgefühle zusammenbrechen lassen würde. Ich nehme wahr, daß mir einiges nicht paßt: einmal dieses fatale «Wir», dann meine Tendenz, sie auszustoßen, aber auch mein Gefühl, selber auch ausgestoßen zu sein. Ich fühle mich im harten Griff, frage mich, ob die Frau sich selbst im harten Griff ihrer Schuldgefühle befindet, ich erinnere mich an die eigenen heftigen ausstoßenden Gefühle zu Beginn unseres Gesprächs.
Sie erzählt dann weiter, daß die Ehe bald schlechter wurde. Die Kollegen verführten ihren Mann zum Alkohol, sie «versuchte ihn über Wasser zu halten», gab sich sehr Mühe, daß er seine anspruchsvolle Arbeit immer noch versehen konnte (er war Elektroniker). Sie schildert ihr mühsames Leben: Sie tat alles: die Kinder erziehen, ihn suchen, das Haus instand halten, arbeiten, um die Schulden abzubezahlen, die sie mit dem Bau ihres neuen Hauses gemacht hatten. Er war ganz verantwortungslos in ihren Augen. Auf meine Frage, wie denn die sexuelle Beziehung gewesen sei, sagt sie, am Anfang habe sie wenig gespürt, ihr Mann habe oft das Bedürfnis gehabt zu kuscheln, das habe sie zunächst schön gefunden, dann sei auch das immer schwieriger geworden. Wenn er Lust gehabt habe, habe sie keine gehabt; wenn sie Lust gehabt habe, habe er sich ihr entzogen. Eigentlich sei das alles sehr eingeschlafen, und eines Tages sei ihr der Gedanke gekommen, sie wäre ja verrückt, wenn sie eine solche Ehe weiterführte bis zum Tod. Dieser Einfall kam natürlich nicht an einem x-beliebigen Tag, son-

dern an einem Tag, an dem ein Kollege ihres Mannes ihr zu verstehen gab, daß er sie attraktiv finde. Da habe sie gedacht, bevor das Leben wirklich vorbei sei, müsse etwas geschehen. Die Scheidung sei aber schon immer ein Thema gewesen, eine Drohung, sie habe Scheidung immer als ein Drohmittel eingesetzt, aber diesmal sei es ihr ernst gewesen. Die Reaktion ihres Mannes: Er jammerte und trank. Aber er konnte ja nichts dafür, daß er jammerte und trank, schuld daran sei die Mutter, weil sie ihn zu weich erzog, schuld seien die Kollegen. Bei seinem Unfall hatte er natürlich getrunken. «Ich hatte ihm tausendmal gesagt, er solle nicht trinken und fahren, ich habe ihn gewarnt, aber die Kollegen haben ihn immer animiert, es doch zu tun.»
Und dann setzt die Selbstreflexion ein: «Jetzt müßte ich doch entlastet sein. Witwe zu sein ist besser als geschieden. Aber ich fühle mich so sehr allein, hilflos, dabei wollte ich ihn doch loswerden. Jetzt habe ich Schlafstörungen und dieses Durcheinander und die Angst.» Ich frage sie, woran sie nachts denke, wenn sie nicht schlafen könne. Da fallen ihr Situationen ein mit ihrem Mann, sie horcht dann zuerst, ob er heimkommt, dann fällt ihr ein, daß er ja nie mehr kommen wird; dann ist sie zwar erleichtert, aber auch sehr traurig. «Dann denke ich fast manchmal, ich könnte ihn vielleicht in den Tod getrieben haben. Aber nicht wahr, man hat doch das Recht, für sich selbst auch zu sorgen?» Ich bestätige ihr, daß sie aus Verantwortungsgefühl ihrem eigenen Leben gegenüber die Scheidung erwogen hat, und jetzt frage ich doch, ob sie schuld sei am Tod ihres Mannes. «Schuld nicht – das war ja klar der Alkohol –, aber irgendwie doch mitbeteiligt.»
Schuldgefühle haben wir dort, wo wir etwas in die eigene Verantwortung nehmen sollten. Da können wir auch schuldig werden. Ich versuche also, an die Schuldgefühle dieser Frau heranzukommen, indem ich den damit zusammenhängenden und von uns hochgewerteten Aspekt des Verantwortungsgefühls anspreche. Gleichzeitig stütze ich mit dieser Intervention ihren

Selbstwert, und das bedeutet, daß sie sich allenfalls eher den Schuldgefühlen stellen kann. Sie kann dann auch etwas zu diesen Schuldgefühlen stehen, wobei etwas sehr Eigentümliches passiert: Schuld bedeutet im schweizerdeutschen Sprachgebrauch in erster Linie Mit-verursacht-Haben, nicht unbedingt Schuldig-Sein. Die Frau grenzt sich also unnötigerweise sprachlich ab vom Schuldig-Sein, psychologisch gesehen natürlich notwendigerweise. Ich habe also behutsam die Frage der Schuld aufgenommen, die sie angesprochen hatte, sie wehrt ab, und es gibt eine Veränderung in der Beziehungsdynamik. Zuvor waren wir immer solidarisiert gegen irgend jemanden, der schuldig spricht, jetzt löse ich mich mit meiner Intervention aus der Solidarisierung. Therapeutisch ist es natürlich sinnvoll, daß dieses Schuldproblem und der Aspekt des aggressiven Schuldparts, des Aggressors, in die Übertragung kommt, also auf mich projiziert wird. Dennoch akzeptiere ich ihren Widerstand als Zeichen, daß es für sie noch zu ängstigend ist, das Problem anzusprechen. Ich akzeptiere auch, daß sie jetzt wochenlang über Alltagsprobleme spricht, die sie lösen muß, rechtliche Probleme, Probleme mit den Kindern, die erben wollen. Ihr verstorbener Mann wird von der Versicherung angegriffen. Es wird behauptet, er sei in stark alkoholisiertem Zustand gefahren, also grob fahrlässig gewesen. Sie, die vielleicht diese Aussage so gemacht hatte, ist empört, beharrt darauf, daß ihr Mann auch ein guter Mann gewesen sei. Auf diese Anschuldigung von außen hin ist sie jetzt nicht mehr nur gut und er nur böse, sondern er ist zumindest gut und böse. In dieser Phase der Gespräche meinte ich, wir könnten die Beziehungsgeschichte der beiden noch einmal ansehen, und zwar nicht so sehr hinsichtlich der Schuldzuweisung, der Frage nach den Sündenböcken, als vielmehr im Hinblick auf die Wirkungsgeschichte der Beziehung. Wir könnten also versuchen, die Frage zu klären, wie die beiden Ehepartner aufeinander eingewirkt haben, daß es zu diesem Ende kam. Unter dem Aspekt, daß beide auch schuld sind, aber nicht um einander zu

verurteilen, sondern um zu verstehen, sollen dabei Gefühle für das Handeln des einen und des andern sich entwickeln.
Die Wirkungsgeschichte einer Beziehung zum Thema zu machen, ist aber auch problematisch, weil dadurch natürlich die Verdrängung der Schuldgefühle aufgehoben wird, die Schuldgefühle werden dann erlebt.
Die Frau beginnt die Wirkungsgeschichte der Beziehung zu beschreiben, z. B.: Als sie ihr erstes Kind bekam, war sie stolz. Sie hatte das Gefühl, es sei ihr Produkt, das sie ganz und gar brauche, ganz und gar abhängig sei von ihr. Sie brachte das zum Ausdruck, und darauf habe der Mann in etwa gesagt, er sei auch daran beteiligt gewesen. Sie habe dann weiter argumentiert, gewachsen sei das Kind in ihr, und ohne sie wäre das Kind überhaupt nicht. Jetzt, wenn sie überlege, merke sie, daß sie ihn damals ja richtig ausgestoßen habe. Sie habe ihn nicht an ihrer Freude an dem Kind teilhaben lassen. Dabei sei es ihm so wichtig gewesen, dazuzugehören. Auch ich hatte mich am Anfang, als sie so rasch über mich bestimmte, ausgestoßen gefühlt und das Gefühl gehabt, sie brauche mich, dürfe mich aber nicht brauchen. Es scheint also ein typisches Verhalten von ihr zu sein. Warum verhält sie sich so?
Sie selber sieht sich nun als eine ganz schreckliche, böse Frau: schuldig, weil sie ihren Mann immer wieder ausgestoßen hat, auch mit ihren ewigen Scheidungsdrohungen. Jetzt ist plötzlich sie schuld an allem, er unschuldig. Sie geht ganz unempathisch mit sich um, schreibt ihre Schuld fest.
In der 28. Stunde, etwa sechs Monate nach Beginn der Behandlung, als sie wieder einmal sagt: «Ich bin schuldig, durch und durch schuldig», und ich den Eindruck habe, daß unsere Situation festgefahren ist, sage ich: «Ich kann das Gefühl, das Sie haben, glaube ich, gut verstehen.» Und ich erzähle ihr von meinen ersten Gefühlen, die ich hatte, als ich ihren Scheidungsbericht las, von diesen Gefühlen, die mich fast bewogen hätten, sie wegzuschicken. Ich erzähle ihr, wie mies ich mir vorgekommen sei angesichts ihrer schrecklichen Situation. Wir solida-

risieren uns im Gefühl. Das bringt für die Frau eine spürbare Entlastung. Sie erzählt dann weiter Geschichten, in denen es deutlich wird, daß für ihren Mann Dazugehören ein ganz großer Wert gewesen war. Er hatte immer mit anderen zusammen etwas machen wollen; auch in der Familie sei es ihm sehr wichtig gewesen, daß alle beieinander waren, möglichst lange alle in einem Bett, in einem Zelt, alles gemeinsam benutzten. Für ihn waren die Wege der Kinder in die Selbständigkeit außerordentlich schmerzhaft. Sie meint auch, bemerkt zu haben, daß er, je selbständiger die Kinder wurden – und darauf achtete sie, daß sie bald selbständig wurden –, um so mehr trank.

Beim Erzählen schwingt ein verachtender Ton in der Stimme mit. Ich frage sie, wie sie dieses Dazugehören-Wollen denn erlebt habe. Am Anfang hatte sie es lustig gefunden, dann war sie immer allergischer darauf geworden, schließlich hatte sie über ihn gespottet und dann einfach immer alles getan, damit diese Gemeinsamkeit nicht zustande kommen sollte. «Er kann aber nichts dafür, er konnte nichts dafür, seine Familie war schon so. Deshalb mußte er auch gleich heiraten, als seine Mutter starb.»

In ihrer eigenen Familie dagegen war es ein Wert, selbständig zu sein, unabhängig, sie hätte auch praktisch keinen Zusammenhalt, und die Familie ihres Mannes habe einen sehr großen Zusammenhalt. Sie werde jetzt auch von der Familie ihres Mannes gestützt und nicht von ihrer eigenen. Ich deute ihr, daß die Familie ihres Mannes wohl zu Beginn sehr faszinierend gewesen sei, weil da ein ganz anderes Beziehungsverhalten gepflegt wurde, aber daß dieses Beziehungsverhalten ihr offensichtlich auch Angst gemacht habe, vielleicht Angst, unselbständig zu werden und dann niemand mehr zu sein. Sie erzählt dann weiter, bei ihr zu Hause habe man Selbständigkeit immer gelobt, dann sei man eben schon groß gewesen. Weiter fällt ihr ein, daß sie als Kinder – auch ihre Geschwister – ja nicht zum Dorf gehört hätten; sie wohnten am Rande eines Dorfes, und das war auch ein Symbol für eine gewisse Randständigkeit. Sie waren die einzige reformierte Familie in einer katholischen Gegend. Sie war eine Ausgestoßene, identifizierte sich mit den Ausstoßenden und verursachte weiter Ausgestoßene; zumindest stieß sie ihren Mann aus. Die Kinder haben sich offenbar unauffällig entwickelt.

Betrachten wir Schuldgefühle unter dem Aspekt Ausstoßender und Ausgestoßener, dann ist der, der schuldig spricht, natürlich auch der, der ausstößt, der schuldig Gesprochene der, der ausgestoßen wird. Jetzt, indem sie sich schuldig erlebt, ist die Frau die Ausgestoßene, wie sie es als Kind schon immer war. Immer einmal wieder fragt sie mich danach, wie ich mich denn gefühlt hätte in der ersten Stunde, als ich sie so ausgestoßen hätte, und immer wieder sage ich es ihr, und sie versichert mir, sie fühle sich gleich. Ich spreche dann auch davon, daß ich mich verstehen könne und daß man sie eigentlich auch verstehen könne.

Beiläufig meine ich, manchmal könne ich sie auch direkt sehen als ausgeschlossenes Kind, wie sie sich da fühlte, wie elend. Auf diese Bemerkung hin steigt ein Erinnerungsbild auf. Es ist in der 32. Stunde, und es ist das erste Mal, daß ein Bild aufsteigt. Sie erzählt, sie sehe sich jetzt, wie sie vor dem Kindergarten stehe, alle anderen Kinder sind im Kindergarten, nur sie und ihre Geschwister dürfen da nicht hin, weil es angeblich zu weit ist. Es ist Frühsommer, die Kinder singen irgendein Sommerlied, sie steht draußen und möchte so furchtbar gerne mitsingen, aber sie darf nicht. Sie steht da, leiderfüllt, rennt heim zu ihrer Mutter, erzählt ihr, daß sie auch in den Kindergarten möchte, und diese sagt: «Du weißt doch, daß wir nicht dazugehören, und wir wollen auch nicht dazugehören.» Sonst hatte diese Formulierung dem Kind ein wenig das Gefühl gegeben, besonders zu sein, diesmal aber spürte es nur Wut, Verzweiflung, Schmerz. Es steigen mehrere solcher Erinnerungen auf, erlebbar für sie und auch für mich ist der Schmerz des ausgeschlossenen Kindes, wir fühlen uns sehr nah.

Das Thema «Ausstoßende und Ausgestoßene» ist weiterhin

aktuell. Da die Frau sich nie an Träume erinnert, aber sehr lebendig jetzt die Bilder ihrer Kindheit heraufbeschwören kann – sie kann sogar sagen, wie die Erde roch, als sie vor dem Kindergarten stand –, habe ich den Eindruck, daß Vorstellungsbilder, Imaginationen uns etwas in die Bereiche der Bilder führen könnten. Bilder möchte ich vor allem deshalb haben, weil mit ihnen immer auch eine Dimension der Zukunft verbunden ist.
Ich frage in der 35. Stunde, nachdem ich sie etwas entspannt habe, nach Bildern zum Thema «Ausgestoßen». Ich bin der Ansicht, daß nun der Komplex sich ausphantasieren könne.
«Ausgestoßen – da sehe ich ein blindes Mädchen, das in einer dornigen Gegend umherirrt.» (Später assoziiert sie das Märchen «Rapunzel» dazu und «Das Mädchen ohne Hände».)
Zum Thema «Ausstoßende»: «Das Mädchen ist ausgestoßen von einem keifenden alten Mann mit Stock.»
Ich bitte sie, sich entweder in das blinde Mädchen hineinzuversetzen oder in den alten Mann.
Erst indem die Frau sich als Ausstoßende und als Ausgestoßene erlebt, kann sie an ihre Schuldgefühle herankommen und empathisch mit sich sein. Die Solidarisierung mit mir war die Voraussetzung dafür, sich auf die Imagination einzulassen.
Sie identifiziert sich mit dem Mädchen, seufzt: «Ich bin barfuß, blind und nicht daran gewöhnt, blind zu sein. Es ist sehr kalt, es regnet, ich stoße immer einmal an. Meine Haut wird aufgeschürft. Von irgendwo spüre ich Wärme, da gehe ich hin. Es sind Häuser, aber alle Türen sind verschlossen. Ich stelle mir vor, daß hinter der Tür ein alter Mann mit einem Stecken ist. Er ist böse, er straft. Er weiß weshalb, er ist unbeugsam. Er beschließt, das Mädchen müsse sühnen. Das Mädchen geht wieder von der Tür weg, es akzeptiert, geht wieder hinaus in den Regen, in die Dornen, ziellos, orientierungslos. Es muß sühnen. Das akzeptiert es.»
Hier interveniere ich in der Imagination[7]. «Kennt das Mädchen sein Vergehen, für das es sühnt?» Ich stelle die Frage, weil ich den Eindruck habe, daß hier Leiden um des Leidens willen

praktiziert wird. Ich hatte beim Zuhören plötzlich eine Wut bekommen, von der ich meine, daß sie eigentlich das Mädchen hätte haben sollen. Wenn alle Aggressionen auf den Aggressor projiziert sind, dann ist das Opfer selbst aggressionslos. Bekommt das Opfer auch eine Wut, eine konstruktive Wut, dann kann es aus diesem Aggressor-Opfer-Spiel aussteigen.
Das Mädchen kennt sein Vergehen nicht, es ist einfach bereit zu sühnen. Ich frage: «Kennt der alte Mann die Vergehen?» Durch diese Frage wird in der Imagination der Rollentausch angeregt, und gleichzeitig wird angeregt, empathischer mit sich selbst umzugehen. Der alte Mann muß nachsehen; er brummelt: «Mädchen machen immer etwas Unerlaubtes. Mädchen müssen immer bestraft werden.» Er blättert und blättert in einem Buch, hat endlich die Seiten mit dem Sühnenregister und sagt bedeutungsvoll: «Hmm, Hmm», und schweigt.
Das Mädchen beschließt, nicht mehr zu sühnen und diesen Ort zu verlassen. Es läuft in eine Richtung, denkt, irgendwann werden Menschen kommen, es stolpert, es fällt, aber langsam beginnt es Tag zu werden. Da legt es sich ins Gras und schläft und fühlt sich wunderbar geborgen.
Diese Imagination erstreckt sich von der 35. bis zur 42. Stunde der Therapie. Als sie endlich aufgewacht ist, fängt sie langsam an zu sehen, eine ältere Frau ist bei ihr, gibt ihr Kräuter auf die Augen und Füße, ist mitleidig, sagt Sätze des Mitleids, des Trostes. Das Mädchen will gar nicht aufwachen, die Worte sind wie Balsam, erst als die Frau fragt: «Kannst du wirklich immer noch nicht sehen?», da schlägt es die Augen auf und kann sehen. Sie erkennt die alte Frau nicht.
Sie ist zunächst sehr erstaunt darüber, daß es eine solche Frau in ihrer Phantasie gibt, aber auch sehr glücklich. Eine solche Mutter hätte sie sich gewünscht, eine solche Mutter hätte sie sein mögen. Wir sprechen lange über diese Frau, die ihr Leiden sehen kann, die ihr Leiden annehmen kann, die auch Worte des Trostes findet. Erst dann deute ich ihr diese Gestalt auf der Subjektstufe. Als ich ihr diese Gestalt als eigene Lebens- und

Gefühlsmöglichkeit deute, strahlt sie auf und sagt dann: «Aber wissen Sie, ein wenig ist die auch wie Sie.» Sie macht eine Übertragung dieser Kräuterfrau auf mich, wir sind nicht mehr im Komplex, im Übertragungs-Gegenübertragungs-Spiel von Aggressor und Opfer gefangen.

Es ist immer eine Frage, ob man Übertragungen unterbindet, wenn man die Symbole auf der Subjektstufe interpretiert. Meine Erfahrung ist die, daß sehr oft eine Übertragung erst dann wirklich angesprochen werden kann, wenn der Analysand/die Analysandin auch spürt, daß das zu Übertragende auch in ihm/ihr selbst ist, daß es sich nicht widerspricht, eine Kraft in der Beziehung und eine Kraft in sich selbst zu spüren.

Im nachhinein wundern wir uns gemeinsam über das dumme Mädchen, das einfach sühnen wollte, weil es den Eindruck hatte, es muss sühnen. Ich frage sie dann, wer in ihrem Leben solche Sprüche gebrummelt habe wie der Alte in der Imagination. Diese Spur weist auf einen Pfarrer hin, der offenbar der Ansicht war, daß alle Sünde vom Weibe stammt und man deshalb die Mädchen beizeiten sühnen lassen müsse. So hatte dieses Mädchen immer wieder im Laufe ihres Lebens das Gefühl bekommen, alles falsch gemacht zu haben und noch selber daran schuld zu sein.

In der Imagination bleibt das Mädchen längere Zeit bei der gütigen Frau; da wächst es und lernt eine ganze Menge. Diese gütige Frau wird sehr in der Projektion gesehen, die Analysandin weiß aber, daß es auch ein Teil von ihr selbst ist, den sie ab und zu auch in sich sieht. Niemand von uns ist ausgeschlossen. Wir sprechen in dieser Zeit immer noch über ihr Ausgestoßensein und darüber, daß sie jetzt nicht unbedingt mehr die Ausgestoßene sein muß.

Noch einmal beginnt sie die Wirkungsgeschichte der Beziehung zu ihrem Mann zu erzählen, und zwar jetzt wirklich mit Empathie für sich und für ihren Mann. Trotz dieses empathischen Mitgehens mit der Geschichte der Wirkung ihrer Beziehung sind die Schuldgefühle sehr viel deutlicher, sehr viel er-

lebbarer. Sie fühlt sich schuldig, elend schuldig, und drückt das auch aus. In einem solchen Augenblick bitte ich sie um einen anderen Ausdruck für Schuldgefühle, denn hinter diesem Ausdruck «Ich bin so ungeheuer schuldig» kann man sich auch verstecken. Ihr anderer Ausdruck ist: «Ich habe ihm und mir nicht gegeben, was möglich war. Möglich gewesen wäre Geborgenheit, möglich gewesen wäre, zusammenzugehören und trotzdem ein einzelner Mensch zu sein.»
Die Frage nach ihrer Schuld beschäftigt sie weiter. Da fällt ihr der alte Mann aus der Imagination ein. Er muß es ja wissen. Ich bin sehr froh, daß sie diesen Teil der Imagination wieder aufnimmt. Bei mir war er immer irgendwie präsent geblieben, auch wenn sie nicht davon sprach.
Wenn Analysanden imaginieren, imaginieren auch Therapeuten in einem gewissen Sinn mit. Und ich hatte mich in diesem Fall immer dabei ertappt, daß ich zwar jeweils sah, wie sie bei dieser Frau aufwuchs – ich freute mich auch daran und fühlte mich gut dabei –, daß aber immer noch in einer Ecke des Bildes das Haus mit dem alten Mann war, so als hätten meine Bilder mir gesagt: «Der ist zwar randständig, aber er darf nicht vergessen werden.» Ich formuliere diese Gedanken aber nicht der Analysandin gegenüber.
In der Imagination sucht nur die Analysandin den Alten auf. Sie geht vor seine Hütte, er ist nicht auffindbar. Ein etwas jüngerer Mann steht da, und sie fragt ihn, wo denn der Alte geblieben sei. «Er ist gestorben.» Sie sagt, sie müsse aber ihre Schuld wissen. Der Junge hat nun das Buch. Gemeinsam suchen sie ihre Seite. Da steht: «Sie hat ihr Gefühl nicht ernst genommen.» Der Mann liest diesen Spruch wie einen Konfirmationsspruch.
Imaginationen mit dem Thema der alten empathischen Frau und des alten Mannes kommen von da an nicht mehr vor. Diese Imagination ist in sich abgeschlossen.
Der «Konfirmationsspruch» beschäftigt sie nun sehr. Es ist für sie ein Spruch, den man bei einer Initiation mitbekommt. Es

wird ihr sehr deutlich, daß Schuld und damit auch Verantwortlichkeit für sie damit zusammenhängen, daß sie ihr Gefühl ernst nehmen muß. Sie beginnt zu sinnieren, wann sie denn das Gefühl nicht ernst genommen habe und warum. Viele Erinnerungen tauchen auf, zuletzt diese: Sie hatte doch gewußt, daß ihr Mann so weichlich war, er war doch nie anders gewesen. Sie hatte auch gewußt, daß er dazu neigte zu trinken, wenn er Konflikte hatte; das hatte sie immer gespürt, auch als sie sich erst kurz kannten. Aber sie hatte ihn trotzdem geheiratet. Und auch dann, wenn sie selber das Bedürfnis nach Geborgenheit gehabt hätte: Sie war aus Prinzip fürs Getrenntsein gewesen, für Autonomie.
Jetzt ist sie überzeugt, ihre Gefühle ernst nehmen zu wollen. Sie kann akzeptieren, daß sie schuldig geworden ist, daß sie auch ihrem Mann gegenüber Schuldgefühle hat; sie kann sich aber auch verstehen, sie kann die Wirkungsgeschichte ihrer Beziehung verstehen. Jetzt hätte sie gern von ihrem Mann ein Zeichen, daß er im Jenseits ihr nichts nachträgt. Sie hofft auf einen Traum. Es kommt keiner; und sie entschließt sich, dazu zu stehen, daß sie bis jetzt nicht anders gekonnt hatte, in Zukunft aber – und Schuldgefühle sind ja immer ein Hinweis dafür, daß sich in der Zukunft etwas verändern kann – anders mit sich umzugehen und ihre Gefühle ernstzunehmen.
Die Analyse endet nach 86 Stunden, nach einer sehr wichtigen Ablösephase von mir.
An dem Übertragungs-Gegenübertragungs-Prozeß, den ich anhand dieser Analyse zeigen wollte, war das Kollusive sehr typisch: Der Part des Opfers und der Part des Aggressors wurde wechselweise übernommen, abwechselnd mit Solidarisierung. Es ist eben sehr typisch, daß diese Halbierung natürlich abgewertet wird, denn es ist eine Kränkung der eigenen Ganzheit. Erst dann, wenn Empathie vorhanden ist, wenn man empathisch sein kann auch für diese Spaltungen, wenn eine Solidarisierung im Gefühlsbereich, gerade auch im Bereich der negativen Gefühle, stattfinden kann, dann kann der Prozeß wei-

tergehen, hier ausgedrückt in der Imagination, die der Analysandin sowohl eine Möglichkeit des mütterlichen Umgehens mit sich selbst gebracht hatte, sie aber auch aus der Mädchenhaltung herausführte und einen sehr rigiden Vater in ihr sterben und in milderer Form auferstehen ließ.
Darüber hinaus ist für sie die Methode der Imagination möglich geworden.
Grundsätzlich meint Jung, daß der schöpferische Weg der beste ist, mit seinem Unbewußten umzugehen. Er empfiehlt denn auch, sich eine Phantasie «auszudenken» und sie so zu gestalten, als wäre es eine unentrinnbare Lebenssituation.

«Alle Schwierigkeiten, denen Sie in einer solchen Phantasie begegnen, sind symbolischer Ausdruck für Ihre psychischen Schwierigkeiten; und in dem Maße, wie Sie sie in der Imagination meistern, überwinden Sie sie in Ihrer Psyche.»[8]

An anderer Stelle sagt Jung, daß wir mit der Methode der Imagination einerseits das Unbewußte analysieren, dem Unbewußten aber auch Gelegenheit geben, den Ichkomplex zu analysieren[9]. Sind Imaginationen also einmal geübt, dann kann man mit dieser Methode gut mit dem konstellierten Komplex in Beziehung treten und diesen sich ausphantasieren lassen, auch außerhalb der therapeutischen Situation[10].

Archetypische Gegenübertragung als Märcheneinfall

Marcel ist 25 Jahre, als er zu mir kommt, um sich «testen» zu lassen. Das zumindest war sein Anliegen, das er am Telefon formulierte, und ich war der Ansicht, daß es um seine Berufsberatung ging. Als er dann erscheint – ein mittelgroßer, dunkelhaariger, junger Mann, ein muskulöser Sportlertyp, der allerdings sehr gespannt wirkt –, erzählt er mir, daß er es verabscheue, getestet zu werden, daß er Tests nicht ausstehen könne

und daß er eigentlich eine Therapeutin suche, die mindestens zehn Jahre am gleichen Ort bleibe, denn er habe schon acht Therapeuten durch Umzug verloren.
Diese ganze Situation erscheint mir sehr eigentümlich, und ich bitte ihn, mir seine therapeutischen Erfahrungen zu schildern. Seit seinem 20. Lebensjahr suchte er eine Therapie, denn er war unzufrieden mit seinem Leben und mit seinem Beruf. Seine erste Angstkrise, die er Depression nannte, hatte er, als man ihm eine verantwortungsvollere Arbeit anbot. Er arbeitete als Hilfsarbeiter in einem staatlichen Betrieb. Während der vier Jahre, bevor er seine Therapie bei mir aufnahm, arbeitete er nur noch gelegentlich und hatte sich selber sechsmal in psychiatrische Kliniken einweisen lassen, freiwillig, weil er den Eindruck gehabt hatte, unter Depressionen zu leiden.
Die Schilderung über seine therapeutischen Erfahrungen bringt zutage, daß er zweimal von Therapeuten verlassen worden war (beide hatten abgemachte Stunden vergessen), daß in den anderen Fällen aber er die Therapie oder die Therapeuten aufgegeben hatte. Er ging einfach nicht mehr hin.
Ich konfrontiere ihn mit dieser schlechten Realitätswahrnehmung, indem ich ihm sage: «Es scheint mir, daß Sie noch eine Therapeutin suchen, um ihr zu beweisen, daß sie auch nichts taugt, und um sich selbst davon zu überzeugen, daß Sie unheilbar sind.» Er: «Ich werde Ihnen beweisen, daß Sie unrecht haben.» Dann: «Ich habe keine Lust, Ihnen meine Geschichte zu erzählen. Ich habe sie schon tausendmal erzählt. Niemand glaubt mir übrigens meine Geschichte. Die ist unglaublich. Der Arzt der Klinik wird Ihnen meine Krankengeschichte schicken.»
Während der ersten Sitzung habe ich einander widersprechende Gefühle und Eindrücke: Ich bin neugierig auf Marcel, spüre in ihm eine starke Vitalität, finde ihn auch sympathisch. Andererseits spüre ich viel Ärger, Aggression und eine Art von Angst, die ich eigentlich bei mir nicht kenne. Er vermittelt mir den Eindruck, mit sehr viel Energie seine Probleme anzugehen,

um im entscheidenden Moment dann doch zurückzuweichen. Ich formuliere diesen Eindruck mit dem Bild, er komme mir vor wie ein Autofahrer, der gleichzeitig Gas gebe und bremse. Der Grund dürfte wohl die Angst sein, die das Konfrontieren mit seinen Problemen in ihm auslöse. Er fühlt sich etwas verstanden und drückt das so aus: «Ich habe ein wenig Vertrauen zu Ihnen, aber ich muß jetzt weggehen und darüber nachdenken, um zu wissen, ob ich wirklich mit Ihnen arbeiten will, und Sie auch; vielleicht können Sie auch darüber nachdenken.»
Marcel hat offenbar Angst, zurückgestoßen zu werden, und realisiert nicht, daß er zurückstößt. Er fühlt sich verlassen. Ich nehme starke, sehr widersprüchliche Emotionen wahr, vor allem destruktive Aggression und Angst. Er suchte immer wieder Hilfe, die er nicht annehmen konnte. Als er ausdrückte, daß er ein wenig Vertrauen spüre, mußte er weggehen, um nachzudenken, ob er wirklich mit mir arbeiten wolle. Er muß große Angst davor haben, sich auf eine therapeutische Beziehung einzulassen, wohl Angst, mir zu nahe zu kommen und im Zusammenhang damit natürlich auch zu riskieren, verlassen zu werden. Marcel kehrt dann in die Klinik zurück, in der er sich im Moment aufhält, und ordnet an, daß man mir sofort seine Krankengeschichte schicke. Er erzählt jedem, der es hören will, er habe die beste Therapeutin der Welt gefunden, wie mir der Arzt mitteilt. Es handelt sich hier um eine «primitive Idealisierung».

Marcel war diagnostiziert als schizoide Persönlichkeit mit paranoiden Zügen. Einige Anmerkungen zu seiner Anamnese: Er war das erste von zwei Kindern einer sehr problematischen Familie. Seine Mutter, eine paranoide Schizophrene, war verschiedentlich zwangshospitalisiert worden, zum erstenmal als Marcel drei Jahre alt war, seine Schwester ein Jahr. Der Vater war ein aggressiver Alkoholiker. Zwischen dem 6. und dem 15. Lebensjahr wurde Marcel mit seiner Schwester in ein Heim gebracht, das von Nonnen geleitet wurde. Das Erziehungsklima, das dort herrschte, erlebte er als außerordentlich hart.

Nach der Schulzeit arbeitete er als Hilfsarbeiter. Verschiedentlich versuchte er, eine Lehre zu machen, aber jedesmal, wenn er einen Lehrmeister suchte, erfand er eine Biographie, um nicht seine wirkliche Geschichte erzählen zu müssen. Er schämte sich seiner Herkunft zu sehr. Er verwickelte sich dann natürlich in seine verschiedenen Biographien, in der Krankengeschichte wurde er dementsprechend auch als Lügner beschrieben. Ich denke, daß es sich hier nicht um Lügen handelt, sondern eher um eine Spaltung und die damit verbundene Negation.

Überlegungen zur Diagnostik: Die erste Krise trat auf, als er unabhängiger arbeiten sollte, also in einem Augenblick der Loslösung von seinen Kollegen. Zeiten der Separation, der Autonomieforderung werden von ihm angstvoll erlebt. Als Abwehrmechanismen sind die der Spaltung und der Verleugnung evident sowie Allmachtsphantasien und Entwertungsstrategien. Auf die Situation «Übertragung–Gegenübertragung» gehe ich später ein.

Meine vorläufigen diagnostischen Überlegungen führen dazu, Marcel als eine paranoide Persönlichkeit auf der Basis einer Borderlinestruktur zu sehen.

In der zweiten Sitzung sagt er mir, er habe überlegt, ob er mit mir arbeiten wolle, und er denke, daß wir eine außerordentlich gute Arbeit miteinander machen könnten, daß es uns gelingen könnte, ihn in sehr kurzer Zeit zu heilen. Auf jeden Fall habe er den festen Willen, intensiv mit mir zu arbeiten, und er wolle seinen guten Willen damit beweisen, daß er mir zwei Geheimnisse anvertraue. Das erste Geheimnis: Er habe eine enorme Angst, krank zu werden, deshalb würde er nie Türklinken anfassen und nie jemandem die Hand geben. Dieses Geheimnis hat mich dann im Laufe der Therapie veranlaßt, intensiv auch am Körperich des Patienten zu arbeiten, ihm seinen Körper bewußt wahrnehmen zu lassen, vor allem seine Spannungen und seine verborgene Aggressivität auch als Kraft aufspüren zu lassen.

Das zweite Geheimnis, das er mitteilt: Die «ganze Welt» denke, daß seine Krankheit im Zusammenhang mit der Krankheit seiner Mutter stehe, das sei aber nicht wahr. Er erzählt: «Es war sehr schwer für mich als Kind, wenn die Polizei gekommen ist und meine Mutter mitgenommen hat. Aber es war auch schwer für mich, wenn meine Mutter mit Personen sprach, die ich nicht sah. Das war sehr ängstigend.» Das Grauen steht ihm noch im Gesicht geschrieben, während er das erzählt.
«Aber meine Mutter ist eine sehr liebe Person. Ich hab' sie sehr lieb. Ich erinnere mich, wie sie uns sorgfältig gewaschen hat. Sie hat uns die Füße gewaschen mit Vim (das ist ein aggressives Putzmittel), ich bin sehr wichtig für meine Mutter, ich muß dafür sorgen, daß sie ihre Medikamente nimmt.»
Dann führt er an: «Als ich Ihnen das jetzt erzählt habe, habe ich folgende Phantasie gehabt: Ich bin auf den Bergen, am Rand eines Waldes, in einer Wiese. Es ist Herbst wie jetzt, es gibt einen kleinen Fluß, der Ort ist sehr schön. Es ist gut, allein zu sein, ich will niemanden sehen.»
Und dann fügt er mit einer bedrohlichen Stimme hinzu: «Wenn jemand kommt, werde ich ihn schlagen, vor allem, wenn es eine Frau ist.»
Ich: «Kommt jemand?»
Er: «Nein, niemand. Das ist langweilig. Warum kommen Sie nicht?»
Ich: «Ich werde nicht gerne geschlagen.»
Marcel: «Sie können kommen, aber ich bestimme die Distanz.»
Ich: «Einverstanden. Ich nähere mich.»
Marcel: «Es sind jetzt 200 Meter zwischen uns. Das ist gut.»
Ich: «Es ist schön hier. Man ist über dem Nebel.»
Marcel (mit einer triumphierenden Stimme): «Sie müssen hinuntersteigen, Sie gehen in den Nebel, Sie werden kalt haben.»
Ich: «Es hat Ihnen wohl nicht gefallen, daß ich von Nebel gesprochen habe? Ich habe vom Nebel gesprochen, weil es nicht möglich ist, daß es so schön ist, daß Ihre Situation so friedlich

ist, daß Sie sich so gut fühlen. Es ist ja auch langweilig. Und dann haben Sie mir ja auch ein Geheimnis anvertraut. Dieses Geheimnis ist sehr wichtig für mich. Ich glaube Ihnen schon, daß Sie eine gute Beziehung haben zu Ihrer Mutter, aber das muß schwer sein, mit ihr zu leben und auf sie aufzupassen. Ich sehe da noch nicht klar, für mich ist das der Nebel.»
Er hört mir aufmerksam zu, dann sagt er: «Ich werde Sie trotzdem bestrafen.»
Ich: «Sie bestrafen mich, wenn ich nicht mache, was Sie wollen? Vielleicht bestrafen Sie, wenn sie Angst haben? Es macht Angst, eine Situation so zu sehen, wie sie ist. Ich kann das gut verstehen.»
Marcel: «Ich bin immer sehr aggressiv. Ich bin immer wütend. Ich habe immer Angst. Aber jetzt haben Sie meine Phantasie zerstört. Ich werde Sie bestrafen. Aber gehen wir in den Nebel. Die Sitzung ist fertig. Vergessen Sie nicht meine Geheimnisse.»
Vor der Tür der Praxis steht der Briefträger. Der Analysand spricht mit ihm, als wäre nichts gewesen.
Was ist passiert? Als er von dem Geheimnis, das seine Mutter betrifft, sprach, versuchte er die Augen zu verschließen vor den Schwierigkeiten, auch vor der Angst, die er im Umgang mit ihr gehabt haben mußte, und er produzierte eine sehr friedliche Phantasie. Allerdings wurde sofort seine Isolation, vor allem in bezug auf Frauen, sichtbar. Diese Angst vor Frauen und die Sehnsucht nach ihnen und die damit zusammenhängende Aggressivität wurden auf mich übertragen. Zudem bildete sich sein Nähe-Distanz-Problem deutlich ab. Er möchte, daß Menschen in seine Nähe kommen, es ist für ihn aber außerordentlich wichtig, daß er die Distanz selber bestimmt. Die Annäherung an ihn ist wie eine Annäherung an ein scheues Tier. Meine Deutung half ihm, seine Angst auszudrücken, zu erkennen, daß er immer wütend ist. Meine Erklärung hatte also das Ich eher gestärkt. Das bestätigte meine Hypothese, daß es sich bei Marcel viel eher um eine psychische Problematik mit einer Borderlineorganisation handelte als um den Beginn einer Psy-

chose. Auf der Ebene der Übertragung sah man seine Tendenz zu Spaltung. Einerseits war ich jemand, der seine Einsamkeit teilen konnte, also ein guter Mensch, aber wenn ich nicht tat, was er wollte, wurde ich sofort zum schlechten Menschen, den er bekämpfte, den er bestrafen mußte, ein Hinweis auf projektive Identifizierung, verbunden mit einer Phantasie der Allmacht, die eine Ohnmacht, eine ohnmächtige Angst zudeckte. Auch wurde deutlich, daß er das, was in der Therapie passierte, sehr leicht abspalten konnte und so in der konkreten Realität unauffällig reagierte.

Ich selber spürte eine starke Wut, als er mir sagte, ich könnte in den Nebel hinuntersteigen, um kalt zu haben. Es waren nicht so sehr die Worte als die Art, wie er es sagte, das hämisch-sadistische Grinsen, das ich auf seinem Gesicht wahrzunehmen glaubte. Ich hatte diese Wut zu einem Teil als Gegenübertragung aufgefaßt, die seine eigene Wut zum Ausdruck brachte. Natürlich waren in meiner Wut auch eigene Anteile verborgen: die Wut angesichts von Männern, die einfach über Frauen bestimmen. Die Gegenübertragungsgefühle sind ja nie ganz frei von Gefühlen aus der eigenen Lebensgeschichte. Verstanden hatte ich, daß Marcel seine Ängse so lange aushalten kann, solange er die Menschen um sich herum unter Kontrolle hat, d. h., der Abwehrmechanismus der projektiven Identifikation wurde sichtbar: Er erlebt Persönlichkeitsaspekte von sich selbst in seinem Gegenüber und muß sie da kontrollieren, damit er «ganz» bleibt und damit allenfalls sich diese bösen Anteile nicht unkontrolliert gegen ihn wenden können. Es besteht hier bestimmt ein Zusammenhang mit dem Erlebnis, daß seine Mutter ihre Ängste nicht kontrollieren konnte und daß er als Kind diesen Ängsten auch hilflos ausgeliefert war.

Während der fünf Sitzungen, die folgen, spricht Marcel von seinem täglichen Leben, von seinen Arbeitsproblemen. Es geht darum, eine Arbeit zu finden, die ihm gefällt und die seinen Möglichkeiten entspricht. Um dieses Berufsproblem anzugehen, war er, der bereits eine Invalidenrente bezog, von der Invalidenkasse einem Berufsberater zugewiesen worden. Mit mir diskutiert er immer wieder, was dieser herausfand. Ich habe in dieser Situation die Rolle des guten Vaters, während der Berufsberater der böse Vater ist. Ich sehe Marcel ungefähr alle vierzehn Tage. Diesen Rhythmus der Stunden wählte ich einerseits, weil Menschen mit einer Borderlineorganisation große Angst vor Verschmelzen entwickeln und bei zu naher Stundenfrequenz aus diesem Grunde sehr destruktiv agieren müssen. Zudem hatte er mir bei unserem ersten Gespräch erzählt, daß bei einem Therapeuten, der ihn nur alle vierzehn Tage oder gar alle drei Wochen sah, die besten Resultate erzielt worden seien.

In die achte Sitzung – ungefähr drei Monate nach Beginn der Therapie – kommt Marcel und sagt: «Ich bin sehr unzufrieden mit Ihnen. Das geht nicht mehr so!»
Ich: «Sie wollen mich bestrafen?»
Marcel: «Ich werde Ihnen eine Geschichte erzählen. Wissen Sie welche?»
Ich: «Ich bin keine Hellseherin.»
Marcel: «Genau, das ist das Problem. Sie sind nicht einmal eine Hellseherin, Sie Arme.»
Auf der einen Seite amüsiert mich diese Forderung, hellseherisch sein zu müssen, auf der anderen Seite frage ich mich natürlich, was das nun wieder bedeute. Ich werde ärgerlich und spüre eine Angst in mir wachsen, die ich mir nicht erklären kann.
Marcel: «Sie haben schlechte Laune heute, ich sehe es deutlich. Ich kann leider keine Rücksicht nehmen auf Ihre schlechte Laune. Tut mir leid, ich muß Ihnen meine Geschichte erzählen. Ich hab' sie zu Hause erfunden:
‹Ich bin in einer Höhle, und Sie leben in einem Bauernhaus nicht weit von der Höhle entfernt. Ich bin allein. Es ist langweilig. Ich gehe aus, und ich sehe, daß Sie im Garten arbeiten. Ich frage, ob ich Ihnen helfen kann, und ich entscheide, daß Sie einen Zaun brauchen, und ich konstruiere ihn. Am Abend

gehen Sie zu sich selbst zurück. Sie laden mich ein, zu Ihnen zu kommen. Ich will Milch trinken, und Sie bringen mir Milch. Ich will in meine Höhle zurückgehen, aber es ist kalt, und Sie laden mich ein, in Ihrem Gästezimmer zu schlafen. Am Morgen bekommen Sie ein Telefon: Sie müssen verreisen. Ich schlafe noch. Sie schreiben mir einen Zettel. Ich mache das Frühstück, wir essen zusammen, nachdem Sie zurückgekehrt sind.›»
Während er erzählt, schaut er mich aufmerksam an, während ich gemäß einer Abmachung ihn nicht anschauen darf; er mag nicht, wenn man ihn anschaut. Ich darf ihn nur anschauen, wenn er es mir ausdrücklich erlaubt. Er fährt fort:
«Sie waschen das Geschirr, ich mache mein Bett, dann gehe ich in meine Höhle, Sie können rufen, wenn Sie etwas von mir wollen. Und jetzt rede ich von Ihnen: Sie sind eine ungeheure Schlampe. Sie sind eine Hure. Man müßte Ihnen die Haare ausreißen, eines nach dem andern, und Sie dann in einen Keller werfen. Es gibt jede Sorte von Huren: solche, die sind wie die Nonnen meines Internats, und solche, die mit allen Männern schlafen wollen. Es ist unerträglich, daß meine Schwester eine Prostituierte ist, ich kann es nicht ertragen. Wie muß meine Mutter leiden.»
Ich: «Bekommt es Ihre Mutter mit?»
Er: «Nein, ich bin es, der leidet. Ich bin verantwortlich für meine Schwester. Ich war immer verantwortlich für meine Schwester.»
Ich erkläre ihm, daß es sicher ungeheuer wichtig gewesen sei für seine Schwester, daß er die Verantwortung für sie übernommen hatte, daß sie aber wohl jetzt ihr Leben lebe, daß wir das akzeptieren müßten, auch wenn wir Bedenken hätten, ob das gut sei, was sie mache.
Marcel hatte diese Phantasie zu Hause zwischen der 7. und der 8. Stunde. Er erlaubte sich also Phantasien mit mir von dem Typus der guten nährenden Mutter. Ich gab ihm Milch, und ich hatte einen Garten. Er identifizierte sich mit mir, er wußte,

was geschieht, er wußte, was ich benötigte. In seiner Phantasie brauchte ich einen Zaun. Er hatte also das Bedürfnis nach Abgrenzung, vielleicht auch mußte unsere Beziehung geschützt werden, oder wir mußten uns mehr um den Rahmen dieser Beziehung oder eben die Abgrenzung kümmern. Er behielt sich die Möglichkeit vor, sich in eine Höhle zurückzuziehen. Und man kann sich natürlich fragen, warum er gerade dieses Symbol wählt. Die Höhle ist eines der Symbole des Archetypus der Mutter, das Schutz, aber auch Einengung bedeutet, ein Ort der Wandlung, Uterus der Erde. Sein Zu-mir-Kommen wäre ein Weg zur Autonomie. Seine Höhle bezeichnete er als einen kalten Ort, als eine Möglichkeit, Distanz zwischen die lebendige, warme Mutter und sich selbst zu legen. In seiner Phantasie zeigte er auch, daß er mir helfen mußte, damit ich ihm helfe. Helfen, damit geholfen wird, dürfte ein Beziehungserlebnis seiner Kindheit gewesen sein. Das ist natürlich ein Beziehungserlebnis in unserer Gesellschaft ganz allgemein.

Die Idee der möglichen Verschmelzung wird in dieser Phantasie sichtbar, aber er ließ mir immerhin eine gewisse Autonomie, er wagte sogar zu phantasieren, daß ich genug Vertrauen hätte, um wegzugehen und zurückzukommen.

Sieht man die Phantasie im Zusammenhang, dann drückt sich in ihr viel Vertrauen und Nähe aus. Er sieht mich als nährende Mutter, die auch Autonomie zuläßt. Er zeigt, daß er in dieser Beziehung seine menschlichen Urbedürfnisse abdecken kann, er gibt sich als Beschützer, aber das ist wohl die einzige Möglichkeit für ihn, eine Beziehung aufzubauen.

Nachdem er zu Hause diese Phantasie offenbar ausgeschmückt hatte, kam er damit in die Stunde und sagte mir, daß er überhaupt nicht zufrieden sei mit mir, forderte von mir, hellsichtig zu sein. Hier wird erneut die Spaltung sichtbar. Er hatte nur den guten Aspekt oder die gute Beziehung phantasiert, und ich stelle mir vor, daß er große Angst hatte, daß ich ihn mit seiner Phantasie zurückstoßen könnte oder daß der Wunsch, mit mir als guter Mutter zu fusionieren, zu stark geworden war. Der

Zaun könnte also auch ein Zaun gegen die Regression gewesen sein oder auch ein Zaun gegen zu liebevolle Gefühle.

Als wenn er bisher nicht von mir gesprochen hätte – und das ist insofern auch richtig, als ich in diesem Moment im wesentlichen ein Übertragungsobjekt war –, sagte er dann in seinem Dialog: «Und jetzt rede ich von Ihnen.» Er beschimpfte mich, eine Hure zu sein, was ja schon recht stark ist, der man die Haare einzeln ausreißen sollte – für mich ein sadistisches Bild –; diese Bilder weisen auch darauf hin, daß er auch sexuelle Phantasien mit mir hatte, die er nicht auszudrücken wagte. Indem er mir die Haare ausriß, wollte er mir wohl auch meine erotische Kraft rauben, ich war also in verschiedener Weise bereits sehr gefährlich geworden für ihn.

Ich hatte in meiner Reaktion nicht den Fortschritt interpretiert, der sich in der Phantasie ausdrückte, auch nicht die Spaltung, die in dieser Situation erlebbar war. Vielleicht hätte ich es tun sollen. Da er unvermittelt von seiner Schwester sprach – und in diesem Zusammenhang auch noch einmal von einem für ihn sehr beschämenden Geheimnis, nämlich daß seine Schwester eine Prostituierte war –, zeigte, daß er auch die Schwester auf mich projizierte.

In den nachfolgenden Sitzungen spricht er viel und oft von seiner Schwester. Er versucht zu verstehen, warum sie Prostituierte ist. Indem er von ihr spricht, spricht er auch von seinen traurigen Erlebnissen im Heim. Er beschreibt sich als jemand, der in ständiger verzweifelter Wut sich befindet. Einerseits solidarisiere ich mich mit ihm als Wütendem, andererseits machen mich seine Kindheitserfahrungen auch sehr traurig. Einmal habe ich Tränen in den Augen, er nimmt das wohl wahr, und er beginnt zu weinen. Als er das nächste Mal kommt – es war Anfang Dezember – erkundigt er sich, wie lange ich Weihnachten weggehe. Dann bekommt er einen sehr harten Gesichtsausdruck und sagt mir: «Sie haben mich das letzte Mal zum Weinen gebracht. Das geht nicht! Ich kann nicht die Haltung verlieren! Ich werde Sie mit Ketten schlagen! Ich werde Sie mit

Ketten binden und Sie schlagen! Ich werde einen Eisenstab nehmen und Sie noch mehr schlagen! Das Blut wird fließen, das Blut wird fließen... Ich werde Sie vor mir hertreiben, wie man ein Tier vor sich hertreibt...»
Da unterbreche ich ihn und sage: «Stopp, ich habe genug, ich kann das nicht ertragen!»
Ich habe sehr Angst und bin versucht, meinerseits mit primitiven sadistischen Mitteln zu reagieren, ihn einfach hinauszuwerfen. Ich habe Angst um mein Leben. Diese Angst drückt sich in der Phantasie aus, er könne jeden Moment eine Pistole aus seiner Tasche nehmen und mich töten, und ich überlege mir, wie ich ihn entwaffnen könne. Während ich mit meinen Phanasien beschäftigt bin, schaue ich ihn an und bemerke, daß sich in seinem Gesicht eine große Angst ausdrückt. Mir wird klar, daß ich ihn schützen muß, denn er hat mindestens soviel Angst vor mir wie ich vor ihm. Ich erkläre ihm, daß wir jetzt seine Wahnsinnswut, seine Zerstörungswut erlebt hätten, und die mache ihm Angst, aber mir auch. In solchen Situationen würde eine ungeheure archaische Angst und Wut belebt, der wir beide recht hilflos ausgeliefert seien. Dann sage ich ihm auch, daß diese Wut und Angst auch dann komme, wenn Zärtlichkeit abgewehrt würde. Ich erkläre ihm, daß er sehr archaisch aggressive und sexuelle Triebe ausgedrückt habe und daß das natürlich sehr große Angst mache, auch mir, daß ich aber der Ansicht sei, unsere Beziehung sei gut genug, daß er seine Phantasien auch ausdrücken könne. Ich müsse aber die Möglichkeit haben, «stopp» zu sagen.
Darauf Marcel: «Entschuldigen Sie bitte. Wissen Sie, das bin nicht ich, der diese Phantasien gemacht hat. Das ist ein sehr großer Mann, der sie macht.»
Ich: «Können Sie diesen Mann sehen in der Phantasie?» (Ich füge extra bei: «in der Phantasie», weil ich den Eindruck habe, daß er die konkrete Situation und Phantasie durcheinanderbringt).
Marcel: «Dieser Mann ist groß, ein bißchen wie ein Riese, sehr

ernst, sehr fordernd; er will, daß ich nicht weine, daß ich einen guten Beruf habe, daß ich keine Angst habe, daß ich alles so mache wie die anderen jungen Menschen auch.»
Ich: «Sie fühlen sich ziemlich terrorisiert durch ihn?»
Marcel: «Ja, er terrorisiert mich. Er hilft mir nicht. Niemals im Leben hat mir ein Mensch geholfen. Mein Vater war immer betrunken. Ich mußte meine Mutter vor ihm schützen. Er hat mir nicht geholfen. Er war zufrieden, daß ich mit der Mutter war. Als ich 18 war, hat er mir vorgeworfen, keine gute Arbeit zu haben. Was muß ich tun, wenn dieser Mann mich terrorisiert, und wenn ich dann wieder Sie terrorisiere?»
Ich: «Das nächste Mal sagen Sie mir sofort, wenn dieser Mann anfängt, Sie zu terrorisieren, und wir versuchen dann zu verstehen, was Angst macht. Sie terrorisieren, wenn Sie Angst haben, und Sie haben Angst, wenn Sie fürchten, mich zu verlieren, etwa wenn Weihnachtsferien vor der Tür stehen. Und es macht auch Angst, wenn ich zu nahe komme. Und dann, denke ich, man muß diesen Mann gut hüten, vielleicht können wir ihn zähmen.»
Mein Gefühl der Traurigkeit hatte eine sehr große Nähe zwischen ihm und mir geschaffen, vielleicht auch eine Nähe von ihm zu ihm selbst. Er hatte Angst, von solchen Gefühlen verschluckt zu werden, deshalb machte er eine destruktive Allmachtsphantasie. Meine Intervention war wohl wenig professionell, ich hatte nicht überlegt, ob das wirklich nun der gute Moment war, ihn darauf aufmerksam zu machen, daß ich eine real existierende Person bin außerhalb seines Systems, aber meine Reaktion war die einzig mögliche für mich. Interessant ist seine Reaktion auf meine Intervention. Er machte eine Unterscheidung zwischen seinem Ich und diesem großen Mann, der ihn terrorisiert. Es findet eine Unterscheidung zwischen Ich und Nicht-Ich statt, eine Trennung, und gleichzeitig fühlt er sich verantwortlich für diesen großen Mann. Vielleicht hätte sich diese Situation anders entwickelt, hätte ich gemerkt, daß dieser Übertragungsangriff eigentlich eine Liebeserklärung

war, die er abwehren mußte. Hätte ich ihm das in dieser Situation gedeutet, wäre wohl ein anderer Prozeß in Gang gekommen. Aber mir war das im Moment nicht bewußt.

In den Phantasien zu Beginn der Therapie von Marcel kann man die charakteristischen Manifestationen der Übertragung bei Borderlinepatienten sehen, wie sie von Rohde-Dachser in Anlehnung an Kernberg beschrieben worden sind, und die im wesentlichen sind[11]:

– eine Hoffnung magischer Art in die Therapie und in die Person des Therapeuten;
– eine verschlechterte Fähigkeit, zwischen Phantasie und konkreter Situation zu unterscheiden;
– Episoden der Übertragung, die sehr aggressiv getönt sind, von Mißtrauen und einer extensiven Angst geprägt, zurückgestoßen zu werden;
– abrupter Wechsel in der Gefühlstönung der Übertragung bis hin zur Übertragungspsychose. Auf diese Übertragungen reagierte ich mit speziellen, auch für die Borderlineorganisation typischen Gegenübertragungen. Viele verschiedene Gefühle der Gegenübertragung im Lauf der gleichen Sitzung waren erlebbar, die sehr abrupt wechselten;
– eine unterschwellige Aggressivität. Sie war immer im Raum.
– bei mir wurden ebenfalls Mechanismen der projektiven Identifikation aktiviert, archaische Ängste und Aggressionen belebt, die sich gegen den Analysanden wendeten.

Das Gefühl der Nähe einerseits, meine Angst und mein Widerstand gegen diese archaischen Gefühle und mein Weigern, seine Übertragungen anzunehmen, andererseits hatten bei Marcel bewirkt, daß er sich von diesem großen Mann distanzierte, der ihn terrorisierte. Marcel kann immer wieder beschreiben, daß er Angst hat vor diesem Mann, aber wir kommen nicht mehr weiter. Wochenlang sind wir mit diesem Mann beschäftigt, ohne daß etwas Wesentliches geschieht. Ich werde zunehmend beunruhigter, versuche, mich mehr auf mich selbst zu konzentrieren und herauszufinden, ob mir nicht ein Einfall

kommt. In dieser Situation fällt mir das Märchen von Blaubart ein, und ich erzähle Marcel das Märchen.
Der Einfall eines Märchens in einer bestimmten analytischen Situation ist eine spezielle Form der Gegenübertragung, eine archetypische Gegenübertragung. Mit diesem Einfall deute ich einerseits an, daß ich bereit bin, diesen «inneren» Mann in einen Zwischenbereich unserer Beziehung anzusiedeln, in einen Bereich, der es uns beiden erlaubt, uns darauf zu beziehen; andererseits wird dadurch die persönliche Geschichte, das persönliche Leiden in einen größeren Zusammenhang hineingestellt. Das persönliche Leid wird gespiegelt in einer Erfahrung, die Menschen schon immer machen mußten. Das Märchen hat zudem den Vorteil, daß in ihm aufgezeigt wird, in welcher Haltung eine entsprechende Problematik – hier das Wirken des Blaubarts – angegangen werden kann. Es stellte sich heraus, daß die Lösung, die das Märchen anbot, sowohl für Marcel als auch für mich ein möglicher Weg war.

Der Blaubart[12]

Es war einmal ein Mann, der besaß schöne Häuser in Stadt und Land, goldenes und silbernes Tafelgeschirr, Möbel und Stickereien und vergoldete Kutschen. Aber unglücklicherweise hatte dieser Mann einen blauen Bart. Das machte ihn so häßlich und abschreckend, daß es keine Frau und kein Mädchen gab, die nicht vor ihm geflohen wäre.
Eine seiner Nachbarinnen, eine Dame aus vornehmem Stande, hatte zwei wunderschöne Töchter. Der Blaubart erbat sich eine von ihnen zur Frau und überließ es der Mutter, welche von beiden sie ihm geben würde. Beide aber wollten ihn nicht, und eine schob ihn der anderen zu, weil keine sich entschließen konnte, einen Mann mit einem blauen Bart zu heiraten. Außerdem schreckte es sie ab, daß er schon mehrere Frauen geheiratet hatte, und daß niemand wußte, was aus diesen Frauen geworden war.
Um sie näher kennenzulernen, lud der Blaubart die Schwestern ein, mit ihrer Mutter, mit drei oder vier ihrer besten Freundinnen und einigen jungen Leuten aus der Nachbarschaft in eines seiner Landhäuser zu kommen. Volle acht Tage verbrachten sie dort mit Spaziergängen, mit Jagd und Fischfang, mit Tanz und Festmahl, wobei Titel und Würden verlie-

hen wurden. Sie kamen überhaupt nicht zum Schlafen, sondern verbrachten die Nächte mit Scherz und Spiel. Zuguterletzt war es so weit, daß die Jüngste den Bart des Hausherrn schon nicht mehr so blau fand und ihn selbst aller Ehren wert. Sobald sie in die Stadt zurückgekehrt waren, wurde die Hochzeit gefeiert.

Nachdem ein Monat vergangen war, sagte der Blaubart zu seiner Frau, er müsse in einer wichtigen Angelegenheit für mindestens sechs Wochen in die Provinz reisen, und sie möge sich in seiner Abwesenheit gut unterhalten; sie könne sich ihre Freundinnen einladen und mit ihnen aufs Land fahren, wenn sie Lust hätte, und sie solle das beste aus Küche und Keller auftischen lassen. «Hier sind die Schlüssel», sagte er dann, «diese sind für die beiden großen Möbelkammern, diese sind für das goldene und das silberne Tafelgeschirr, das nicht alle Tage benutzt wird, diese für die eisernen Truhen, in denen mein Gold und mein Silber aufbewahrt ist, diese für die Kassetten mit meinen Edelsteinen, und dies ist der Hauptschlüssel für alle Gemächer. Und dieser kleine Schlüssel hier, das ist der Schlüssel zu dem kleinen Gemach am Ende des langen Ganges im Erdgeschoß. Ihr dürft alles öffnen und überall hineingehen, nur nicht in dies kleine Gemach. Ich verbiete Euch, es zu betreten, ich verbiete es Euch mit aller Strenge. Solltet Ihr es dennoch tun, würde Euch mein fürchterlichster Zorn treffen.» Sie versprach, alles, was er ihr befohlen habe, genau zu befolgen. Er umarmte sie, stieg in seine Kutsche und trat seine Reise an.

Die Nachbarinnen und die guten Freundinnen warteten nicht, bis sie eingeladen wurden, die Jungvermählte zu besuchen, denn sie brannten vor Neugier, allen Reichtum des Hauses zu sehen. Solange der Gemahl da war, hatten sie nicht zu kommen gewagt, weil sie sich fürchteten vor seinem blauen Bart. Jetzt aber liefen sie durch die Gemächer, durch Kammern und Kleiderzimmer, von denen die einen immer schöner und prächtiger waren als die anderen. Dann stiegen sie hinauf zu den Möbelkammern, wo des Staunens kein Ende war über die vielen herrlichen Teppiche, die Betten, die Sofas, die Schränke mit den Geheimfächern, die Tische und die Spiegel, in denen man sich von Kopf bis Fuß sehen konnte, mit Rahmen aus Glas, aus Silber und aus vergoldetem Silber, die schönsten und prächtigsten, die man je gesehen hatte. Sie konnten sich nicht genugtun, überschwenglich das Glück ihrer Freundin zu preisen und zu neiden. Die junge Frau jedoch hatte keine rechte Freude beim Anblick all dieser Schätze vor lauter Ungeduld, das kleine Gemach im Erdgeschoß zu öffnen.

Sie war so getrieben von ihrer Neugier, daß sie nicht daran dachte, wie unhöflich es sei, ihre Gäste allein zu lassen; über eine kleine Geheimtreppe eilte sie hinab mit so großer Hast, daß sie sich zwei- oder dreimal fast den Hals gebrochen hätte. Als sie vor der Tür des kleinen Gemaches angelangt

war, hielt sie erst einen Augenblick inne und dachte an das Verbot ihres Gemahls und überlegte, daß ihr Ungehorsam sie unglücklich machen könnte. Aber die Versuchung war so groß, daß sie ihr erlag. Also nahm sie den Schlüssel und öffnete zitternd die Tür zu dem Gemach.
Zuerst sah sie nichts, weil die Fensterläden geschlossen waren; nach einigen Augenblicken konnte sie erkennen, daß der Fußboden mit geronnenem Blut befleckt war. Und in diesem Blut spiegelten sich die Leiber mehrer toter Frauen, die rings an den Wänden festgebunden waren. (Es waren alle Frauen, die der Blaubart geheiratet und eine nach der anderen umgebracht hatte.) Die junge Frau glaubte, vor Furcht zu sterben, und der Schlüssel, den sie aus dem Schloß gezogen hatte, fiel ihr aus der Hand. Nachdem sie ein wenig zur Besinnung gekommen war, hob sie den Schlüssel auf, schloß die Tür wieder ab und stieg in ihr Zimmer hinauf, um sich zu fassen, aber es gelang ihr nicht, zu groß war ihre Erregung. Als sie bemerkte, daß der Schlüssel mit Blut befleckt war, wischte sie ihn zwei- oder dreimal ab, aber das Blut ließ sich nicht beseitigen. Sie mochte ihn noch so oft abwaschen, sie mochte ihn sogar mit Sand und Sandstein scheuern, immer blieb er blutig, denn der Schlüssel war verzaubert, und es gab kein Mittel, ihn völlig zu reinigen: hatte man das Blut auf der einen Seite entfernt, so kam es auf der anderen wieder hervor.
Noch am selben Abend kehrte der Blaubart von seiner Reise zurück. Er sagte, er habe unterwegs Briefe empfangen mit der Nachricht, daß die Angelegenheit, derentwegen er zur Reise aufgebrochen war, sich bereits zu seinen Gunsten entschieden habe. Seine Frau tat, was sie konnte, um ihm zu bezeugen, wie entzückt sie sei über seine schnelle Rückkehr. Am nächsten Morgen verlangte er die Schlüssel zurück. Sie gab sie ihm so zitternd, daß er ohne Mühe erriet, was vorgefallen war. «Wie kommt es», sagte er, «daß der Schlüssel für das kleine Gemach nicht dabei ist?» «Ich muß ihn oben auf meinem Tisch gelassen haben», antwortete sie. «Vergeßt nicht, ihn mir nachher zu geben», sprach der Blaubart. Sie zögerte es solange wie möglich hinaus, aber schließlich mußte sie ihm den Schlüssel bringen. Als der Blaubart ihn betrachtet hatte, sagte er zu seiner Frau: «Warum ist Blut an diesem Schlüssel?» «Das weiß ich nicht», erwiderte die arme Frau, bleicher als der Tod. «Das wißt Ihr nicht?» rief der Blaubart «aber ich, ich weiß es! Ihr wolltet in das kleine Gemach! Nun, meine Liebe, Ihr sollt hineinkommen und Euren Platz haben neben den Damen, die Ihr dort gesehen habt.» Sie warf sich weinend ihrem Gemahl zu Füßen und flehte um Gnade und zeigte wahre Reue, daß sie so ungehorsam gewesen war. Sie hätte einen Felsen erweicht, so schön und so verzweifelt wie sie war. Aber des Blaubarts Herz war härter als ein Felsen. «Ihr müßt sterben, meine Liebe, und zwar sofort!» «Wenn ich denn sterben muß», antwortete sie und sah ihn tränenüberströmt an, «so gebt mir noch ein wenig Zeit, um zu

Gott zu beten.» «Ich gebe Euch eine halbe Viertelstunde», erwiderte der Blaubart, «aber nicht einen Augenblick mehr.»
Als sie oben in ihrem Zimmer allein war, rief sie ihre Schwester und sagte: «Meine liebe Anne», (denn so hieß die Schwester) «bitte steige auf den Turm, um zu schauen, ob unsere Brüder nicht kommen; sie haben mir versprochen, mich heute zu besuchen. Wenn du sie siehst, gib ihnen Zeichen, daß sie sich beeilen.»
Die Schwester stieg auf den Turm hinauf, und die arme Verzweifelte rief ihr von Zeit zu Zeit zu: «Anne, meine Schwester Anne, siehst du nichts kommen?» Und die Schwester antwortete ihr: «Ich sehe nur die Sonne, die scheint, und das Gras, das grünt.» Indessen rief der Blaubart, einen großen Hirschfänger in der Hand, aus Leibeskräften nach seiner Frau: «Komm sofort herunter, oder ich komme hinauf!» «Noch einen Augenblick, bitte», bat seine Frau und rief leise: «Anne, meine Schwester, siehst du nichts kommen?» Und die Schwester antwortete: «Ich sehe nur die Sonne, die scheint, und das Gras, das grünt.» «Komm jetzt sofort herunter», schrie der Blaubart, «oder ich komme hinauf!» «Ich komme schon», erwiderte seine Frau, und dann rief sie: «Anne, meine Schwester, Anne, siehst du nichts kommen?» «Ich sehe eine große Staubwolke auf uns zukommen», erwiderte die Schwester. «Sind es die Brüder?» «Ach nein, liebe Schwester, es ist eine Schafherde.» «Wirst du endlich herunterkommen?» brüllte der Blaubart. «Einen Augenblick noch», erwiderte seine Frau und dann rief sie: «Anne, meine Schwester Anne, siehst du nichts kommen?» «Ich sehe zwei Reiter auf uns zukommen», antwortete die Schwester, «aber sie sind noch sehr weit!» Und gleich darauf: «Gott sei Lob und Dank! Es sind die Brüder! Ich gebe ihnen Zeichen, so gut ich kann, damit sie sich beeilen.»
Da schrie der Blaubart so laut, daß das ganze Haus erzitterte. Die arme Frau stieg hinab und warf sich ihm zu Füßen, in Tränen aufgelöst und mit zerrauftem Haar. «Das nützt Euch alles nichts», sagte der Blaubart, «Ihr müßt sterben.» Er packte sie mit einer Hand bei den Haaren, mit der anderen erhob er den Hirschfänger, um ihr den Kopf abzuschlagen. Die arme Frau blickte ihn an, Todesangst in den Augen, und bat ihn, ihr einen letzten Augenblick zu gewähren, damit sie sich sammeln könne. «Nein, nein», sagte er, «befiehl deine Seele Gott.» Und er holte aus mit dem Arm... In diesem Augenblick wurde so laut an die Tür geklopft, daß der Blaubart kurz innehielt. Man öffnete, und zwei Reiter stürzten mit dem Degen in der Hand geradenwegs auf den Blaubart zu. Er erkannte die Brüder seiner Frau, den Dragoner und den Musketier, und ergriff sofort die Flucht, um sich zu retten. Aber die Brüder blieben ihm auf den Fersen und stellten ihn, bevor er die Freitreppe erreichen konnte. Sie durchbohrten ihn mit ihren Degen und ließen ihn tot liegen.

Die arme Frau war fast so tot wie ihr Mann. Sie hatte nicht mehr die Kraft, sich aufzurichten, um ihre Brüder zu umarmen.
Es stellte sich heraus, daß der Blaubart keine Erben hatte, und so fiel sein ganzer Reichtum seiner Frau zu. Einen Teil davon verwendete sie dazu, ihre Schwester Anne mit einem jungen Edelmann zu vermählen, den sie seit langem liebte, von einem anderen Teil erwarb sie für ihre beiden Brüder den Hauptmannsrang, und den Rest brachte sie selbst einem höchst ehrenwerten Mann mit in die Ehe, der sie die schlimme Zeit vergessen ließ, die sie mit dem Blaubart verbracht hatte.

Der Analysand hörte – eigentlich ganz gegen seine Gewohnheit, normalerweise mochte er es nicht, wenn ich sprach – sehr aufmerksam zu und sagt am Schluß, das sei seine Geschichte. Das sei genau sein Blaubart, mit dem er immer zu kämpfen habe. Sehr bald findet er heraus, daß es eigentlich die Brüder sind am Ende des Märchens, die ihn bekämpfen könnten. Marcel betont zwar, daß sein großer Mann keinen blauen Bart habe, aber er könnte mit Leichtigkeit einen blauen Bart haben. Dadurch daß wir Blaubart auf diese männliche Figur beziehen, ist natürlich eine Deutungsperspektive in diesem Märchen sehr klar angesprochen. Es geht darum, diesem Blaubart das Handwerk zu legen. Betrachtet man das Ende, bei dem die Brüder Blaubart stellen und ihn zu Tode bringen, dann geht es bei dieser Deutungsperspektive darum, Destruktivität in tatkräftige Aggressivität überzuführen. Diese Deutungsperspektive ist für den Analysanden wichtig. Ihm fällt auf, daß Blaubart ein sehr mächtiger Mann sein mußte, auch ein sehr reicher Mann, daß aber die Frauen bei ihm es nicht aushalten können. Marcel spürt, daß die Phantasien, die er sich schon gemacht hatte, den Phantasien, wie sie in Blaubart beschrieben sind, gleichen. In der Projektion auf das Märchen kann er wesentlich besser zu seinen Phantasien stehen und sich auch damit auseinandersetzen. Er findet diesen Blaubart sadistisch. Die Frauen, die sich mit ihm einließen, verurteilt er zutiefst, denn sie taten es ja nur des Geldes wegen. Was zu Beginn des Märchens deutlich ausgedrückt ist, daß nämlich die Frauen zunächst alle ein schlechtes Gefühl haben und sich nicht auf Blaubart einlassen wollen, daß sie aber dieses schlechte Gefühl nicht ernst nehmen, das spürt Marcel: und er ist hin- und hergerissen, ob er eine Wut haben sollte auf diese Frauen oder bloß eine Wut auf Blaubart. Wir sprechen darüber, daß Blaubart seine Frauen erst dann zerstückelte, wenn sie sein Geheimnis kannten. Marcel ist darüber sehr aufgebracht und sagt, er würde jeden töten, der seine Geheimnisse kenne; es wäre für ihn sehr wichtig, seine Geheimnisse zu bewahren. Er wird ganz aufgeregt bei der Idee, daß jemand hinter seine Geheimnisse kommen könnte. Ich betone, wir würden ja von Blaubart sprechen, nicht von ihm. Marcel beruhigt sich.

Das Märchen bewirkte so etwas wie eine Triangulierung: Probleme, die zuvor sich in unserer Beziehung ausgedrückt hatten, konnten nun in der Projektion auf das Märchen gesehen werden, dort angesprochen und gerade so weit als eigene Problematik erkannt werden, als Marcel es aushielt.

Die Arbeit am Märchen begleitet uns etwa ein halbes Jahr lang. Wir sprechen immer einmal wieder von seinem Alltagsleben, von seiner Lehre, die er angefangen hat, und immer wieder bruchstückhaft wird das Blaubartmärchen beigezogen. Marcel stellt Überlegungen dazu an, spricht immer einmal wieder von den Leichen, sieht sich selbst zerstückelt, spricht auch ab und zu davon, daß ihm Frauen wohl sehr viel Angst machen müßten, daß er sie zerstückeln müsse.

Nach einigen Wochen werden diese Leichen uninteressant, und er beginnt, sich für die Verhaltensweise der jüngsten Tochter zu interessieren. Mir war schon seit einiger Zeit deutlich geworden, daß ich in der Haltung dieser jungen Frau war, die sich nicht mehr mit Blaubart verwickelte, sondern sich an eine andere Kraft wandte und auf die Brüder hoffte. Ich erlebte das so – und auch das ist eine Art der Gegenübertragung –, daß mir der zweite Teil des Märchens immer sehr gegenwärtig war, auch wenn Marcel von Blaubart und den Leichen sprach; daß ich also immer sozusagen wußte, daß die Frau sich da nicht verwickeln durfte, aber auch nicht naiv sein durfte, was die Destruktivität des Blaubarts betrifft.

In unserer Variante wendet sich die Heldin an die Schwester. Die Schwester wäre die Seite in ihr, die nicht im Banne dieses Blaubart steht, und diese Schwester ist nur die Mittlerin zu den streitbaren Brüdern. Diese Passage war mir immer gegenwärtig und half mir und wohl auch dem Analysanden, diese Blaubartthematik überhaupt auszuhalten.

Die Arbeit mit dem Märchen – und das tut Arbeit mit dem Märchen eigentlich immer – bewirkte, daß er sich mit seinem Problem auseinandersetzen konnte, daß er sich aber gleichzeitig auch so weit von ihm distanzieren konnte, daß es ihn nicht lähmte.

Als er sich für die Frau des Blaubarts zu interessieren beginnt, bitte ich Marcel, sich die Sonne, die scheint, und das Gras, das grünt, vorzustellen. Er kommt dann selber darauf, daß hier ein ungeheurer Gegensatz zur Todeskammer im Schloß unten besteht. Der Ausdruck «Todeskammer» wurde von ihm geprägt; er erschien mir sehr sinnvoll, denn im Blaubart versteckt sich natürlich auch ein Totengott, in der Destruktivität von Marcel eine Todesangst. Indem wir das Märchen auf die individuelle Problematik des Analysanden beziehen, wird diese Komponente «Blaubart als Totengott» nicht in Betracht gezogen. Ich bitte ihn, abwechselnd das Gras, das wächst, und die Sonne, die scheint, zu sehen und Blaubart, der sein Messer wetzt. Es gelingt ihm, sich beide Bilder vorzustellen und die Spannung auszuhalten. Bald werden in der Imagination dann die Brüder belebt, die er mit großer Liebe immer wieder schildert. Das erscheinen dieser Brüder – von ihm heiß ersehnt – signalisiert einen wichtigen Umschlagspunkt. Als es ihm in der Phantasie gelingt, die Brüder Blaubart auf der Freitreppe stellen und töten zu lassen, ist er überzeugt, daß er Blaubart in sich auch erledigt habe.

In der Zeit, in der wir am Märchen arbeiteten, erfolgten kaum mehr Übertragungsangriffe, d.h. wenn ich ihm etwas zu nah

kam mit einer Aussage und er die Stirne runzelte oder seinen bestimmten Ton in der Stimme bekam, verwies ich ihn auf das Märchen.
Ein symbolischer Prozeß, wie er in einem Märchen ausgedrückt ist, kann die Funktion eines Übergangsobjekts haben. Die Arbeit am Märchen kann die Beziehung zum Therapeuten/zur Therapeutin entlasten, beide schauen dann nicht mehr aufeinander, sondern gemeinsam auf ein Drittes hin, was gerade in diesem Fall sehr sinnvoll schien, da dieser destruktive Mann angeschaut und auch verändert werden mußte. Die Arbeit am Märchen kann aber auch als ein Bemühen verstanden werden, das auf etwas verweist, was hinter dieser Beziehung steht, was hinter alltäglicher, konkreter Realität steht, letztlich eben auf einen tragenden Urgrund, der im Symbol zugänglich ist, besonders auch in den symbolischen Prozessen, wie sie im Märchen ausgedrückt sind. Ich sehe in diesem Zusammenhang die tragenden Elemente des kollektiven Unbewußten, die uns in Märchen und Mythen zugänglich werden und die wir Menschen zur Verfügung stellen können, um ein Problem aufzuarbeiten. Diese Arbeit hat auch eine Wirkung auf die Struktur des Ichs.
Die Therapie gerät in der folgenden Zeit in etwas ruhigere Gewässer. Die Brüder aus dem Märchen Blaubart sind für Marcel weiterhin sehr wichtig. Er überlegt sich, wie ihm diese Brüder helfen könnten, wie sich diese Brüder in bestimmten Situationen benehmen könnten, und manchmal gelingt es ihm, statt destruktiv angriffig zupackend zu sein, und er freut sich darüber.
Auch bei diesem Beispiel wird deutlich, daß mein Einfall, ein Märchen beizubringen, das dem Analysanden die Möglichkeit bot, sehr viel von seinen inneren Konflikten zu bearbeiten, aber auch neue Perspektiven des Verhaltens zu entwickeln, eng mit turbulenten Übertragungs-Gegenübertragungs-Prozessen zusammenhängt, wie es für Menschen mit einer Borderlineorganisation typisch ist.

Bei diesen drei exemplarischen Fällen wird deutlich, daß Situationen, in denen wirklich Veränderung erfahrbar wird im therapeutischen Prozeß, wir es auch mit neuen Symbolbildungen zu tun haben. Diese stehen indessen in deutlichem Zusammenhang mit speziellen Übertragungs- und Gegenübertragungssituationen als einem wesentlichen Aspekt der therapeutischen Beziehung. Diese These wurde unter anderem von Riedel nachgeprüft anhand einer längeren Bilderserie, die spontan, die Analyse begleitend, entstanden sind[13]. Prozesse der Symbolbildung und Beziehungsprozesse verschränken sich in der therapeutischen Beziehung. Somit wird auch an praktischen Fällen aus der therapeutischen Arbeit deutlich, wie wesentlich die Aussage von Jung ist: «Der Individuationsprozeß [...ist] einerseits ein interner, subjektiver Integrationsvorgang, andererseits aber ein ebenso unerläßlicher objektiver Beziehungsvorgang.»[14]

Anmerkungen

«Aspekte des Menschenbildes», S. 9–16

[1] Jung, Zur Empirie des Individuationsprozesses, in GW 9 I § 530
[2] Jung, Die Psychologie der Übertragung, in GW 16 § 445
[3] Ebenda § 454
[4] Jung, Die Psychotherapie der Gegenwart, in GW 16 § 227
[5] Jung, Die Psychologie der Übertragung, in GW 16 § 400
[6] Jung, Die alchemistische Bedeutung des Fisches, in GW 9 II § 257
[7] Jung, Die transzendente Funktion, in GW 8 § 159
[8] Jung, Die Konjunktion, in GW 14 II § 414
[9] Jung, Zur Psychologie des Kindarchetypus, in GW 9 I § 291
[10] Vgl. Kast, Paare
[11] Jung, Psychologische Typen, Definitionen, in GW 6 § 891
[12] Jung, Die Psychologie der Übertragung, in GW 16 § 416
[13] Jung, Briefe III, S. 24

«Aspekte des Symbols», S. 17–43

[1] Für diese und die folgenden Angaben vgl. Stichwort «Symbol» in Lurker, S. 551 ff.
[2] Riedel, Bilder, S. 38 f.
[3] Vgl. Kast, Trauern
[4] Zum Märchen «Stirnmöndlein» vgl. Märchen aus dem Iran, S. 90
[5] Vgl. Kast, Märchen als Therapie
[6] Vgl. Kast, Imagination
[7] Vgl. Mahler et al.
[8] Jung, Ziele der Psychotherapie, in GW 16 § 99
[9] Vgl. Fromm, S. 53: «To be creative means to consider the whole process of life as a process of birth, and not to take any stage of life as a final stage. Most people die before they are fully born. Creativeness means to be born before one dies.»

[10] Vgl. Jung, Die transzendente Funktion, in GW 8 § 131 ff.
[11] Vgl. Matussek
[12] Jung, Die transzendente Funktion, in GW 8 § 159 f.

«Aspekte des Komplexes», S. 44–66

[1] Jung, Die Probleme der modernen Psychotherapie, in GW 16 § 125
[2] Jung, Über die Psychologie der Dementia Praecox, besonders: Der gefühlsbetonte Komplex und seine allgemeinen Wirkungen auf die Psyche, in GW 3 § 77–106
[3] Jung, Allgemeines zur Komplextheorie, in GW 8 § 210
[4] Vgl. zu diesen Ausführungen Kast, Die Bedeutung der Symbole
[5] Kast, Das Assoziationsexperiment, S. 19 ff., und Jung, Allgemeines zur Komplextheorie, in GW 8
[6] Vgl. Grof
[7] Jung, Psychologische Typologie, in GW 6 § 991
[8] Jung, Allgemeines zur Komplextheorie, in GW 8 § 200
[9] Vgl. Jung, Experimentelle Untersuchungen, in GW 2, und Kast, Das Assoziationsexperiment
[10] Jung, Allgemeines zur Komplextheorie, in GW 8 § 210
[11] Jung, Psychologische Typologie, in GW 6 § 990
[12] Ebenda § 991
[13] Jung, Über die Psychologie der Dementia Praecox, in GW 3 § 140
[14] Jung, Allgemeines zur Komplextheorie, in GW 8 § 203
[15] Jung, Die Dynamik des Unbewußten, in GW 8 § 207 f.
[16] Jung, Allgemeines zur Komplextheorie, in GW 8 § 204
[17] Jung, Psychologische Typologie, in GW 6 § 988
[18] Jung, Die Probleme der modernen Psychotherapie, in GW 16 § 125
[19] Vgl. Kast, Imagination
[20] Vgl. Riedel, Farben
[21] Vgl. Riedel, Bilder

«Aspekte des Ichkomplexes», S. 67–113

[1] Jung, Psychologische Typologie, in GW 6 § 988
[2] Jung, Die psychologischen Grundlagen des Geisterglaubens, in GW 8 § 582
[3] Ebenda § 580

[4] Jung, Über die Psychologie der Dementia Praecox, in GW 3 § 82 f.
[5] Jung, Das Ich, in GW 9 II § 3 und 4
[6] Mit *Schatten* werden Seiten an uns bezeichnet, die wir nicht akzeptieren können, die nicht mit unserem Ichideal übereinstimmen, oft auch nicht mit den Werten, die eine Gemeinschaft gesetzt hat, und die wir deshalb verdrängen und mit Vorliebe an anderen Menschen sehen, in der Projektion, und sie dort auch bekämpfen. Neben dem persönlichen Schatten gibt es auch den Schatten des Kollektivs.

Zum persönlichen Schatten: Wer sich gern großzügig sieht, der hat seine kleinlichen Seiten im Schatten; wer sich gern unaggressiv gibt, hat seine Aggressionen im Schatten, kann dann, wenn sein Schatten konstelliert ist, aggressiv sein, es selber aber nicht merken. Der Schatten ist leicht zu erleben, wenn wir achtsam sind. Da will man etwa bewußt sehr freundlich einem Menschen, der einen insgeheim ärgert, eine Auskunft geben. Der Ärger ist zu hören in der schneidenden Stimme. Würde man nun diese schneidende Stimme wahrnehmen, wenn man es nicht vorzieht, sie zu verdrängen, dann müßte man das Bild von sich selbst als einem ganz und gar freundlichen Menschen ändern. Und das ist gar nicht so einfach, denn wir möchten doch so gerne unserem Idealbild entsprechen. Spüren wir, daß wir das nicht tun, reagieren wir zunächst einmal mit Verunsicherung und Angst.

Der Schatten begegnet uns auch in unseren Träumen: Da tauchen etwa Einbrecher auf, gierige Menschen, Tagediebe, Sadisten, Mörder usw. Wenn wir beim Erleben dieser Träume und beim Erinnern einen fast unüberwindlichen Widerwillen spüren, dann hat das bestimmt mit unserem Schatten zu tun; nicht etwa in dem Sinne, daß wir z. B. Mörder wären, sondern als ein Hinweis darauf, daß wir die Eigenschaften, die wir mit einem Mörder verbinden, in uns auch erleben können. Der Unterschied von uns zu einem Mörder ist, daß wir unsere mörderischen Impulse in der Regel mit unserem Bewußtsein kontrollieren können, so daß sie nicht durchbrechen. Aber es ist durchaus sinnvoll, zu erleben, daß wir z. B. angesichts einer gewissen Situation auch eine mörderische Wut haben oder ganz und gar destruktiv handeln können, also nicht so abgeklärt sind, wie wir es eigentlich von uns erwarten.

Der Schatten zeigt uns, daß wir nicht nur so sind, wie wir uns gerne sehen, sondern er konfrontiert uns damit, daß wir gerade das, wogegen wir uns bewußt immer wieder entscheiden, dennoch in unserer Seele auch vorfinden. Allerdings begegnen wir zunächst dem Schatten nicht in unserer Seele, sondern projiziert auf andere Menschen. Wir können uns lange und gründlich über die räuberischen Verhaltensweisen und -praktiken irgendeines Zeitgenossen auslassen; wir beschreiben dabei nicht nur genüßlich seine Praktiken, wir verurteilen sie natürlich auch und zeigen damit, daß wir die besseren Menschen sind. Im Interesse an der Person, die unsere Schattenprojektionen auf sich zieht – und die durchaus räuberische Praktiken haben kann –, leben wir teilweise unseren Schatten. In der moralischen Verurteilung eben dieser Person distanzieren wir uns aber wieder, und das bedeutet, daß wir zwar für einen Moment entlastet sind – unser Schatten ist dann nicht mehr so ganz verdrängt –, aber dabei noch keine Verantwortung für unsere Schattenseite übernehmen. Der moralische Konflikt muß nicht ausgehalten werden. Sich seines Schattens bewußt zu werden bedeutet, sich zu fragen, warum wir uns denn eigentlich über die räuberischen Praktiken eines Menschen so aufregen müssen, auch dann, wenn wir nicht unmittelbar geschädigt sind. Aber diese Frage stellen wir uns eigentlich selten. Oft projizieren wir unseren Schatten auch auf Menschen, die weit weg sind – da ist der Schatten am wenigsten gefährlich –, auf Fremde, auf Menschen in fernen Ländern, auf Menschen, die zu Randgruppen gehören. In diesen Fällen müßten wir uns fragen, wo denn in unserem Leben die Eigenschaften anzutreffen sind, die wir diesen Menschen andichten und die zu pauschalen Vorurteilen führen können, wie etwa: Italiener sind immer laut. Vielleicht haben auch wir eine Seite in uns, die einmal etwas lauter, lebensfroher, weniger kontrolliert sich äußern möchte, als unsere eigene Norm es erlaubt. Schattenakzeptanz bedeutet also zu sehen, daß der Schatten zu uns gehört und damit zu vermeiden, daß wir den Schatten projizieren. Das bedeutet aber Konflikt, Kränkung unseres Selbstwertgefühls, einmal akzeptiert dann aber auch Entlastung, Freiheit und Stärkung unseres Selbstwertgefühls. Einen Konflikt bedeutet es, weil wir damit akzeptieren müssen, Seiten zu haben, die wir zutiefst verabscheuen, die wir doch nicht verbergen können, weil sie in unserem Handeln sichtbar werden. Es kränkt uns in unserem Selbstwertgefühl, solange dieses darauf beruht, daß wir uns nur mit den guten Vorstellungen von uns selbst identifizieren. Entlastung erleben wir durch die Akzeptanz des Schattens, weil wir nicht ständig Seiten an uns verdrängen müssen, wir müssen nicht ständig besser sein, als wir sind, Seiten, die sehr oft auch mit einer großen Lebendigkeit verbunden sind. Der Schatten ist nämlich nicht nur das, was wir üblicherweise als moralisch böse bezeichnen. In diesen Seiten, die wir nicht akzeptieren, die vielleicht auch gesellschaftlich nicht akzeptiert werden, liegt zwar oft etwas, was uns gefährlich werden kann, oft aber auch etwas außerordentlich Lebendiges.

Die Akzeptanz des Schattens hat weitreichende Konsequenzen. Wenn wir unseren Schatten kennen und seine Existenz akzeptieren, dann rechnen wir auch mit dem Vorhandensein des Schattens bei anderen Menschen. Wir gehen wohlwollender mit Schwächen und Fehlern um, werden toleranter. Wäre Schattenakzeptanz ein kollektiv akzeptierter Wert, würde es auch einfacher sein, zu Fehlern zu stehen. Diese Toleranz oder Solidarität müßte sich gerade auch auf Randgruppen ausweiten, die Akzeptanz des Schattens hätte also sozialpsychologische Konsequenzen. Menschen der Randgruppen machen uns ja oft sehr zu schaffen: Sie verkörpern die Schattenseiten der Etablierten. Schattenakzeptanz wäre eine Voraussetzung für Demokratie, aber auch für Solidarität. Auch auf der politischen Ebene hätte Schattenakzeptanz ihre Bedeutung, und wir werden mit der Zeit gezwungen sein, diese Schattenakzeptanz zu praktizieren. Wir projizieren unseren Schatten häufig auf Menschen, die weit weg sind, damit er bloß nicht zurückkommt; dafür fürchten wir dann diese Menschen, und stellen ganze Armeen auf, weil diese uns überfallen könnten, wir fürchten diese Menschen, statt unseren Schatten zu fürchten. Die Welt wird aber immer kleiner: Wir können ohne große Anstrengung weit reisen. Wir können es kaum mehr vermeiden, Menschen von Völkergruppen, auf die wir gewisse Eigenschaften projizieren, zu treffen, zu sehen, vielleicht sie sogar zu lieben und dann zu merken: So sind die ja gar nicht! Was tun wir dann mit unserem Schatten? Es hilft nur noch die Schattenakzeptanz.

Daß wir mit dem Schatten leben wollen, kann nun nicht einfach heißen, daß man alles Schattenhafte an sich ungehemmt ins Leben einbringt. Gewiß ist im Schatten oft viel Energie, viel Lebenslust verborgen: Denken wir daran, wieviel Lustvolles wir auch schon verteufelt haben, und daß wir dieses Lustvolle durchaus aus dem Schatten wieder ausgraben könnten. Aber es bleibt das moralische Problem, mit dem wir verantwortlich umzugehen haben. Wir sind verantwortlich dafür, wie wir mit Schatten, der uns bewußt ist, umgehen, und wir sind auch verantwortlich dafür, daß uns immer mehr von unserem Schatten bewußt wird. Um Schatten akzeptieren zu können, braucht man verschiedene Tugenden, außer der genannten Verantwortlichkeit. Jede bewußte Einstellung verweist andere Werte in den «Schatten» – die Auseinandersetzung zwischen dem Ichideal und dem Schatten muß immer wieder neu ausgestanden werden.

[7] Jung, Zwei Schriften über Analytische Psychologie, in GW 7 § 303
[8] Vgl. Erikson
[9] Vgl. Mahler et al.
[10] Vgl. Bürgin und Stern
[11] Vgl. dazu Rhode-Dachser, Abschied
[12] Vgl. Bürgin
[13] Vgl. zu diesem Thema «Eine Auseinandersetzung mit dem Animus- und Animabegriff» in Kast, Paare, S. 157–177. – *Anima* und *Animus* werden von Jung im Laufe der Zeit sehr unterschiedlich beschrieben, immer aber als archtypische Bilder, welche zwischen Bewußtsein und Unbewußtem vermitteln. Eine Definition, die 1928 veröffentlicht wurde, besagt: «Wenn ich es nun mit einem Wort bezeichnen soll, was den Unterschied zwischen Mann und Frau in dieser Beziehung ausmacht, was also den *Animus* ge-

genüber der *Anima* charakterisiert, so kann ich nur sagen: wie die Anima *Launen,* so bringt der Animus *Meinungen* hervor.» (Zwei Schriften über Analytische Psychologie, GW 7 § 331). Diese Definition kann ergänzt werden durch eine Aussage im Kommentar zu «Das Geheimnis der Goldenen Blüte», 1929: «Und wie die Anima des Mannes zunächst aus minderwertiger affektiver Bezogenheit besteht, so besteht der Animus der Frau aus minderwertigem Urteil oder besser: Meinen.» (Studien über alchemistische Vorstellungen, GW 13 § 60). 1956 heißt es dann: «Die Anima ist ja der Archetypus des Lebendigen schlechthin, jenseits von Sinn und Verantwortung.» (Mysterium Coniunctionis, GW 14 II § 312). Und in einem Brief 1957: «Die Anima symbolisiert die Beziehungsfunktion. Der Animus ist das Bild der geistigen Kräfte einer Frau, in einer männlichen Figur symbolisiert. Sind Mann oder Frau dieser inneren Kräfte nicht bewußt, dann erscheinen sie in der Projektion.» (Briefe III, S. 139.)
Der junge Jung sieht also eher die verzerrte Anima, den verzerrten Animus, der alte Jung sieht die Lebensmöglichkeiten, die in Animus und Anima liegen, jenseits der Pathologie. Verzerrt sind Animus und Anima einmal deshalb, weil sie noch mit den Elternkomplexen verbunden sind, zum anderen weil sie verdrängt werden. Verdrängt werden sie, weil beide oft mit Sehnsüchten verbunden sind, mit starken Emotionen, und deshalb haben wir eine Neigung, sie auch abzuwehren. Abgewehrte Anima, abgewehrter Animus sind dann auch verzerrte Anima, verzerrter Animus. Wie alles Verdrängte, Abgespaltene drängen dann diese archetypischen Symbole ins Bewußtsein und bewirken plötzlich einschießende Verstimmungen, die nicht selten daher rühren, daß einer Faszination nicht nachgegeben werden kann.
Solange Jung das Gemeinsame von Animus und Anima bespricht, beschreibt er, daß es archetypische Bilder sind, die zwichen Bewußtsein und Unbewußtem vermitteln – wie alle archetypischen Bilder –, daß der schöpferische Aspekt des Unbewußten ganz wesentlich über Animus und Anima an das Bewußtsein herangetragen wird.
Da Animus und Anima Archetypen sind, haben sie die Wirkung auf das Bewußtsein, die üblicherweise mit archetypischen Bildern verbunden sind: Sie wirken zwingend, numinos, es umgibt sie oft eine Atmosphäre von Geheimnis, Unbedingtheit, letzter emotionaler Konsequenz. Von Animus und Anima kann man also nur sprechen, wenn dieses emotionale Erlebnis mit den inneren Bildern oder in der Projektion auf Menschen vorfindbar ist.
Wo sind nun die Unterschiede? Aus den Definitionen von Jung wird klar, daß der Animus auf einen Mann oder auf Männer projiziert wird, die Anima auf eine Frau oder auf Frauen. Daß Frauen einen Animus und Männer eine Anima haben, erklärt sich Jung übrigens so, daß der erste

projektionsbildende Faktor beim männlichen Kinde die Mutter, beim weiblichen Kind der Vater sei. Bedenken wir, daß Animus und Anima als Archetypen bezeichnet werden und es meines Wissens keine Stelle gibt, wo Jung von geschlechtsspezifischen Archetypen spricht, dann stellt sich die Frage, ob Animus/Anima nicht doch innere Bilder sind, die beiden Geschlechtern erfahrbar und erlebbar sind. Wenn Jung nun davon ausgeht, daß der erste projektionsbildende Faktor beim Mädchen der Vater ist, dann meine ich, daß er hier die Psychologie der Frau einfach als entgegengesetzt der des Mannes aufgefaßt hat, und das ist nun in keiner Weise statthaft. «Erster projektionsbildender Faktor» dürfte sowohl bei Frau und Mann die Mutter sein oder vielleicht das Elternpaar überhaupt. Von daher meine ich, daß Animus und Anima sowohl beim Mann und bei der Frau auftauchen, Aspekte der männlichen und der weiblichen Psyche darstellen.

Gehen wir von den Phänomenen aus: Es scheint mir außer Frage zu stehen, daß Männer und Frauen von Männern und von Frauen fasziniert sein können, daß diese Anziehung etwas Numinoses hat, daß also Anima und Animus projiziert werden.

Es gibt typische Animagestalten, die meines Erachtens in Träumen, Sehnsüchten und Faszinationen von Männern und Frauen vorkommen, z. B. Nymphen, faszinierendes kleines Mädchen, Nixen, gute Feen, Hexen, Huren, Heilige usw. Diese Gestalten sind nur dann Animagestalten, wenn sie von einem heftigen Gefühl, meistens einem Gefühl der Sehnsucht, begleitet sind. Ebenso treten faszinierende Animusgestalten in Träumen, Phantasien und im Projektionserleben bei Männern und Frauen auf; da ist etwa der geheimnisvolle Fremde, der göttliche Jüngling, der faszinierende Denker, eine blitzeschleudernde Gottheit, ein geheimnisvoller, christusähnlicher Mann usw. Emotional vermitteln diese Animusgestalten eher Begeisterung, nicht so sehr die seelische Faszination wie die Animagestalten, sondern Inspiration. Bei einer Umfrage unter Kolleginnen und Kollegen, welche Emotionen sie mit Animus und Anima verbinden, kam etwa folgendes Ergebnis zustande: Alle waren sie sich einig, daß Anima lebendiger macht. Mit Anima wurden Ausdrücke wie «seelisch weit werden», «Sehnsucht nach Verschmelzen», «Sehnsucht nach Symbiose und dem Gefühl, Symbiose nie ganz zu erreichen» verbunden. Einige betonten, diese Sehnsucht gehe eher in die religiöse Sphäre, wobei die sexuelle Sphäre mitberücksichtigt sei. «Es ist eine Sehnsucht, nicht einfach Sex zu haben, sondern im Körperlichen zu versinken, wo Sexualität dann sehr umfassend werden kann, etwas Ganzmachendes in sich hat.» Aber auch das Weggetragensein durch Kunst, Malerei, Dichtung, überhaupt das Phänomen des Sich-verlieren-Könnens in etwas hinein, wurde als Emotion bezeichnet, die bei Konstellation der Anima erlebbar wird. Als Richtung im Raum wurde diese Emotion, ausgelöst durch eine Animakonstellation, mit der Horizontalen gleichgesetzt; es ist eine Emotion des Sich-Ausbreitens, des Im-Leben-drin-Seins, des Lassen-Könnens, der Gelassenheit auch. In diesem Sich-Ausbreiten ist dann auch die Möglichkeit gegeben, mit sehr vielem in Beziehung zu kommen.

Für die Emotion, die mit dem konstellierten Animus verbunden ist, wurden Ausdrücke wie «geistiges Gepacktsein», «Inspiriertsein» an erster Stelle genannt, dann auch «innerlich beben, vor Lust am Angeregtsein», «Dinge miteinander in Beziehung bringen», «Wortfaszination». Die Emotion, die mit dem Animus zusammenhängt, bringt Menschen dazu, zu erfassen, erfassen zu wollen, «was die Welt im Innersten zusammenhält», eine Sache zu durchdringen, zu einer Lösung zu kommen, «das Feuer aus den Dingen und aus sich selbst herausschlagen». Als Richtung im Raum wurde für diese Emotion deutlich die Vertikale angegeben. Diese Sehnsüchte, die menschlichen Grundbedürfnisse auch, die mit den Emotionen, die zu Animus und Anima gehören, verbunden sind, scheinen mir deutlich menschliche zu sein, also bei Mann und Frau vorzukommen.

Anima und Animus finden wir in der Regel projiziert vor; wir sind fasziniert von anderen Menschen, wir neigen dazu, Phantasien über diese anderen Menschen zu machen, über unsere Beziehung zu ihnen auch, und damit und in diesen Phantasien drückt sich auch unsere Rückbindung an unsere tiefere Seele aus.

Die Verbindung von Animus und Anima – intrapsychisch oder in einer Beziehungsphantasie zu einer realen Bezugsperson – bringt ein Lebensgefühl des geistig-seelischen Inspiriertseins mit sich, das oft kaum von dem Gefühl der Liebe zu trennen ist.

[14] Vgl. Kast, Trauern
[15] Vgl. Kast, Der schöpferische Sprung
[16] Vgl. Kast, Paare
[17] Vgl. Rauchfleisch, 145
[18] Kast, Der schöpferische Sprung, S. 66 ff.
[19] Vgl. zu diesem Thema die Ausführungen von Jacoby, Individuation und Narzißmus
[20] Vgl. Krapp
[21] Neumann, Die Große Mutter, S. 184 f.
[22] Vgl. de Coulon
[23] Mentzos, S. 62
[24] Neumann, Das Kind, S. 51

«Aspekte des Archetyps», S. 114–178

[1] Jung, Synchronizität als ein Prinzip akausaler Zusammenhänge, in GW 8 § 856
[2] Vorwort von C. G. Jung zu Jacoby, S. X
[3] Jung, Zur Psychologie des Kindarchetypus, in GW 9 I § 262
[4] Jung, Über den Archetypus mit besonderer Berücksichtigung des Animabegriffs, in GW 9 I § 118
[5] Jung, Medizin und Psychotherapie, in GW 16 § 206
[6] Jung, Theoretische Überlegungen zum Wesen des Psychischen, in GW 8 § 404
[7] Jung, Die psychologischen Aspekte des Mutterarchetypus, in GW 9 I § 152
[8] Jung, Theoretische Überlegungen zum Wesen des Psychischen, in GW 8 § 417
[9] Ebenda § 414
[10] von Franz, Zahl und Zeit, S. 36
[11] Jung, Zur Phänomenologie des Geistes im Märchen, in GW 9 I § 393
[12] Jung, Die Struktur der Seele, in GW 8 § 339
[13] Jung, Über die Archetypen des kollektiven Unbewußten, in GW 9 I § 3
[14] Jung, Psychologie und Dichtung, in GW 15 § 160
[15] Jung, Über die Archetypen des kollektiven Unbewußten, in GW 9 I § 44 f.
[16] Jung, Analytische Psychologie und dichterisches Kunstwerk, in GW 15 § 129
[17] Vgl. Schwarzenau
[18] Vgl. Bloch
[19] Jung, Die Struktur der Seele, in GW 8 § 339
[20] Jung, Analytische Psychologie und dichterisches Kunstwerk, in GW 15 § 130
[21] Jung, Über die Archetypen des kollektiven Unbewußten, in GW 9 I § 44 f.
[22] Jung, Die praktische Verwendbarkeit der Traumanalyse, in GW 16 § 340
[23] Vgl. Kast, Imagination
[24] Vgl. Träume bei Trauernden in Kast, Trauern
[25] Jung, Psychologische Typen, Definitionen, in GW 6 § 891
[26] Jung, Die Konjunktion, in GW 14 II § 414
[27] Jung, Zwei Schriften über Analytische Psychologie, in GW 7 § 303
[28] Jung, Der Fisch in der Alchemie, in GW 9 II § 203, Anm. 37
[29] Jung, Die alchemistische Bedeutung des Fisches, in GW 9 II § 257
[30] Jung, Die Mana-Persönlichkeit, in GW 7 § 404

[31] Jung, Die alchemistische Bedeutung des Fisches, in GW 9 II § 257
[32] Jung, Die Wiederkehr der Seele, in GW 16 § 502f.
[33] Jung, Die Konjunktion, in GW 14 II § 433
[34] Ebenda
[35] Jung, Psychologische Typen, Definitionen, in GW 6 § 891
[36] Lurker, S. 352
[37] Ebenda S. 353
[38] Jung, Traumsymbole des Individuationsprozesses, in GW 12 § 46, Anm. 2
[39] Riedel, Formen, S. 90
[40] Jung, Briefe I, S. 223
[41] Jung, Zur Empirie des Individuationsprozesses, Bild 19, in GW 9 I
[42] Jung, Zur Psychologie des Kindarchetypus, in GW 9 I § 267
[43] Jung, Mandalas, in GW 9 I § 714
[44] Jung, König und Königin, in GW 16 § 448
[45] Ebenda § 445
[46] Vgl. Evers
[47] Vgl. Koch
[48] Vgl. von Franz, Der Individuationsprozeß
[49] Jung, Erlösungsvorstellungen in der Alchemie, Abb. 231, in GW 12
[50] Jung, Der philosophische Baum, Abb. 22, in GW 13
[51] Jung, Synchronizität als ein Prinzip akausaler Zusammenhänge, in GW 8 § 858
[52] Capra, S. 404
[53] Vgl. von Uexküll
[54] Jung, Zur Psychologie der Tricksterfigur, in GW 9 I § 290
[55] Vgl. Overbeck
[56] Ebenda
[57] Vgl. Kast, Imagination, S. 30, 64 und 172
[58] Zum Beispiel Middendorf
[59] Vgl. Frank und Vaitl, S. 97ff., und Ahrens, S. 339ff.
[60] Vgl. Studt
[61] Kast, Imagination, S. 60ff.

«Übertragung-Gegenübertragung und neue Symbolbildung», S. 179–239

[1] Auf den folgenden Seiten wird die Unterscheidung zwischen männlichem und weiblichem Analytiker bzw. Analysanden unterlassen, da durch die sprachliche Kompliziertheit der Gedankengang verunklart wird.

[2] Jung, Die Psychologie der Übertragung, in GW 16 §422
[3] Vgl. auch Jacoby, Psychotherapeuten
[4] Vgl. Kast, Traumbild Auto; hier habe ich diesen Traum eingehend interpretiert
[5] Vgl. Willi
[6] Jung, Psychologische Typologie, in GW 6 §991
[7] Vgl. Kast, Imagination
[8] Jung, Briefe I, S. 146
[9] Jung, Briefe II, S. 76
[10] Vgl. Kast, Imagination als Raum der Freiheit. In diesem Buch habe ich versucht, einen Weg aufzuweisen, wie Imaginationen geübt werden können und wie man von der Imagination zur Aktiven Imagination kommt, der Aktiven Imagination, die der Theorie der Symbolbildung folgt.
[11] Vgl. Rohde-Dachser und Kernberg
[12] Abgedruckt in Perrault, S. 25 ff.
[13] Vgl. Riedel, Die Symbolbildung
[14] Jung, König und Königin, in GW 16 §448

Literaturverzeichnis

Ahrens, St.: Zur Affektverarbeitung von Ulcus-Patienten – ein Beitrag zur «Alexithymie»-Diskussion. In: Studt, H.H. (Hrsg.): Psychosomatik in Forschung und Praxis. Urban und Schwarzenberg, München, Wien, Baltimore 1983

Anderson, H. (ed.): Creativity and its Cultivation. New York 1959

Barz, H., Kast, V., und F. Nager: Heilung und Wandlung: C.G. Jung und die Medizin. Artemis, Zürich, München 1986

Bloch, E.: Das Prinzip Hoffnung. Suhrkamp, Frankfurt am Main 1959

Bürgin, D.: Die Bedeutung der affektiven Austauschvorgänge für den Aufbau des Selbst in der Kindheit. In: Rauchfleisch, U. (Hrsg.): Allmacht und Ohnmacht. Das Konzept des Narzißmus in Theorie und Praxis. Huber, Bern 1987

Capra, F.: Wendezeit. Scherz, Bern, München, Wien 1983

de Coulon, N.: La cure de packs, une application des idées de Winnicott en clinique psychiatrique. In: L'Information Psychiatrique, Vol.61, N° 2, Février 1985

Evers, T.: Mythos und Emanzipation. Eine kritische Annäherung an C.G. Jung. Junius, Hamburg 1987

Frank, R., und D. Vaitl: Alexithymie: differentialdiagnostische Analyse aus verhaltenstherapeutischer Sicht. In: Studt, H.H. (Hrsg.): Psychosomatik in Forschung und Praxis. Urban und Schwarzenberg, München, Wien, Baltimore 1983

von Franz, M.: Der Individuationsprozeß. In: Jung, C.G.: Der Mensch uns seine Symbole. Walter, Olten 1986, 11. Aufl. 1988

– Zahl und Zeit. Klett, Stuttgart 1970

Fromm, E.: The creative Attitude. In: Anderson, H. (ed.): Creativity and its Cultivation. New York 1959

Grof, S.: Topographie des Unbewußten. Klett-Cotta, Stuttgart 1978

Jacobi, J.: Komplex, Archetypus, Symbol. Rascher, Zürich 1956

Jacoby, M.: Individuation und Narzißmus. Psychologie des Selbst bei C.G. Jung und H. Kohut. Pfeiffer, München 1985

– Psychotherapeuten sind auch Menschen. Walter, Olten 1987

Jung, C. G.: Gesammelte Werke [= GW], 20 Bände, hrsg. von Lilly Jung-Merker, Elisabeth Rüf und Leonie Zander. Walter, Olten. Davon wurden besonders die folgenden Bände benutzt:
GW 2: Experimentelle Untersuchungen. 1979, 2. Aufl. 1987
GW 3: Psychogenese der Geisteskrankheiten. 1968, 3. Aufl. 1985
GW 6: Psychologische Typen. 1960, 7. Aufl. 1989
GW 7: Zwei Schriften über Analytische Psychologie. 1964, 4. Aufl. 1989
GW 8: Die Dynamik des Unbewußten. 1967, 5. Aufl. 1987
GW 9 I: Die Archetypen und das kollektive Unbewußte. 1976, 5. Aufl. 1989
GW 9 II: Aion. Beiträge zur Symbolik des Selbst. 1976, 7. Aufl. 1989
GW 12: Psychologie und Alchemie. 1972, 5. Aufl. 1987
GW 13: Studien über alchemistische Vorstellungen. 1978, 3. Aufl. 1988
GW 14 II: Mysterium coniunctionis. 1968, 4. Aufl. 1984
GW 15: Über das Phänomen des Geistes in Kunst und Wissenschaft. 1971, 4. Aufl. 1984
GW 16: Praxis der Psychotherapie. 1958, 4. Aufl. 1984
- Der Mensch und seine Symbole. Walter, Olten 1986, 11. Aufl. 1988
- Briefe, 3 Bände, hrsg. von Aniela Jaffé in Zusammenarbeit mit Gerhard Adler. Walter, Olten 1971–1973

Kast, V.: Das Assoziationsexperiment in der therapeutischen Praxis. Bonz, Fellbach 1980, 2. Aufl. 1988
- Trauern. Phasen und Chancen des psychischen Prozesses. Kreuz, Stuttgart 1982, 5. Aufl. 1988
- Paare. Beziehungsphantasien oder Wie Götter sich in Menschen spiegeln. Kreuz, Stuttgart 1984
- Die Bedeutung der Symbole im therapeutischen Prozeß. In: Barz, H., Kast, V., und F. Nager: Heilung und Wandlung: C. G. Jung und die Medizin. Artemis, Zürich, München 1986
- Märchen als Therapie. Walter, Olten 1986, 3. Aufl. 1989
- Imagination als Raum der Freiheit. Dialog zwischen Ich und Unbewußtem. Walter, Olten 1988, 3. Aufl. 1989
- Der schöpferische Sprung. Vom therapeutischen Umgang mit Krisen. Walter, Olten 1987, 4. Aufl. 1988
- Traumbild Auto. Vom alltäglichen Unterwegssein. Walter, Olten 1987

Kernberg, O. F.: Borderline-Störungen und pathologischer Narzißmus. Suhrkamp, Frankfurt a. M. 1978
Koch, C.: Der Baumtest. Bern 1982
Krapp, M.: Gestaltungstherapie als Beitrag zur Psychotherapie psychotischer Patienten. In: Zeitschrift für Analyt. Psychol. 20 (1), 32–57, 1989
Lurker, M.: Wörterbuch der Symbolik. Kröner, Stuttgart 1979

Märchen aus dem Iran. Diederichs, Jena 1939
Mahler, M., Pine, F., und A. Bergmann: Die psychische Geburt des Menschen. Symbiose und Individuation. Fischer TB 6731, Frankfurt am Main 1978
Matussek, D.: Kreativität als Chance. Piper, München 1974
Mentzos, St.: Neurotische Konfliktverarbeitung. Kindler TB 1982
Middendorf, I.: Der erfahrbare Atem. Eine Atemlehre. Junfermann, Paderborn 1984
Neumann, E.: Die Große Mutter. Walter, Olten 1974, 9. Aufl. 1989
- Das Kind. Rheinverlag, Zürich 1963
Overbeck, G.: Krankheit als Anpassung. Der sozio-psychosomatische Zirkel. Suhrkamp TB 973, Frankfurt am Main 1984
Perrault, Ch.: Märchen aus alter Zeit. Illustriert von Gustave Doré. A. Melzer Verlag. Weert 1976
Rauchfleisch, U. (Hrsg.): Allmacht und Ohnmacht. Das Konzept des Narzißmus in Theorie und Praxis. Huber, Bern 1978
Rohde-Dachser, C.: Das Borderline-Syndrom. Huber, Bern, Stuttgart, Wien 1979
- Abschied von der Schuld der Mütter. Vortrag, gehalten in Lindau an den 39. Lindauer Psychotherapiewochen 1989
Riedel, I.: Farben. In Religion, Gesellschaft, Kunst und Psychotherapie. Kreuz, Stuttgart 1983, 7. Aufl. 1989
- Formen. Kreis, Kreuz, Dreieck, Quadrat, Spirale. Kreuz, Stuttgart 1985
- Bilder in Therapie, Kunst und Religion. Kreuz, Stuttgart 1988
- Die Symbolbildung in der Analytischen Beziehung am Beispiel einer Bilderserie. Vorgetragen auf dem 11. Internationalen Kongreß für Analytische Psychologie 1989 in Paris. Wird publiziert in: Mary Ann Mattoon (ed.): Personal und Archetypal Dynamics in the Analytical Relationship. Daimon, Einsiedeln 1990
Schwarzenau, P.: Das göttliche Kind. Der Mythos vom Neubeginn. Kreuz, Stuttgart 1984
Stern, D.: Mutter und Kind. Die erste Beziehung. Klett-Cotta, Stuttgart 1979
Studt, H.: Psychosomatik in Forschung und Praxis. Urban und Schwarzenberg, München, Wien, Baltimore 1983
von Uexküll, Th.: Psychosomatische Medizin. Urban und Schwarzenberg, München, Wien, Baltimore 1986
Willi, J.: Die Zweierbeziehung. Rowohlt, Reinbek bei Hamburg 1975

Register

Abwehrmechanismus 28, 49, 79, 86, 89, 106f., 151, 199–201, 220
– genetisch früher 107
Abwehrprozeß 36
Adoleszenz 77ff.
Affekt 63, 75
Aggression, Aggressivität 57, 75, 82, 87, 177, 199, 213
Aggressor-Opfer-Thematik 47, 58, 199f., 213
– und Spaltung 205f.
Akzeptanz 88, 90, 95, 97
Alchemie 160
Allgemeinsyndrom, psychovegetatives 170
Allmacht und Ohnmacht 90
Allmachts- und Größenphantasie 99
Alter, hohes 84
Altern, Älterwerden 81, 83f.
Amplifikation 118, 130f.
Analyse, Umschlagspunkte in der 183–196
Analytische Beziehung → Beziehung
Angst 49, 79, 83, 87, 89, 104, 107, 199
Anima/Animus 78, 80, 143, 244ff.
– als archetypisches Paar 82
– Definition 244
– Verbindung von 247
Anima- und Animusgestalt 246
Animus → Anima
Anpassungsforderung 47, 52, 196
Apathie 127

Archetyp, Archetypus 45, 63, 114–178
– Begriff 121f.
– Dynamik 115f.
– strukturgebender Faktor 115
– Wirkung 114f., (gleichzeitige Wirkung verschiedener) 159f.
– der/des alten Weisen 84, 159
– der Eltern 79f.
– des göttlichen Kindes 80, 82, 119, 139
– des Helden/der Heldin 11, 78ff., 159f.
– des Paares 82
– des Selbst 13f., 133–136; (dynamischer Aspekt) 136, 140; (struktureller Aspekt) 136, 139, 153
– des Todes 84
Archetypische Gegenübertragung 217, 231
Archetypische Konstellation 118, 122f., 154, 157, 161f.
– und Beziehung 123ff.
– Erleben 125–129
Archetypische Struktur 158f.
Archetypische Übertragungsebene 36
Archetypische Vorstellung 155–118
Archetypischer Mutterbereich 37
Archetypisches Bild → Bild
Archetypisches Material 102
Archetypisches Motiv 104, 119, 139
Archetypisches Paar 82

Aristoteles 9
Assoziation (Trauminterpretation) 130 f.
Assoziationsexperiment 45, 51, 55, 64, 67, 88
Assoziationsstudien 122
Aufbruchsphase 76 f., 84
Aufmerksamkeit 86
Ausdrucksmerkmal 64
Autonomie 10, 99, 117, 174, 176
– Entwicklung 12, 73
– Erleben 72
Autoritätskomplex 72, 156
Avicenna 160

Baum als arbor philosophica 145, 147
– als Muttersymbol 148
– als Projektionsträger 144–153
Baumgöttin 147
Baumnymphe 147
Baumtest 144
Begriffsbildung 86
Bewußtsein 70, 85–87, 108, 118, 123
– Haltung 124
Bewußtwerdung 33, 73, 75 f., 78, 85 f.
Bewältigungsmechanismus → Abwehrmechanismus
Beziehung 69, 78, 80 f., 83, 92, 95, 102, 123–129, 141 f., 209
– analytische 8, 99, 112, 131 f., 140, 179 ff., 197
– Ich-Du-Beziehung 100, 141 f.
– und Individuation 142
– therapeutische 63, 98, 100, 113, 183, 239
Beziehungsgestaltung 141 f.
Beziehungsmuster 54, 57 f., 96, 109, 131, 177, 196
– Kindheit 47, 109
Beziehungsperson 72, 79, 95, 109 f., 197
– und Kind 47, 74–76, 98, 109

Bild 33, 45 f., 54 f., 102, 112, 115 f., 130, 140, 155
– archetypisches 34, 36, 116, 118, 122, 125, 129
– der/des alten Weisen 83, 159
– Entspannungsbild 169, 177
– sadistisches 227 f.
– zum Symbol «Baum» 145–152
Bilderfolge, Bilderserie zur Symbolbildung bei einer Mutterproblematik 29–40
– bei einer psychosomatischen Störung 170–178
– bei einer Vaterproblematik 55–62
– Traum als 130
Bloch, E. 121 f.
Borderlineorganisation 224, 230, 238
Buddha 119

Capra, F. 161
COEX-System 46

Denken 86
– kausales 164–166
– synchronistisches 158, 162, 165 f.
Depression 127, 185
Depressive Verstimmung (Stimmung) 92, 128, 184
Depressiver Zirkel 97, 190
Dreieck 14, 172
Destruktion 93 f., 109
Deuten, Deutung 12, 28, 55, 129–133, 162
Dorneus 15

Eltern 76 f., 124, 175
Elternarchetyp 79 f.
Elternbild 91 f.
Elternfigur 99

Elternkomplex 52, 69, 72, 77, 85
Emotion 44f., 49f., 52, 70f., 75, 89, 101, 109f., 118, 135, 160, 165, 167, 246f.
Emotionale Grundstimmung 127ff.
Emotionale Verläßlichkeit 110
Empathie 109, 197, 201f., 216
Empfindung 86
Entspannungsbild 169, 177
Entwerten, Entwertung 95f., 188
Entwertungsstrategie 97, 220
Entwicklung 73
- menschliche 74
- spontane 75
Entwicklungspsychologie 73, 76
Erinnerung, Erinnerungsvermögen 86, 103, 110
Erlösung 16
Erwachsenenalter, junges 79f.
- mittleres 80ff.
- späteres 84
Existenzangst 104
Existenzbestätigung 75

Familienkomplex 122
Farbe (als Bedeutungsträger) 20
- Gelb, Gold 31, 64
- Grün 64, 172
- Orange 56
- Rot 20, 173
- Schwarz 33, 172
- Violett 56
Fragmentierung 54, 101–108, 110
von Franz, M. 115f., 144
Freud, S. 72f.
Freude 63f.
Fromm, E. 41
Fruchtbarkeit 104
Fürsorge 83

Ganze, das 160
Ganzheit 14, 16, 73f., 80, 83

Ganzwerdung 74
Gefühl
- Leere 185
- Wahrnehmen 108ff.
Gegenübertragung 111, 180–182, 189, 230
- archetypische 217, 231
- illusionäre 182
- → Übertragung
Gegenübertragungsbild 186f.
Gegenübertragungsgefühl 223
Gegenübertragungsreaktion 163, 187
Geist und Materie 161
Gestaltungstherapie 102
Geulincx 161
Göttliches Kind → Archetyp, Symbol
Gott, Götter 135
Grenze 70, 143
- Erfahrung 69, 81, 89
Grenzüberschreitung 143, 145
Größenphantasie (Größenidee) 90, 99, 109, 171
- Kompensation 90f.
Größenselbst 90f.
- kindliches 90, 98
Grof, S. 46
Grünkomplex 64
Gruppe 102

Hände (Bedeutung der) 171f.
Haltung 97–100, 162
- symbolisierende 162
Haß 160f.
Hathor 147, 150
Held, Heldin → Archetyp
Helferkomplex 72
Hermes 119f.
Hexe 125
Hilflosigkeit 117
Hippokrates 160
Hoffnung 104, 117

Ich 67f., 74, 76, 83ff., 101, 106, 108, 116, 134f., 151
- und Selbst 85, 151
- schwaches 106f.
- starkes 106f.
Ichaktivität (Eigenaktivität) 69, 124
Ichausweitung 80
Ichbewußtsein 124, 134
Ich-Du-Beziehung 100, 141f.
Ichentwicklung 113
Ichfragmentierung 102ff. → Fragmentierung
Ichfunktion 49, 68, 85–87, 101, 106, 111, 138
- primär autonome 86
- Störung der 86f., 103, 110
Ichideal 71f., 244
Ichkomplex 46, 51, 53, 56, 59, 87–113, 134
- und andere Komplexe 85, 131
- Basis 68, 70
- Bewußtwerdung 73, 75f.
- Definition 67f.
- entwicklungspsychologisch betrachtet 74–85
- Fragmentierung 54, 101–108, 110
- idealtypische Entwicklung 77–85
- und Identität 68–74
- und Körper → Körper
- Kohärenz 70, 76, 79, 89f., 102, 108–113, 139, 140, 168
- Konstellation 87–90
- Restitution 102
- und Selbst 14f., 86, 134
- Wiederherstellung 108–113
- als zentraler Komplex 68, 71, 85, 108
Ichschwäche 106f.
Ich-Selbst-Achse 113, 138, 141
Ichstärke 106f.

Idealisierung, primitive 219
Identifikation
- mit einem Komplex 58f., 62
- projektive 223
Identität 54, 59f., 78ff., 87, 106, 198
- Basis 68
- Erleben 68–70, 72
Identitätsentwicklung 68f.
Identitätsgrenze 69
Identitätskrise 79
Identitätsunsicherheit 78
I Ging 158, 162
Illusionäre Gegenübertragung 182
Imagination 54f., 130, 133, 169, 212f., 217
Individuation 13, 15f., 79, 142, 147
Individuationsdrang (-trieb) 142
Individuationsprozeß 9–13, 40, 108, 122, 139f., 141–153
- als Annäherungs- und Differenzierungsprozeß 10
- emanzipatorischer Aspekt 144
- als Integrationsprozeß und Beziehungsvorgang 12, 132, 141f., 239
- und Selbst 133–136
- Verfallsform 142
- Ziel 9, 13
Information 130
Initialtraum 145
Inkubationsphase 42
Integration → Individuation
Intersubjektivität (vorsprachlich) 75
Introspektionsvorgang 142
Isis 104, 147

Jesus 119
Jung, C. G. 7, 9, 11–16, 25, 40ff., 44, 46f., 51–54, 67f., 73–75, 108, 114–118, 121, 123f., 133ff., 137f., 140–143, 155, 158, 160ff., 164, 179f., 217, 239, 245ff.

Jungsche Psychologie 25, 40, 75, 85, 113, 122, 129–132, 162, 164, 168
– Menschenbild der 9, 15
– Weltbild der 11, 15
Jungsche Therapie 25, 40 f.

Kali 173
Kernberg, O. F. 230
Kind 47, 74–77, 98 f., 109, 124, 197
– als Archetyp → Archetyp
– als göttliches Kind → Archetyp, Symbol
– als Symbol 27, 119, 140
Kindheit 27, 47, 74–77, 79, 109 f., 197
– Entwicklungsschritte 74
– Prägesituationen 71, 75, 100
Koch, C. 144
Körper und Ichkomplex 67 f., 74 f., 132, 168
– und Psyche und Umwelt 163 f.
– und Seele 161
Körperempfindung, -gefühl 68, 70
Körperich (Körperselbst) 74, 85, 105
Kohärenz (des Ichkomplexes) 70, 76, 89 f., 108–113, 140, 168
Kollektive Unbewußte, das → Unbewußte, das
Kompensation 90–100
– durch Entwerten 95 f.
– durch Größenphantasie 90 f.
– als Haltung 97–100
– durch idealisiertes Elternbild 91 f., 99
– klassische 90
– durch Spiegelidentifikation 92 f., 100
– Zerstörungswut als 93 ff.
Kompensatorische Reaktion (des kollektiven Unbewußten) 117, 124
Komplex 44–66, 108, 114, 116, 120, 123, 129, 168, 183
– altersspezifischer 53 f.

– Beschreibung 51–63
– Definition 196
– fördernder 63–65
– und Ichkomplex 51, 53, 67
– typischer 114
– «Übergangenwerden» 47 f.
Komplexidentifikation 58 f.
Komplexidentität 59
Komplexlandschaft 46, 55, 63, 67
Komplexmerkmal 64
Komplexreaktion 50, 88
Konflikt 94 f., 106 f., 166 f., 168 f.
– zwischen Angreifer und Opfer 199 f.
– moralischer 243
Konsolidierungsphase 76 f., 79
Konstellation → Archetyp, Ichkomplex
Kontinuität 70, 84
Kontrolle 50
Kosmos 15
Kränkung 88 ff., 90, 93 ff., 101, 184
Krankheit 79, 164–169
– als dynamisches Ungleichgewicht 163 f., 166
– psychosomatische 165 f., 167, 170
Kreativität 41, 82
Kreis 14, 136, 139
Kreuz 14, 136
Krischna 119 f.
Kugel 14

Lebensbaum 144
Lebenseinbruch 101
Lebensübergang 78 f., 160
Lebenswende 81
Leibniz 161
Lerntheorie 52
Liebe 14, 82 f., 160 f.

Märchen 22, 102, 124, 217, 231
– Arbeit mit 237 f.

– «Der Blaubart» 231–235
– «Das Stirnmöndlein» 30f.
Magische Praktik 160
Mandala 136–141, 153
Mandalabild 137, 140
– klassisches 138
Man-selber-Werden 11, 69
Mensch als Einzelwesen 10
– der ewige 15, 134
Menschenbild 19
– Aspekte 9
– der Märchen 124
Menschheitssymbol 104
Merkurius (als Jungfrau) 145 ff.
Minderwertigkeitskomplex 46
Motiv, archetypisches 104, 119, 139
– mythologisches 103 f., 114, 119, 129, 131
Motorik 86
Mutter 55, 60, 76 f., 95 f., 113, 123, 125 f., 175
Mutterarchetyp 30, 123, 125 f., 145, 150, 152
– positiver (guter) 30 f., 34, 37, 63, 126
– negativer (verschlingender) 34, 37, 175
Mutterbereich, archetypischer 37
Mutterboden 79, 110
Muttergestalt 125 f.
Muttergöttin 147
Mutterkomplex 55, 63, 72, 77 f., 123, 152, 175
– Bilderserie zum 29–40
Mutter-Vater-Boden 77, 79
Mythologie 119, 147 f.
Mythologisches Motiv 103 f., 114, 119, 129, 131

Nachtmeerfahrt 129
Narzißtische Aufwertung 92
Narzißtische Bedürftigkeit 98

Narzißtische Kränkung 84, 156
Narzißtische Störung 83, 97
Neid 82 f., 96
Neumann, E. 113
Neurose 7, 53
Numinosität 118
Nut 147 f., 150

Ohnmacht 90
Okkasionalismus 161
Omnipotenz 90, 99 → Größenphantasie
Opfer → Aggressor, Konflikt
Orakelmethode 162
Ordnung (Geordnetheit), kausale und akausale 161 f.
Orientierung 86 f.
Osiris 104
Overbeck, G. 165, 167

Paar → Anima und Animus, Archetyp
Persona 11, 143
Phantasie 45 f., 54, 70 f., 91, 108, 117, 121, 153, 169, 183, 217, 221
– Destruktion 93 f., 109
– überpersönlichen Charakters 114
Pindar 9
Plotin 160
Prästabilierte Harmonie 161
Projektion 48, 60, 74, 78, 80, 86
Projektionsvorgang 26
Prozeß, therapeutischer 99, 158
– kollektiv-archetypischer 116
Psyche 67, 164
– als selbstregulierendes System 13, 43, 54, 63, 90, 101, 111, 156
– Gegenregulation 111
– und Materie 160 f.
Psychodynamik von Suizidfällen 94
– der Zwangsneurose 120

Psychosomatik 163 ff.
Psychosomatische Störung 170–178
– Bilderserie zur 170–178
Psychosomatisches Denken 165
Psychovegetatives Allgemeinsyndrom 170

Quadrat 137, 139
Quadratur des Kreises 136, 153

Rauchfleisch, U. 90
Rechtfertigungszirkel 199, 205
Regression 174
Restitutionsprozeß 101 f.
Rohde-Dachser, C. 230
Riedel, I. 137, 239

Scham, schämen 36 f., 50, 88, 93 f.
Schatten 71 f., 77, 143, 242–244
Schattenakzeptanz 243 f.
Schattenprojektion 243
Schicksal 117 f., 165
Schmerz 172 f.
Schuld 165, 200 ff., 208
– Abwehr 199
– und Verantwortung 201, 207
Schuldgefühl 94, 166, 198–212, 216
– Aspekt «Ausstoßende und Ausgestoßene» 211 f.
– intrapsychische Dynamik 198–201
– Umgehen 202 f.
Schuldigwerden und Schuldigsein 164
Schwäche 117
Sehnsucht 14, 80
Selbst, das 13–16, 73–76, 78, 83, 113, 133 ff.
– als Anthropos 15
– als Archetyp → Archetyp
– Definition 134
– als geeinte Zweiheit 136

– und Individuationsprozeß 133–136
– «mein Selbst» 14
– Symbol 14
– Umschreibungsversuche 133 ff.
– Verhältnis zum Ichkomplex 14 f., 86, 134
– als zentraler Archetypus 13, 133 f.
Selbstbild 71, 152
– ideales 71 f.
Selbstgefühl 68, 70, 95 ff., 108
Selbstheilung 139
Selbstregulation der Psyche
→ Psyche
Selbstverlust 89
Selbstwerdung 13, 136, 140 f.
Selbstwerdungstrieb (Drang) 13, 143
Selbstwert 46, 81, 87 ff., 97 f.
– Störung 97
Selbstwertgefühl 87 ff., 94, 101, 243
Separations-Individuations-Phase 39
Seth 104
Spaltung 107 f., 205 f., 220
Spiegelidentifikation 92 f.
Suizid (Psychodynamik) 94
Sündenbock 199 f., 203
Symbiose (auf archetypischer Ebene) 35 f.
Symbol 7, 17–44, 53 f., 114, 122, 128–132, 143, 179
– als alltäglicher Gegenstand 17 f.
– Auftreten 21–23, 183
– «Baum» 10, 140, 144–152
– Begriff 19 ff.
– Deutungsform 12, 61
– Entwicklungsdimension 131 f.
– «Gockel» 55 ff.
– «göttliches Kind» 119
– «Höhle» 226
– «Kalb» 34–39

- «Kind» 27, 119, 140
- «König» 135f.
- und Komplex 44f.
- «Krake» 174, 176f.
- «Krokodil» 59f.
- «Kuh» 30–39, 140
- Mandala 136–141, 153
- Menschheit 104
- persönliches 114, 129
- «Rabe» 30
- «Ring» 17f., 19
- «Selbst» 14
- Sich-Einlassen 26–29
- Symptom als 164, 169–171
- und Therapieziel 40–43
- überpersönliches 114, 116, 129
- Umgang 129–133
- als Verdichtungskategorie 28
- «Ziegenbock» 21f.

Symbolbildung 44, 54, 164, 179, 183, 197, 239
- und kollusive Übertragung-Gegenübertragung 196f.
- bei psychosomatischer Störung 170–178
- spontane 21ff.

Symbolbildungsprozeß 7, 29, 35f., 39, 42f., 131, 133, 238
- bei einer Mutterproblematik 29–40
- bei einer psychosomatischen Störung 170–178
- bei einer Vaterproblematik 55–63

Symbolische Handlung 23ff.
Symbolisierende Einstellung 24–26
Symbolisierungsfähigkeit 170
Symptom (als Symbol) 164, 169–171
Synchronizität 154–163
- und Psychosomatik 163–178
Systemtheorie 160
Szondi 122

Tarot 162
Teilpsyche 53f., 60
Therapeutische Beziehung → Beziehung
Therapeutischer Prozeß 99, 158
Therapieziel 7, 40f., 117, 170, 179, 184
Tiefenpsychologie 19
Tod 82ff., 103, 157, 165
- und Wiedergeburt 104ff., 151
Todesangst 172, 200
Todesmutter 32f., 174
Todeswunsch (gegen sich selbst) 200
Trauerarbeit 78, 82, 106
Trauerprozeß 30, 103, 204
Traum 12, 26, 54, 62f., 90f., 93, 96, 102ff., 112, 124ff., 128, 130ff., 153, 154ff., 187, 191–195, 242
Traumdeutung 129–133
Traumich 90, 131, 192
Trauminterpretation 130–133
Traumserie 133
Treue 83
Triangulierung 236

Übergangsobjekt 238
Überich 72
Übertragung 48, 58, 99f., 128, 153
- bei Borderlinepatienten 230
Übertragungsebene (personale, archetypische) 36
Übertragung–Gegenübertragung 8, 98, 100, 182f.
- kollusive 183, 196f., 205f.
Übertragungs-Gegenübertragungs-Prozeß 216
Übertragungs-Gegenübertragungs-Schema 180
Übertragungs-Gegenübertragungs- und Beziehungstheorie 180
Überwertigkeitskomplex 46
von Uexküll, Th. 163, 165

Umschlagspunkte in der Analyse
183–196
Unbewußte, das 7, 11, 26, 45, 63, 69,
111, 116, 121, 132, 134, 151, 217
- Beleben 179
- familiäres 122
- gemeinsames 111, 181
- gesellschaftliches 122 f.
- Integration 108
- kollektives 30, 116 f., 122, 238
- persönliches 116, 122
Urangst, -bedürfnis 175
Urbild 117
Ursehnsucht 175
Utopie 15 f., 78, 81, 121

Vagina dentata 174
Vater 55, 57, 60, 62 f., 92, 123, 175
Vaterarchetyp 123
Vaterkomplex 55–63, 72, 77 f., 87, 92, 101, 114
- Bilderserie zum 55–62
Verantwortung, Verantwortlichkeit 82, 166, 201 f.
Verhaltensmechanismus, -muster, -weise (stereotyp) 49, 89 ff., 97

Verleugnung 107, 220
Verliebtsein (als Komplex) 65 f.
Verlust 29, 101, 103, 106, 204
Viereck 136, 138
Vitalität 68 f.

Wachstumsprozeß 144, 150
Wahrnehmung (gestörte) 87, 103
Wandlung 9 f.
Wandlungsmythos 104
Wandlungsprozeß 78
Weise, der/die alte → Archetyp
Weltesche Yggdrasil 144
Wiedergeburt 104 f.
Wirklichkeit 19, 86
Wut 70, 89, 93–95, 185, 213

Yin und Yang 139, 153

Zahl 21
Zeichen 20 f., 24
Zerstörungswut 93 ff.
Zerstückelungsmotiv 104
Zwangsneurose 120

Als geheimnisvolles »Rotes Buch« ging es in die Literatur über C. G. Jung ein. Niemand bekam es zu Gesicht, da sein Urheber selbst verfügt hatte, es nicht zu veröffentlichen. Doch fast fünfzig Jahre nach dem Tod Jungs ist die Zeit gekommen, um dieses eindrucksvolle Werk der Öffentlichkeit zugänglich zu machen. Über viele Jahre hielt der große Schweizer Tiefenpsychologe C. G. Jung (1875–1961) seine Träume, Visionen und Fantasien in einem Tagebuch fest: großformatig, kunstvoll und farbenprächtig – C. G. Jungs handgeschriebenes und -gemaltes einzigartiges Vermächtnis.

404 Seiten, davon 175 von C. G. Jung kalligrafierte Seiten,
versehen mit teilweise ganzseitigen gemalten Bildern,
ebenfalls von C. G. Jung. Durchgehend vierfarbig. Format 30 x 39 cm
Leinenband mit 2 Lesebändchen und Schmuckschuber
ISBN 978-3-491-42132-5

**Die Auto-
biografie**

Noch kurz vor seinem Tod hat C. G. Jung wesentliche Gedanken über sein Leben und Werk seiner Mitarbeiterin Aniela Jaffé erzählt und sie mit der Aufzeichnung und Edition betraut. Einzelne Teile dieser Veröffentlichung hat er noch selbst verfasst.
Das Buch eröffnet überraschende Ausblicke sowohl für den, der mit dem Werk C. G. Jungs vertraut ist, wie auch für den, der sich noch nicht mit ihm beschäftigt hat. Es gibt kaum eine bessere Einführung in die Geisteswelt des Begründers der Analytischen Psychologie.

450 Seiten mit 10 Abb. und Register. ISBN 978-3-491-42134-9